Für Silja & Lilith
und alle, die mich auf meinem Weg begleitet haben und auch noch
werden.

Und für alle Menschen auf dieser Erde, die sich suchen
und
aus ihrer Sucht mutig aussteigen!

Bibliografische Information der Deutschen Nationalbibliothek:
Die Deutsche Nationalbibliothek verzeichnet diese Publikation in der Deutschen Nationalbiblio-
grafie; detaillierte bibliografische Daten sind im Internet über dnb.dnb.de abrufbar.

Die automatisierte Analyse des Werkes, um daraus Informationen insbesondere über Muster,
Trends und Korrelationen gemäß §44b UrhG („Die Liebe in der Sucht 2.0") zu gewinnen, ist
untersagt.

Verlag: BoD · Books on Demand GmbH, In de Tarpen 42, 22848 Norderstedt
Druck: Libri Plureos GmbH, Friedensallee 273, 22763 Hamburg
ISBN: 978-3-7597-7073-8

Die Liebe in der Sucht 2.0 –
Raus aus allen Süchten und Abhängigkeiten

Begegne diesen leicht, lebendig und werde frei!

Für wahre Selbstliebe!

Inhaltsverzeichnis

Teil I

Teil 2

1. Einleitung: Kein Blatt vor den Mund

Ich konnte noch nie meinen Mund halten. Und deswegen habe ich den Mut, mit diesem **„Methodenkoffer"** das Schweigen zu brechen, um Dir mit meinem Weg zu zeigen, dass es machbar ist:

dass Alkoholsucht und alle anderen Süchte nachhaltig und ohne Zwang oder Druck heilbar sind.

Für mich war es „doppelt doof", da ich, bestens ausgebildet als Trainerin und spirituelle Lehrerin, über die ganzen Methoden verfüge und de nnoch im Burnout und dieser Sucht landete.

Es ist an der Zeit, an den alten **verkrusteten Tabus** zu rütteln, zu erkennen, dass Alkoholismus „nur" ein Symptom ist und dass es egal ist, welche Krankheit Du letztendlich bekommst, wenn an der Basis etwas „falsch" ist.
Obwohl wir in einer von **Süchten geprägten Gesellschaft** (da schließe ich mich Deepak Chopra an) leben, wird die Alkoholsucht in unserer Gesellschaft – selbst heute – scharf kritisiert und mit Unmengen an **Stigmatisierungen und Abwertungen** etc. behaftet. Dies macht es Dir schwer, Dich mit Deiner Krankheit zu outen. Frauen werden dafür oft noch mehr verurteilt.

Es ist eine **Inspiration**, immer an Dich zu glauben – auch wenn Du völlig verzweifelt am Boden liegst und nicht mehr weißt, wie es weiter gehen soll.

Mein Methodenkoffer für Dich, **Dein Raus aus allen Suchtfallen** und rein in die Themen wie **Selbstfürsorge, Selbstliebe, Eigenverantwortung**. Rein in **Dein Leben voller Lebenslust, Freude, Kraft, Power und Liebe** – in allen Bereichen.

Nimm dieses Buch als Workbook. Ich habe versucht, Dir verschiedene Möglichkeiten und Techniken zusammenzutragen, die Dir **Mut** machen sollen, **Dir zu vertrauen**, die Dir helfen können, **Deinen Weg in die Suchtfreiheit zu finden**. Denn all diese Erkenntnisse und dieses Wissen haben mich in meine Heilung gebracht.
Es sind simple, dennoch immens effektive & wirkungsvolle Anregungen, Übungen und Methoden, die Du einfach in Deinen Alltag integrieren kann.

Hier habe ich für Dich **viele Basisinformationen als Grundverständnis** zu Deiner Sucht und Suche zusammengetragen, damit Du dieser nachhaltig begegnen kannst. Ein knackiger Onlinekurs mit vertiefenden Übungen und meine Sucht Akademie ergänzen dieses Buch.

Anleitung zum Methodenkoffer – zum Vorgehen

„

Feel free – folge Deiner Intuition!
Lese wie Du willst, von hinten nach vorne, mittendrin, schlage einfach auf und lese.
Es geht darum, Deine Intuition, Dein Bauchgefühl zu stärken. Niemand kann Dir sagen, was Du in diesem Moment brauchst. Das weißt nur Du!
Ich kann Dir „nur" eine Vielzahl an Möglichkeiten zur Verfügung stellen, aus denen Du wählen kannst, *um Selbstliebe aus Deiner Sucht zu erzeugen.*

Kleine Anmerkung: Das Buch ist in der weiblichen Form geschrieben, für Männer genauso passend.

1.1. Mit Mut nackt machen – Deine Schattenthemen anschauen

Ketzerische Headline – ich weiß, aber grundehrlich und aus den Tiefen meines Herzens.

Warum es auf Deinem Weg zu Deiner Gesundheit enorm wichtig ist:

» Dich wirklich **nackt zu machen?**

» die gesellschaftlichen und **Deine eigenen Tabus zu brechen?**

» **Mut zur „Hässlichkeit"** und Ehrlichkeit zu haben?

Ja, ich spreche von allen unangenehmen inneren wie äußeren Angelegenheiten oder Situationen in Deinem Leben – und besonders von Dingen, die Du im Vollrausch gemacht hast und am liebsten ungeschehen machen würdest.

Ja, auch ich mache mich NACKT vor Dir!

Ich gehe sogar noch weiter, indem ich mit meiner Geschichte raus in die weite Welt von SocialMedia gehe, mich auf Bühnen stelle und an Kongressen als Speakerin teilnehme – und lasse jedes Mal von Neuem die Hose herunter und oute mich, dass ich sozusagen in meinem Leben „gescheitert bin und zur Flasche griff".

TABUS brechen bzw. MUT zur „Hässlichkeit" oder EHRLICHKEIT – in kurzen Worten

„Ich bin durch die Hölle der Alkoholsucht mit 24 – 48 Stunden Craving *(Fachwort für: extrem starkes Verlangen nach dem Suchtmittel inkl. Körper)* gegangen bis hin zum Nahtod (auch wenn ich 0,0 Promille hatte, für alle neugierigen Wesen ☺) … und nur durch meine Ehrlichkeit und meinen Mut, alles an mir zu lieben, bin ich gesund geworden.

Stelle es Dir so vor: Du liebst Dich nur zu 50%, also zur Hälfte. Die eine Hälfte ist die gute, die andere Seite die schlechte, also all Deine Negativ- oder Schattenanteile inkl. Ängste, Traumen etc. Du brauchst somit immer mind. 50% Deiner Lebenskraft, um diese Themen zu deckeln oder wegzudrücken. D. h. von Deinen nur noch 50% Lebensenergie fehlen Dir zum Deckeln vielleicht weitere 50%, so dass Du dann nur noch 25% Power hast. Und je mehr Themen Du auf der Negativseite verbuchen kannst, desto mehr Energie geht Dir verloren. **Deshalb bekommst Du hier viele Möglichkeiten, aus negativer Energie absolute Lebenspower zu kreieren.**

Warum ich das tue?

Es ist nicht nur meine Herzensaufgabe, sondern sogar meine Seelenmission:

» **Liebe Dich, gerade weil Du süchtig warst**, Du warst auf der Suche.

» Ich habe die Hölle der Sucht durch, denn ich kenne Craving nicht nur 20 oder 30 min, sondern 24 oder 48 Stunden. **Und wenn ich das schaffe … dann kannst Du es auch!**

» Und nicht jede muss durch diese Hölle, es gibt Abkürzungen.

» Heute liebe ich jeden Schluck, den ich trinken musste.

Bedenke: *Im Laufe Deines Lebens hast Du so viele negative Erfahrungen ange-sammelt, dass Dein ganzes System, stelle es Dir wie ein großes Puzzle vor, bei dem die ursprünglich leuchtenden Puzzleteile sich Schwarz oder Grau eingefärbt haben. Und somit hast Du an Energie verloren.*
Aber dennoch bist das Du – diese Teile gehören weiterhin zu Dir. Leugne sie nicht, sondern nimm sie liebend an.

Sei mutig – springe in Deine größten Ängste – ich habe es auch getan. Und ich sage Dir: es wird immer besser. Nicht nur, dass Deine größte Angst Dein größter Gamechanger ist, sondern dass das, was danach kommt, so unglaub-lich ist, dass mir die Worte dazu fehlen.
Je mehr ich mich diesen Themen stellte, desto lebenslustiger, gelassener und stabiler wurde ich. Schuld, Scham, Ohnmacht etc. gehören der Vergangenheit an.

Und soll ich Dir noch was verraten? Für die meisten bin ich ein Vorbild, eine Vorreiterin, ein **Energiebündel an Authentizität!** Und was kann man da-gegen schon sagen?

Tanze auf und mit Deinen negativen Gefühlen und Du wirst fliegen lernen.
Jedes Mal, wenn Du Dich traust, Dich ihnen zu stellen, desto freier und leich-ter wirst Du.
Believe me.

Lebe, liebe, lache, spüre, berühre... Dein neuer Weg der Leichtig-keit und Suchtfreiheit.
Baue Deine Substanz nachhaltig von unten auf, lass Dein Lebens-feuer in jeder Zelle Deines Körpers neu entflammen.

Let us fly.

Anmerkung: *Bis inkl. Kapitel 13 hältst Du mein erstes Buch in Händen, ab Kapitel 14 den zweiten Teil des Buches, damit Du gut aufgestellt Dich von allen Süchten und Ab-hängigkeiten befreien kannst.*

1.2 Zu mir & meiner Suche *(Stand 2020)*

Kurz zu meiner Person:

» alleinerziehend mit 2 Mädchen, 20 & 14 Jahre

» selbstständig

» meine beiden Leidenschaften sind und bleiben: heilen und designen

» spannende „Berufe" wie Designerin, Projektleiterin; Projektberaterin, Trainerin; Lehrerin in Schulen; Heilbegleiterin & Lehrerin THEKI®, Bewusstseins- und Mentaltrainerin, Suchtlehrerin, Autorin & Mitautorin; Speakerin

» gearbeitet für und in Firmen: von Einzelkämpfern, Mittelstand bis hin zu Weltkonzernen

Eigenschaften:

» hochsensibel, hochsensitiv (teils hyper-)

» Empathin *(ich meine hier nicht die Eigenschaft „empathisch sein". Kurz erklärt: Ich werde sozusagen eins mit der anderen Person.)*

» „Scannerpersönlichkeit" bzw. Vielbegabte

» Hybridseele (Erdenengel oder Engelseelenanteil)

Zu meiner Suche:

Heute weiß ich, dass ich auf der einen Seite mich gesucht habe, inklusive meiner Lebens- bzw. Seelenaufgabe. Auf der anderen Seite suchte ich meine Heimat, und damit meine ich nicht meine irdische Heimat.

Ihr kennt bestimmt alle die Geschichte vom „Engelchen mit dem goldenen Näschen"? Welches blonde Locken hat und so lieb durch die Fenster schaut? So komme ich mir heute immer noch vor, nur dass ich noch einen Lolly im Mund habe.

Mein innerstes Wesen ist: ca. 6 Jahre alt, voll kindlicher Energie & Freude, mit einem immensen Tatendrang & Wissensdurst und in voller Liebe für alles und jeden. Selbst heute tue ich mir noch schwer, wie „hässlich" und grausam Menschen untereinander sein können, dann höre ich mich innerlich sagen: *„Habt Euch doch alle lieb. Denn Liebe heilt alles."*

Und hätte ich einfach auf diese innere Stimme gehört, wäre mir sofort klar gewesen, was meine Aufgabe hier auf Erden ist: Die Liebe!

Und allen Menschen zeigen, wie sie sich selbst und somit andere lieben können. Bedingungslos.

Auf der anderen Seite hatte ich jahrzehntelang eine außerordentliche Zerrissenheit in mir, ich fühlte mich nie angekommen oder ganz. Ebenfalls begleiteten mich immer die Sehnsucht und die Fragen nach dem „Danach" oder „Dahinter", denn der Tod war für mich nie „schlimm" oder endgültig. Erst durch meine spirituelle Reise bekam ich die Antworten, die ich immer suchte und finde sie in so vielen Bereichen oder „Lehren des Lebens" wieder.

Dank meines „Engelanteils", der mich trotz aller Krisen an meiner Kraftquelle angebunden hielt, habe ich die vielen oft extremen Situationen gemeistert und habe mich gefunden – und dies weiterhin jeden Tag mehr.

Ein **besonderes Erlebnis meiner Suche** war der Kontakt mit meiner Seele im Nahtod: Mir wurde so unmissverständlich klar, dass meine Seelenaufgabe hier auf Erden nicht vollendet ist, dass es sogar meine Seelenpflicht ist, Menschen zu motivieren, sich gerade deswegen zu lieben, weil sie süchtig waren und ihr Leben nicht mehr im Griff hatten.

Seit diesem Tag brenne ich für meine Mission – ich lebe sie, ich liebe sie, ich liebe die Sucht! Ich liebe alle Facetten des Lebens neu und intensiv.

Wenn ich das kann, dann kannst Du es auch!

Es gibt keine Grenzen, außer denen, die Du Dir selbst setzt!

Falls Du tiefer in Deine Heilung einsteigen magst, komm in meine Akademie. Melde Dich dazu hier kostenfrei an
https://aufge-wacht.de/termin-anfrage/
oder 0173 – 44 36 8437

1.3 Meine Kindheit & mein Leben

Ich erblickte 1971 das Licht der Welt und damit war auch ein Grundstein meiner Andersartigkeit gelegt, denn ich war zu klein, so dass einige dachten, ich wäre ein Frühchen. Ich brauchte sogar recht früh anderes Wasser für meinen „Schoppen" (damals nahm man Sprudel, den ich bis heute nicht vertrage.) Als kleines Engelchen verstand ich diese Welt nie: das Schlechtmachen, das Streiten, die Konkurrenz etc. So lernte ich sehr zügig, mich zu verleugnen, um die überlebenswichtigen Strategien sogar besser zu können als andere und mich anzupassen. Jedoch war der Preis groß, den ich zahlen musste, denn ich war immer krank oder verletzt, hatte viele Allergien und Unverträglichkeiten. Die Botschaft dahinter sah ich damals noch nicht.

Mein Leben war begleitet von Abwertungen wie „Stell Dich nicht so an.", „Sei nicht immer so sensibel.", „Du bist zu laut, zu unruhig, zu launisch." und oft von einem enormen Unverständnis meinen Fragen und meinem Wissensdurst gegenüber. Genauso wenig wurden meine extrem hohe, schnelle Auffassungsgabe und Denkvermögen oder die Fokussierung auf Lösungen, statt auf Probleme, erkannt und wertgeschätzt.

Für viele war ich schlicht und ergreifend anstrengend. Besonders meine Gabe, dass ich Sachen und Dinge weiß (die sogenannten Hellsinne, Vorform ist die Intuition), die sie sich nicht mit dem Verstand erklären konnten.

Besonders meine Partner kamen an ihre Grenzen und konnten mit Vielem nicht umgehen und wollten sich nicht weiter entwickeln.

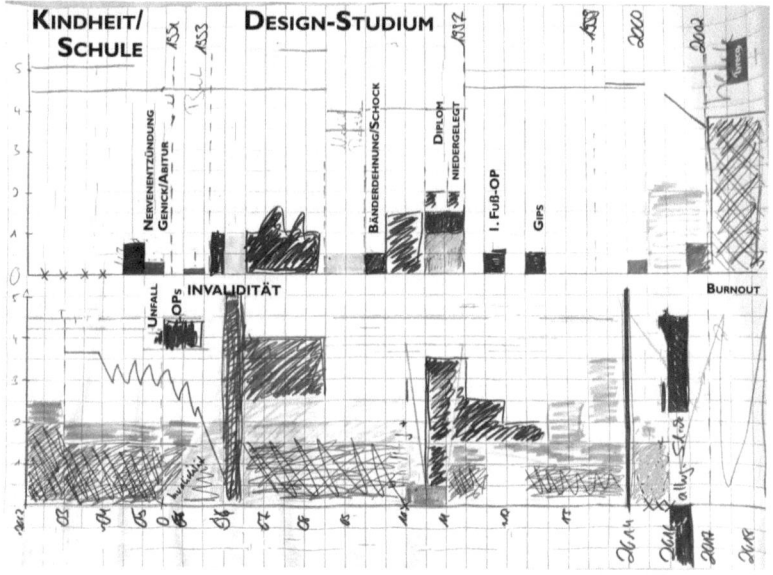

Lebenslinie

Anmerkung: Es geht nicht um die einzelnen Details, sondern um das Ganze, und wie sich der Stress kumuliert hat.

Anbei meine **Lebenslinie** in vereinfachter Form, die wir in der Reha erstellen durften. Die Bereiche waren Gefühle, Jobs, Partner, Kinder und Alkohol, der bei mir erst 2016 begann.

Es war auch für mich spannend, diese zu erstellen. Einige Erlebnisse waren: Während meines Abiturs hatte ich eine Nervenentzündung im Genick, so dass ich beinahe das Abitur nicht bestanden hätte, weil ich keinen Sport machen konnte. Die Bänderdehnung, nach der ich zwei Wochen lang geschockt und handlungsunfähig war. Weitere Fuß-OPs, bis ich dann invalide wurde. Die Diagnose lautete: Nie wieder laufen. Und ich war mit meiner 2. Tochter schwanger.

Ihr seht schon, es ist wirklich viel passiert – und natürlich ist noch viel mehr vorgefallen – wie am Anstieg der Kästchen zu sehen ist. Als ich in der Reha meine Lebenslinie vortrug, mussten zwei Frauen den Raum verlassen und selbst die Therapeutin war sprachlos. Und da wusste ich: „Ok, mein Leben war nicht normal."

Zwei interessante Dinge möchte ich erwähnen:

Erstens: Da ich als Grafikerin scribble und die Felder somit ausfülle, fand ich es aufschlussreich, als eine Mitpatientin meinte, sie sehe in meiner Skizze viel Wut.

Zweitens: Ich wurde nach meinem Vortrag gefragt, was mir an meinem Leben am besten gefallen hätte. Meine Antwort lautete tatsächlich: „Mein Leben komplett."

Kurzzusammenfassung:

Ich habe extrem viel in meinem Leben erreicht, allerdings mit Kraft und Kampf, so dass mir im Laufe meines Lebens nach ca. 44 Jahren die Puste ausging, so dass ich mit 46 im „Burnout" landete und an vielen Tagen keine Kraft mehr hatte aufzustehen. *(Der Begriff „Burnout" passt für mich am besten, weil ich einfach immer leerer wurde.)*

Durch das Anpassen an westliche Werte wie Kämpfen, Hart-sein, an den Leistungsdruck oder sogar an die damalige Emanzipationsregel „werdet wie die Männer" habe ich Teile meines Frauseins und meine wahre Natur verleugnet. Meine Wesenskerne sind Liebe, Freude, Vertrauen & Urvertrauen, welche viele als „Naivität" bezeichnen und abtun.

Mein „Jenga" musste krachen, sonst hätte mein antrainierter Überlebens-Wille mich nie aus dieser Negativ-Spirale herausgelassen. So kann ich nur sagen: **Liebe die Sucht wie Dich selbst, denn Du hast sie erschaffen.**
Ich bin immer noch überrascht, wie lange ich durchgehalten habe, bis es zum Burnout kam – und somit der Alkohol.
Ich habe gewartet, bis ich meine Kinder abgeben konnte und sie gut versorgt wusste. Gerade als Alleinerziehende und Selbstständige stellen Themen wie Loslassen und Timing einen vor diese Hürden.

Natürlich habe ich sehr früh Missfallen an meinem Alkoholkonsum erkannt und viel daran gearbeitet. Mein Weg war jedoch, diese Hölle der Sucht kennenzulernen, um gestärkt und mit neuer Kraft daraus hervorzugehen.
Mir war wichtig, meinen engen Vertrauten gegenüber ehrlich mit meinem Konsumverhalten zu sein. Ich war freudig erstaunt, wie viel Liebe und Vertrauen sie mir auf diesem oft steinigen Weg entgegenbrachten.
Interessanterweise wusste ich immer, dass mein Weg des Erfolges etwas mit dem Thema Alkohol zu tun haben wird. Jedoch dachte ich immer, dass der „Erfolg" nach meiner Sucht losgehen werde. Nicht einmal in meinen kühnsten Träumen hätte ich damit gerechnet, dass ich ein Therapie-Buch über Sucht schreiben, auf Bühnen und Kongresse gehen und mich heute als Suchtlehrerein oder Suchtengel bezeichne würde.

Ich kann nur als Beispiel für Dich vorangehen und Dir zeigen, dass es zwar anfangs Mut braucht, sich allen Themen zu stellen und zu öffnen, aber auch Du wirst erstaunt sein, wieviel Hilfe und Unterstützung Du bekommen wirst.

Schweigen führt zum Deckeln, zum Wegschauen.
Aus Schweigen wird Scham, daraus entsteht Schuld und dann Ohnmacht – und dann?

1.4 Meine Andersartigkeit

Dies schreibe ich, weil ich weiß, dass sich einige hier in meinen Zeilen wiederfinden werden.

Eine Anmerkung: Oft wird ADS oder ADHS diagnostiziert, dabei ist das Thema Hochsensibilität zutreffend.

Wie im vorherigen Kapitel schon beschrieben, entsprach ich in vielen Dingen nicht der Norm. So war es für mich noch überlebenswichtiger als für andere, mich anzustrengen, mich anzupassen und meine vielen Hoch-Fähigkeiten zu reduzieren, so dass diese alltagstauglich wurden und nicht groß auffielen.

Ich bin auf einige spannende Aspekte zu meiner Gefühls-**Andersartigkeit** gestoßen, die ich hier erwähnen möchte:

- Ich war immer das schwarze Schaf in der Familie, auch wenn sie mich lieben.
- Ich hatte immer das Gefühl, adoptiert worden zu sein. Selbst heute empfinde ich das noch so und lache mit ihnen darüber. (Aus meiner Sicht bin ich definitiv ein Erdenengel, also mit zwei Seelenanteilen, um es einfach darzustellen.)
- Obwohl ich immer dazugehört habe und viele verschiedene Freunde hatte, habe ich mich oft alleine und komplett anders gefühlt. Dies habe ich dann mit weiteren Treffen kompensiert.
- Es gab niemanden, der mich verstand.
- Wie eingangs erwähnt, hatte ich diese immense Sehnsucht nach meiner Heimat und war somit nie wirklich geerdet und präsent.
- Auch die hohe Affinität zum Tod bzw. für die Fragen nach dem Danach oder Dahinter waren meine Themen. Es gab für mich nie wirklich eine Trennung zwischen Leben und Tod. Besonders in der Pubertät beschäftigte ich mich viel damit und hatte eine tiefe Sehnsucht nach dem Tod, nach dem Wissen, nach meiner Heimat.
  Hinweis: Meiner Meinung nach gehen wir mit dem Tod falsch um.
- Viele bestehende Systeme, Strukturen, Gesetze oder Regeln machten für mich nie Sinn. Ich habe mich da teils aufgerieben und Lebenskraft verloren.
- Erst spät erkannte ich, dass meine unheimlich schnelle Auffassungsgabe und mein Vermögen, nicht in Problemen, sondern sofort in Lösungen

zu denken, eine Hochbegabung ist. Ich hatte oft den Satz im Kopf: „Wo andere aufhören zu denken, fange ich gerade mal an." Ihr könnt Euch vorstellen, dass ich damit nicht immer gut ankam.

- Meine verschärften Sinne: Einfach formuliert: Ich rieche die getragenen Turnschuhe im Flur oder ich höre das Gras wachsen. Meine Eltern waren permanent genervt, da sie dauernd den Fernseher leiser drehen mussten, oder ich auf Sachen sensibel reagierte, die sie nicht nachvollziehen konnten.

- Mein Hellwissen will ich gesondert erwähnen: Ich wusste meistens, wenn ich angelogen wurde oder etwas nicht stimmte. Nun erkläre einmal Deinen Eltern mit 7 oder 13 Jahren, dass Du weißt, dass die Medien lügen? ☺

- Ich hatte immer das Gefühl, dass ich eine andere Aufgabe habe als andere. Es läuft ständig ein Motor im Hintergrund, der mich suchen ließ, der mich antrieb und weitermachen ließ. Die innere Unzufriedenheit bzw. das immer Weiter-Schaffen kam daher.

- Mein ausgeprägter Gerechtigkeitssinn: Nicht nur, dass ich schon ab dem Kindergarten Mediatorin und Schlichterin war, sondern sobald jemand Schwaches sich nicht wehren konnte, sprang ich ein.

- Ich philosophierte schon immer gerne, ab meinem 12. Lebensjahr beschäftigte ich mich mit Psychologie, Religionen etc. Ich fand alles spannend und genial, nur das Einengen habe ich nie verstanden und akzeptiert, denn es steht im absoluten Widerspruch zur Lehre. So machten für mich viele Dinge im kath. Glauben, die mir beigebracht wurden, keinen Sinn. Und so suchte ich weiter nach meinen Antworten. Denn eins haben alle Lehren gemein: Die bedingungslose Liebe. Tief in mir wusste ich immer, dass der Klebstoff des Lebens die Liebe ist, und wunderte mich, dass dies so wenige wirklich leben können.

- Seit meinem spirituellen Arbeiten fand ich meinen physischen Körper oft beengend, denn mein Feld und meine Flügel passen da nicht rein. Da ich Scherze liebe, stehe ich oft vor dem Koffer und grinse, weil ich nicht weiß, wie nun die extrem großen Flügel und der Heiligenschein da rein passen sollen.

- Als Kind hatte ich immer Angst, dass ein Mann unter meinem Bett liegt und viele Vorstellungen über unser Universum: dass wir nicht alleine auf der Erde sind, dass wir Marionetten sind oder dass wir in einem Aquarium in einem Kinderzimmer leben. Heute weiß ich, dass dies Zeichen meiner Spiritualität waren.

- Meine Andersartigkeit hat es mir schwer gemacht, doch gerade deswegen und durch meine gute Anbindung an die Liebe konnte ich so viel stemmen, mir flog vieles zu, ich liebte dennoch mein Leben und hatte Freude & Spaß. Ich bin schon immer mit einer Leichtigkeit durchs Leben gegangen, die andere nie verstanden haben.
- Meine Devise war und ist: „Geht nicht, gibt's nicht."

Heute weiß ich, dass dies alles meine größten Geschenke sind, damit ich meiner Seelenpflicht nachkommen kann.

Ich habe diese Zeilen verfasst, weil ich hoffe, Dir damit zu helfen, Dich zu finden.

Verleugne nicht weiter Deine Einzigartigkeit!

Du bist perfekt wie Du bist.

Du bist ein Geschenk!

Es geht nicht um Konkurrenz – es geht um Kooperation.

Wir haben an nichts Mangel – dieser wird künstlich erzeugt.

1.5 Mein Weg: 1x Hölle und zurück bis zur Spontanheilung

Wie Du meiner Lebenslinie entnehmen kannst, nahm der Druck/Stress immer mehr zu. Hinzu kam, dass ich mit meiner spirituellen Reise auf der einen Seite immer mehr ins Licht ging, auf der anderen Seite durch die Hölle. Beim Arbeiten am Thema Alkohol bekam ich oft den Satz: „Einmal Hölle und zurück." Und glaube mir, wie ich diesen versucht habe zu transformieren.

Kurz zu meiner Sucht-Hölle und meinem Mut, mich wirklich nackt zu machen:
Ich habe voll funktioniert, mich um mein Kind gekümmert, Sport getrieben, war sozial unterwegs etc. – außer in den Abstürzen.
Für mich war das Danach, besonders das Craving, furchtbar: Dieses ständige Gekreisel meiner Gedanken um den Alkohol. Und auch während des Trinkens: Das war kein Spaß, denn mir schmeckt Alkohol nicht, und er wurde jedes Mal scheußlicher, widerwärtiger. Ich würgte ihn runter, um dann wieder Ruhe zu haben, um erlöst zu werden.

In meinem letzten Absturz war ich so verzweifelt, ich lag am Boden und wusste nicht mehr, wie ich das schaffen sollte. Wie ein Gebet wiederholte ich immer wieder, dass ich mir doch Blümchen gekauft habe, was so viel bedeutete, dass ich Leben will.
Im Nachhinein kann ich sagen, dass es so kommen musste. Ich musste durch diese Hölle, ich musste alles aufgeben lernen, mein irdisches Leben in fremde Hände geben.
Vertrauen – anderen und meiner Seele – dass es einen Weg gibt. Ich lernte, mein Ego komplett loszulassen und meinem höheren Selbst, Gott oder wie Du es nennen magst, zu vertrauen.

Denn: Die Lösung ist: Fokussiere Dich nicht auf das „Wie" – sondern auf das „Das".

Da ich somit nicht an Zufälle glaube, kam die Rettung in Form meiner Eltern, der Ärzte in der Intensivstation, meinem damaligen Freund und meiner kleinen Tochter, denen ich alle hiermit nochmals meinen Dank ausspreche.

Meine Seele machte mir im Nahtod klar, wer ich bin, dass sie mich liebt und eröffnete mir unmissverständlich das Potential, welches ich als Mensch habe – die unbegrenzte Macht meiner Liebe!
(Rein zur Info nochmals: ich hatte 0,0 Promille.)
Für alle Spirituellen oder die an den Teufel glauben: wer hier seine Hände mit im Spiel hatte, steht außer Frage und ist ein anderes Thema, komme dazu gerne auf mich zu.
Und für alle anderen: Jede Sucht fängt an, einen Menschen fremdzusteuern. IMMER!

Zusammenfassend:
Aus der tiefsten Verzweiflung in die Spontanheilung.
Also von 0 auf 100!

Es war mein Weg, den nicht jeder gehen muss. Aber ich teile ihn gerne mit Dir, um Dir **Abzweigungen** zu zeigen.
Ich sehe es als meine Aufgabe an, diesen Weg gegangen sein zu müssen, um Dir zu zeigen, **dass es machbar ist, der Hölle der Sucht zu entfliehen – dies mit Leichtigkeit, Freude und Liebe!**
Und eins kann ich Dir sagen: Die Hölle ist langweilig!

Ab diesem Moment war der Hebel, gesund zu sein, suchtfrei zu leben und absolut authentisch zu werden, umgelegt, so dass ich heute zu **98%** suchtfrei bin. Wem das zu wenig erscheinen mag ...

Mache Dir bewusst: Wir sind Menschen und dürfen schwanken. Und das ist gut so, sonst wären wir Maschinen! Daran sind wir – zum Glück – gescheitert.
Setze Deinen Fokus auf das Geleistete und nicht auf die 2 %.

Mein Energielevel stieg rasant von 0 auf 1.000!
Und das innerhalb eines halben Jahres.

Spontanheilungen sind möglich – begrenze Dich nicht!

2. Sucht ist erlernt und hat einen Grund: Der Dreh- und Angelpunkt

Für mich war die folgende Erkenntnis die Rettung und sie ist für viele Millionen von Menschen, die verzweifelt nach Heilung oder einer Lösung ihrer Alkoholsucht suchen, eklatant wichtig. Alkohol ist heute eine der häufigsten Todesursachen in Deutschland und Droge Nummer eins.

Meine Message:
Sucht ist von Dir erlernt worden und kann wieder verlernt werden – durch die Macht der Liebe in Dir selbst. Sie ist somit wie Dein Baby, Deine Schatzkiste und Deine Antwort & Heilung auf alle Fragen.

Liebe Deine Sucht wie Dich selbst. Sei dankbar für jeden Tropfen, den Du trinken musstest – denn die Sucht wollte nur, dass Du aufwachst. Aufwachen – in Dein wahres Selbst, in Dein volles Potential.

Denn im Grunde hast Du Dich immer selbst gesucht – Deine Liebe zu Dir – und mit diesen Tipps wirst Du sie wieder finden und gesund werden.
Lerne ab jetzt, alles mit Liebe und Dankbarkeit zu sehen, dann wirst Du automatisch nicht mehr trinken wollen. Dann ist bald Dein ganzes **„Jenga"** voll mit Lebenskraft und Liebe und dann hat Sucht keinen Platz mehr – denn Du hast Dich komplett gefunden.

Gehe raus aus den krankhaltenden Mustern und Gedanken:
» *„Einmal Alkoholiker – immer Alkoholiker."*
» *„Ich bin nur ein Glas davon entfernt – ein Leben lang."*
» *„Sucht ist unheilbar und ich bin todkrank."*
» *„Was ist in der Sauce drin…?"* *(Überall zu überlegen, ob Alkohol enthalten ist.)*

Jetzt ist Schluss damit!!!

Deine neuen Muster sind ab heute:

» Du entscheidest selbst, ob Du je wieder Alkohol konsumieren willst oder nicht.

» Du bist Schöpfer Deiner Alkoholsucht und Deines Lebens.

» Spontanheilungen sind möglich - höre auf zu denken, dass Suchtfreiheit ein langwieriger Weg sein muss

» **Höre auf, Dich zu begrenzen!!!**

» **Denke groß!**

» **Erkenne die neuen Möglichkeiten!**

Ab heute gilt für Dich folgendes Motto:

Geht nicht – gibt's nicht!!!

2.1 Was ist Sucht und wie kommt es dazu

Beobachten wir unsere Gesellschaft – wie oft wird uns vorgelebt, dass Rauchen ok ist, dass wir Alkohol als Genussmittel trinken, Dinge („unseren kleinen Helfer/Hilfsmittel") zum Abschalten etc.

Um das Ganze einmal genauer zu studieren, habe ich mir extra die Mühe gemacht, Sonntagabend einen Rosamunde Pilcher Film anzuschauen und ich war erschrocken: nach 30min war ich bei 10x Alkohol trinken. Und da wurde mir klar bzw. offensichtlich, wie gesellschaftsfähig Süchte sind.

Und gerade Alkohol begegnet uns überall – u. a. zum Essen, zu feierlichen Anlässen (auch in der Kirche das Abendmahl), zum Feiern, zum Lösen von Problemen in Büchern und Filmen. Und das in allen Bevölkerungsschichten, in allen Varianten und aus vielen Gründen. Und, was wir meist nur indirekt bzw. unbewusst wahrnehmen: auf vielen Plakaten im Straßenverkehr, dass wir keinen trinken sollen, erst recht nicht am Steuer.

Anmerkung: Das Wort „Nicht" wird vom Unterbewusstsein nicht verstanden, so dass negative Formulierungen genau das Gegenteil bewirken, nämlich: „trinke Alkohol".

Hauptbedeutung von drei bekannten Süchten:

Spielsucht: Ist mehr ein **Ego-Thema** (Vorstellung/Traum vom großen Gewinn, wobei der Verlust ausgeblendet wird, „ich-schaff-das-das-wäre-doch-gelacht", Müssen vs. Angst, Risiko-Sucht im Alltag gerechtfertigt durch Wunschvorstellung),

➔ Flucht vor der Realität oder Flucht in eine Scheinwelt

Magersucht: Thema **Genuss bzw. Verbot von Genuss**, ungenießbar und somit unantastbar sein, Kontrolle haben, Kontrolle über den Alltag, der wegzubrechen droht

Alkohol: Flucht, wir fliehen vor dem jetzigen Zustand oder wollen diesen ändern.

➔ Beispiele: Abzuschalten, runterzukommen, Spaß zu haben, weil es dazu gehört, Hemmungen wegtrinken.

2.1.1 Herkunft Wort Alkohol

Etymologische Herkunft des Wortes „Alkohol":

Das Wort „Alkohol" stammt von dem arabischen Ausdruck „al-kuhl" ab, welches „Körper essender Geist" bedeutet. Das englische Wort „ghoul" (deutsch „Ghul") findet seinen Ursprung dort. In der mittelöstlichen Folklore ist ein „Ghul" ein böser Dämon, der menschliche Körper isst.

Lateinische Ableitung:

Die Wörter „Spirit, Spiritus, und Spirituosen" werden alle von dem lateinischen Wort „spiritus"
= Geist abgeleitet.

Dr. Rachel Hajar fand weitere **Wortbedeutungen** in alten arabischen Texten:

➜ „Al kol": bedeutet Dschinn oder Geist, der verschiedene Formen annimmt oder eine übernatürliche Kreatur in der arabischen Mythologie darstellt.

➜ „Al kol": Jedwede Droge oder Substanz, die den Verstand hinfort nimmt oder ihn verdeckt.

➜ Das Wort „Alkohol" bezieht sich ebenso auf den Fixstern „Algol" (nach der Astronomie), somit dem „Kopf des Dämons".

➜ Der moderne arabische Begriff für „Alkohol = Ethanol" lautet: t الغول, al-gawl, und bedeutet „Geist" oder „Dämon".

Grundgedanken zu Süchten

Allen Carr führt es in seinem Buch *„Endlich ohne Alkohol! Der einfache Weg mit Allen Carrs Erfolgsmethode"* sehr gut aus, wie wir systematisch einer Gehirnwäsche beim Thema Alkohol unterzogen werden.

Gerade bei den gesellschaftlich anerkannten Süchten wie Rauchen und Trinken bedeutet es meist Belohnung oder Genuss. Viele sagen: „Weil es mir schmeckt." oder „Weil ich es will".

Aber wir wissen, dass es uns schadet und dass wir an etwas hängen, wovon wir schwerlich lassen können.

Somit frage ich ketzerisch: Haben wir ein Recht – ein Grundrecht – auf Rausch?

Warum nicht ein Rausch nach dem Leben? Nach lieben? Nach uns? Bzw. warum ist es so anders gelaufen?

Darum gehe ich einmal ein bisschen tiefer in die Thematiken von Sucht ein.

Rausch

Nicht alle Süchte erzeugen einen Rausch. Rausch heißt im Englischen *„intoxination"*, im Spanischen *„intoxicación"* was wörtlich übersetzt *„Eindringen von Gift"* oder *„Vergiftung"* bedeutet.

➔ Jedoch ist der menschliche Körper so überlebensclever, dass er sich an geringe Mengen von Gift gewöhnt und erst langsam krank wird. Das ist das fatale daran. Denn würden wir es sofort merken, würden wir es eher oder sogar sofort lassen.

Hinter dem Wunsch nach einem Rausch steckt die Suche nach dem „verlorenen Paradies", wie wir es oft in unseren Babyjahren oder der Kindheit erleben konnten: Diese Sehnsucht nach Geborgensein und dem Umsorgt werden, ohne dass wir etwas dafür tun müssen. Als Erwachsener setzen wir dann oft auf das Recht von Konsum, Freizeit-Aktionismus, Bespaßung oder Sensationslust. Auch den schnöden Alltag zu vergessen oder den alltäglichen Stress ein wenig hinter sich zu lassen, nur um ein paar Sekündchen einen Hauch von "Paradies" zu erleben.

Was nehmen wir aus unserer „Kinderstube" mit?

2.1.2 Mutter-Kind-Beziehung

Als Baby sind wir erst einmal abhängig, meist von der Mutter. Wir wissen alle, dass wir ohne Hilfe und sogar Liebe sterben würden. Normalerweise werden Babys gestillt, aber ab den 50er oder 60er Jahren wurde es hipp, wenn die Mutter zur Flaschennahrung griff. Dann stillten viele Frauen aufgrund ihrer Figurproblematik nicht oder weil es ihnen lästig war und auch oft wegen von Schamgefühlen. Heute arbeiten viele Frauen und stillen deshalb oft nur kurz.

Dieser wichtige emotionale Prozess, den das Kind während der Stillperiode durchmacht, wird dadurch massiv gestört und so bleiben oft verkannte Defizite zurück, die sich auf unbewusster Ebene auch in Süchten äußern können, z. B. dieses nie genug bekommen, nie satt werden, immer mehr wollen.

Gesondert möchte ich Frauen erwähnen, die aufgrund von Stress nicht stillen können und von außen angefeindet werden, was sich dann doppelt negativ auf die Babys auswirkt, da sie nicht gestillt werden können und zusätzlichen den Stress der Mutter abbekommen, die sich bemüht, das Beste für ihr Kind zu geben.

Interessanterweise wurden bei Ausgrabungen schon Babyflaschen aus Ton gefunden.

2.1.3 Der unterentwickelte Emotionalkörper

Für das Baby sind Stillen und das Gehaltenwerden essentiell und wichtig. Bei beidem hat das Baby den Kopf auf der Brust, den wichtigsten Energiepunkt des Menschen, der für Mitgefühl steht. Weiterhin ist dabei das Kind mit dem Nabelpunkt der Mutter verbunden. Daher ist zudem das Tragen des Kindes elementar für dessen Entwicklung, da es darüber emotional das Gefühl von Sicherheit, Geborgenheit und Gehaltensein bekommt. Dadurch kann das Baby ein gesundes Maß an Mitgefühl und Selbstwertgefühl aufbauen.

Wenn wir uns mit diesem Wissen anschauen, wie wenig wir aus den verschiedensten Gründen diese Bedürfnisse gestillt bekommen haben, brauchen wir uns nicht wundern, dass wir alle Mangel in vielen Bereichen erlitten haben, den wir durch die Sucht kompensieren wollen. Besonders nennenswert sind hier alle Selbstthemen und Depression.

Wie wichtig war und ist daher das Füllen Deiner Grundbedürfnisse in Deinen Kindertagen und in Deinem Leben? Also wieder selbst Schöpfer für Dich zu werden und auch als Impuls, wie facettenreich die Suche nach den Ursachen für Deine Sucht sein kann:

Aus dem Kuschel Buch von Gerhard Schrabal (danke hiermit an Gerhard):

„Unsere Beziehungen sind dementsprechend nach dem Vorbild einer marktorientierten kapitalistischen Gesellschaft organisiert – und damit auf paarweisen Austausch angelegt, egal ob es dabei um Geld oder z. B. um Gefühle geht: Ich gebe, um etwas zu bekommen. Auch dort, wo Menschen sich in be- oder neu entstehende Gruppen begeben, um ihr Glück zu finden, geht es häufig um einen geregelten Austausch, der z. B. über eine mehr oder weniger formale Zugehörigkeit geregelt wird: Welche Vorleistungen muss ich erbringen, um dazuzugehören, und welche Leistungen kann ich dann erwarten? Auch hierbei geht es nicht nur um finanzielle oder materielle Aspekte. Es geht auch um die Frage der persönlichen Anpassung, z. B. um ein bestimmtes Glaubensbekenntnis oder um gemeinsamen Alkoholkonsum, und um die emotionale Belohnung, die daraus entspringt, sich dazugehörig fühlen zu dürfen."

„Der Mensch ist aus biologischer Sicht ein Säugetier. Körperkontakt und Berührungen gehören zu seinen Grundbedürfnissen. Für das kleine Kind, das wir alle einmal waren, sind sie überlebenswichtig. Aber auch viele Erwachsene sehnen sich nach Körperkontakt, nach der Berührung nackter Haut. In unserer Kultur wird dieses Bedürfnis, wenn überhaupt, nur in Familie und Partnerschaft ausgelebt. Andererseits wächst in Deutschland die Zahl der Singles, der Geschiedenen, der Alleinerziehenden und der allein lebenden Alten ständig. Letztere sind besonders betroffen von Einsamkeit und Mangel an Berührungen. Viele von ihnen leben notgedrungen allein oder in Heimen und haben große Schwierigkeiten, menschlichen Kontakt, Aufmerksamkeit und eben auch körperliche Berührungen zu erhalten. Sie leiden stumm, weil sie sich mit ihrer Situation abgefunden haben oder sie vielleicht sogar als normal empfinden. Oder sie nehmen unbewusst unser Gesundheitssystem in Anspruch, um ein Mindestmaß an Zuwendung zu erhalten. Aber auch in anderen Altersgruppen sind diese unerfüllten Bedürfnisse weitverbreitet. Selbst Menschen mit lebhaftem Sexualleben können ein Defizit an liebevoller Berührung, an Angenommensein und Zugehörigkeit empfinden. Manchmal ist es sogar so, dass eben dieses Sexualleben dazu dient, den empfundenen Mangel zu kompensieren. Was aber nicht gelingt, weil es sich um verschiedene Bedürfnisse handelt. Daneben gibt es natürlich noch jede Menge anderer Ersatzhandlungen. Wenn Sie kurz darüber nachdenken, fallen Ihnen spontan vermutlich mindestens drei ein. Leider ist keine davon geeignet, Sie oder einen anderen Menschen wirklich glücklich zu machen, z. B. übermäßiges Essen sowie Alkohol-, Nikotin- und sonstiger Drogenkonsum."

„Wir leben leider in einer Gesellschaft, in der das natürliche menschliche Bedürfnis nach Nähe und Berührung (sowohl emotional als auch körperlich) für viele nicht ausreichend befriedigt wird – auch wenn sie in einer Beziehung leben oder als Single *ausreichend sexuelle Kontakte haben. Die häufig zu beobachtende Mangelkompensation in Form von Statussymbolen, jeder Form von Ablenkung, Alkohol, Rauchen, Drogen etc. schafft eine Ersatzbefriedigung zu ganz erheblichen, auch finanziellen Kosten – von den gesellschaftlichen Kosten einmal ganz abgesehen. Im Vergleich hierzu ist der regelmäßige Besuch von Kuschelveranstaltungen nicht nur wesentlich gesünder und wirkungsvoller, sondern auch sehr viel billiger."*

2.1.4 Genuss-Süchte

Süchte, die wir oral zu uns nehmen über den Mund, in die Lunge oder in den Magen. Wie im vorherigen Absatz beschrieben, spielen hier der Brust- und Nabelpunkt eine zentrale Rolle: Das Suchtmittel ersetzt Mitgefühl, Sicherheit und Geborgenheit.

Dabei ist der Kreislauf der Wiederholung spannend zu beobachten: Du trinkst Alkohol, eine orale und körperliche Befriedigung finden statt, die mentale kurzfristige Zufriedenheit steigt. Du kannst abschalten und fühlst Dich normal. Aber dann schreit das „Kind" wieder in Dir und verlangt nach dem Ersatzmittel, um die Illusion aufrecht zu erhalten.

Problem: Dein Verstand kann die Illusion nicht ohne weiteres enthüllen, sondern schlimmer noch, er beißt sich daran fest. Es folgen dann Sätze wie „Es schmeckt" oder „Es tut gut"… und sind dann Folgen von diesem Festbeißen.

Bedenke: Du hast es hier mit einer Sucht zu tun, die will, dass Du sie fütterst. Und wenn Du sie zu Dir nimmst, ist sie befriedigt und Du „angeblich" auch.

Aber: Das ist ein Trugschluss, denn nicht alles, was Dir angeblich schmeckt oder gut tut, ist gut für Dich. Die Sucht und Dein Verstand sind „hervorragende Schauspieler".

2.1.5 Das Resultat aus energetischer Sicht

Aus energetischer Sicht muss ich erwähnen, dass beim Einnehmen von Alkohol die natürliche Filterfunktion des Gehirns außer Gefecht gesetzt wird und so können andere Energien in Dich eintreten. Daher ist es nicht verwunderlich, dass Du oder auch andere sich komplett anders verhalten, wenn sie getrunken haben: Dass sich teils die Stimme verändert, jemand gewalttätig wird, wahllose sexuelle Kontakte hat u. v. m. Auch die heutige Wissenschaft belegt diesen Zustand ausreichend.

Einfach erklärt hat das Wesen des Alkohols der Autor und Gesundheitsexperte Jasan Christoff:

„In der Alchemie wird Alkohol dafür benutzt, um die Seelenessenz einer Wesenheit zu extrahieren. Daher wird er eingesetzt, um die Essenzen für ätherische Öle zu extrahieren und um medizinische Geräte zu sterilisieren.

Wenn man Alkohol in den Körper aufnimmt, entzieht er ihm die reine Essenz der Seele, während es den Körper anfällig für andere, niedrig schwingende Wesenheiten macht (warum denkst Du, dass wir manche alkoholischen Getränke als „GEIST" bezeichnen?").

Deshalb erleiden Menschen, die sehr große Mengen an Alkohol konsumieren, einen **Filmriss** *– sie erinnern sich nicht, was in der Zeit der Trunkenheit geschah. Dies geschieht, wenn die gute Seele (mit der wir hierher geschickt wurden) den Körper verlässt, da sie den vergifteten und zu traumatischen Zustand während einer Alkoholisierung nicht ertragen kann.*

Die gute Seele verlässt den Körper, bleibt aber über ein Band mit ihm verbunden, und eine dunkle Wesenheit übernimmt den Körper für eine Freudenfahrt um die Häuser, meistens in einer genusssüchtigen, hedonistischen und unlogischen Weise. Unsere Körper sind die Fahrzeuge für diese Geister. Entfernt sich ein Geist, kann der nächste das Fahrzeug übernehmen. Wenn also jemand einen Filmriss nach exzessivem Alkoholkonsum hat oder sich auf andere vielfältige Weisen verschmutzt, wird sein Körper häufig von einer anderen Wesenheit besetzt."

➜ Nicht nur aus energetischer Sicht ist die Veränderung des Gehirns und somit des Verhaltens schon lange wissenschaftlich belegt.

2.1.6 Zusammengefasst (Key Takeaways)

➔ Du suchst nach Deinem inneren Frieden. Schaue einmal einem schlafenden Kind zu und lausche diesem totalen Frieden. In Deiner Sucht hast Du scheinbar diesen Frieden.

➔ Da Du ihn im außen nicht finden konntest, suchtest Du ihn im Alkohol – den kurzen Moment des Friedens.

➔ Es ist jedoch kein echter Frieden, und da er nur kurz anhält, musst Du wieder zum Alkohol greifen. Den inneren Frieden kannst Du so nicht festhalten.

➔ Wie kommst Du aber in Deinen inneren Frieden, und somit zu Freiheit, Fülle und Freude, Deinem Urzustand, den Du über künstliche Mittel gesucht hast?

➔ In den weiteren Seiten gebe ich Dir viele Tipps, wie Du dies wieder lernen kannst.

Fazit:

➔ Sucht ist Ersatz für etwas, das Dir fehlt, was Du sehr vermisst, oft ein Ur-Gefühl oder Grundbedürfnis.

➔ Das Mittel Alkohol gaukelt Dir das Gefühl vor, dass Du das bekommst, was Du zu vermissen glaubst.

➔ Und Du erhältst das kurzzeitige Gefühl, befriedigt zu sein. Da dieses Gefühl meist nicht lange anhält, muss nachgelegt werden.

➔ Somit steht Sucht für Suche, wie das Wort bereits beinhaltet. Und Du suchst, was Du noch nicht gefunden hast - und das an der falschen Stelle.

➔ Die Frage dahinter: Was fehlt Dir? Was versuchst Du alles zu kompensieren?

Um den Mechanismus vom „Genusstrinken" zur Sucht einfach zu verstehen, folgendes Beispiel:

Sehr plakativ und einfach ausgedrückt:

Sucht muss man sich so vorstellen wie die **grauen Herren bei Momo**:

➜ Je mehr sie bekommen – an Energie, Aufmerksamkeit etc. – desto größer werden sie.

➜ Und umso mehr Hunger haben sie.

➜ Und umso mehr wollen und brauchen sie.

➜ Und umso lauter werden sie.

➜ Und umso größer wird das Verlangen nach dem Suchtmittel – das sog. Craving.

Dieses Beispiel geht auch bei männlichen „Pubertieren" (Pubertierenden): Gebt denen einmal nichts zum Essen!

Oder noch ein anderes Beispiel:

Es ist wie bei **Magnetismus** – je stärker der Magnet, desto höher die Anziehungskraft. So auch beim Suchtmittel.

2.2 Warum wird Sucht anfangs nicht erkannt?

Weil das Feld anfangs sehr klein ist, da ist es meist noch Genuss, Wohlfühlen, sich etwas gönnen, Abschalten (gerade bei Frauen). Je öfter Du dieses Feld aber fütterst, desto größer wird es und kann dann riesig, und somit übermächtig, werden, so dass Du es nicht mehr steuern kannst.

Und dann irgendwann kannst Du nicht mehr anders, als dem Impuls des Fütterns mit dem Alkohol nachzugeben *(siehe Magnetismus)*.

Warum kommen wir so schwer an die suchtauslösenden Themen ran?

Warum fällt es uns so schwer, gute Dinge für uns zu tun, an unseren wahren lieben Kern zu kommen?

Dieser Kern an Liebe, Energie und Kraft wurde durch die ganzen negativen Themen, wie Traumen, schlechten Erfahrungen, Kollektivgedanken, Erziehung und manipulativen Meinungen im Laufe des Lebens, langsam aber sicher verschüttet. Die sich wie dicke fette Panzer um unseren Kern, also unser Herz, gemauert haben. Diesen Kern gilt es jetzt wieder freizulegen und zu gießen.

Wenn dieses Herz aber einen dicken Panzer um sich hat, dann ist es schwer, den Kern, diese Pflanze zu gießen, denn es läuft ja daneben oder perlt sogar ab.

2.2.1 Warum ist es so schwer, abstinent zu bleiben?

Mir hat es gar nichts geholfen, in Gruppentherapie zu gehen, wo ich einerseits immer im Feld der Sucht war und wo wir andererseits meistens über Sucht, Ängste, Sorgen und Nöte gesprochen haben.

Und je nachdem, welche Menschen in dieser Gruppe waren, war oft die Angst vor der Sucht, vor einem Rückfall etc. das Thema oder Ängste, Sorgen und Nöte.

Damit füttere ich dieses negative Feld weiterhin mit „Essen", ich denke zwar, dass ich dieses Thema aushungere, indem ich nicht mehr zum Suchtmittel greife, aber indirekt füttere ich es weiter. Und daher hat man dann auch so große Probleme, abstinent zu bleiben.

→ **Sobald ich noch Angst vor einem Rückfall habe, werde ich rückfällig.** Sobald ich mich noch schäme oder schuldig fühle, am Suchtmittel zu hängen, werde ich es brauchen, hat es diese Anziehungskraft, bleibe ich süchtig.

→ So lange Du die Urthemen nicht aufarbeiten konntest, bleibst Du süchtig.

→ In den gängigen Therapieformen wird oft mit der Angst gearbeitet, die sich aber kontraproduktiv auf die Suchtfreiheit auswirkt. Angst belässt Dich in Deiner Sucht. Vertrauen, Liebe und Selbstfürsorge bringen Dich in Deine Suchtfreiheit.

Leider ist in den Therapieformen oft wenig bekannt, wie man langfristig und nachhaltig den seelischen Entzug beibehält, was dann immer die Ursache für Rückfälle und das Scheitern sind.

So wundert es mich nicht, dass sich sowohl Therapeuten als auch Patienten dem Thema Alkoholsucht hilflos ausgeliefert fühlen, weil sie von den falschen Mechanismen ausgehen und diese einfache Basis nicht erkennen durften.

→ Es wird auch immer vom Willen gesprochen – in den Therapien und auch sonst – dass wenn ich „trocken" oder „abstinent" werden will, ich einfach nur will. Meine Erfahrung und auch die von Allen Carr ist, dass sogar die willensstarken Personen suchtgefährdeter sind als die „willensschwachen", denn die haben meist viel zu viel Angst vor Abhängigkeiten, kurz formuliert. Und was auch zu betrachten ist, dass der Willensstarke einen genauso großen resoluten Kontrahenten in sich hat, der Alkohol trinken will. Also nicht ganz so einfach.

→ **Abstinenz** = kommt vom Willen, man kämpft ein Leben lang

Suchtfreiheit = Entscheidung aus dem Herzen, leicht & frei, ist vergleichbar mit der Entscheidung, Vegetarierin zu werden

2.2.3 Was hat Zeit mit Suchtfreiheit zu tun?

→ Auch hier gilt: Alles zu seiner Zeit. Es brauchte Faktor X an Zeit, dass Du süchtig/abhängig geworden bist, also braucht es auch Faktor Y an Zeit, um Dich zu ent-süchten.

→ Wir werden in unserer Leistungsgesellschaft so darauf getrimmt und manipuliert, dass alles jetzt und sofort klappen muss – sonst sind wir Versager.

Mein Beispiel für Zeit & Überforderung:

Ich habe meinem Vater einmal vorgerechnet, was ich als selbstständige & alleinerziehende Mutter alles an ToDos habe und wieviel Zeit ich dazu brauche: Am Ende kam raus, dass noch nicht mal eine Woche für alle ToDos gereicht hätte – und die neuen habe ich dann noch nicht einmal mit eingerechnet.

→ Unser Perfektionismus legt uns auch hier die Eier, dieser preußische Erziehungsstil: perfekt, sofort, im Drill, im Akkord, geordnet, gedrillt, geschniegelt, nicht aus der Reihe tanzen etc.

→ Auch Sprichwörter wie „Was Du heute kannst besorgen, verschiebe nie auf morgen." müssen absolut individuell betrachtet werden.

→ Auch manipulative Kollektivverhaltensweisen, suggestive Angstmachmechanismen aus Zeitung und Werbung regen nur zum Verkauf an.

Ist Dir schon einmal aufgefallen, wie viel in unseren Medien mit Angst gearbeitet wird? Ich habe Dir ein paar davon einmal zusammengetragen, aber diese Liste ist endlos:

» Jede Woche Deinen Kühlschrank mit Essig nachwischen, sonst…. Gefahr.

» Jede Woche Kaffeevollautomat reinigen, sonst Vergiftung.

» Jeden Tag dies tun, sonst…

» Jeden Tag werden wir regelrecht mit grässlichen Bombendrohungen oder Terroranschlägen bombardiert. Oder dass diese eintreten könnten.

» Halte Dich fern von zu vielen negativen Informationen. Halte Dich fern von angsterzeugenden Informationen. Gerade anfangs, wenn Du gesund werden willst.

» Ich vertraue darauf, dass die Informationen zu mir kommen werden, die zu mir kommen müssen. Und so ist es – seit genau 53 Jahren *(Stand 2024)*. Und ich bin oft besser informiert als andere, weil ich mich in vielen verschiedenen Medien informiere.

» Also: auch hier: raus aus der Angst, etwas zu verpassen, nicht informiert zu sein etc.

Bedenke:
Es ist so: Du hast jetzt 50 Jahre für dieses Verhalten gebraucht, um es zu „lernen", also mathematisch und logisch würde jeder jetzt sagen, hast Du 50 Jahre Zeit, um es wieder zu ent-lernen/„verlernen". Zum Glück gibt es tolle Tools, womit es sehr viel schneller geht.

Wir setzen uns selbst oder lassen uns so unter Druck setzen, wenn wir nicht erkennen, dass jeder sein individuelles Zeitfenster benötigt. Und Druck erzeugt Gegendruck – und das fördert wieder den Griff zum Suchtmittel, da es uns zu viel wird, diesen Druck auszuhalten, dieses nicht richtig machen und somit das Gefühl, nicht richtig zu sein.

2.2.4 Druck raus – Ruhe, Zeit & Gelassenheit rein

Feiere jeden noch so kleinen Erfolg. Wir müssen das Leben neu genießen lernen. Jede mini noch so scheinbar unwichtige Sache darf und soll gefeiert werden. Denn nur so programmierst Du Dich um.

Stell Dir ein kleines Kind vor, welches Laufen lernt. Es macht weiter, einfach weiter, weil es sieht, dass es die anderen können. Und intuitiv vertraut es sich selbst, dass es dies schaffen wird. Und auch wir Eltern vertrauen dem Kind, dass es laufen lernen wird.

➜ Lerne ab jetzt jeden Tag ein bisschen mehr, alles mit Liebe zu betrachten.

➜ Du bist nicht von heute auf morgen süchtig geworden. Wenn Du hier einige Dinge anwenden lernst, dann geht alles viel leichter, schneller.

➜ Setze Dich nicht gleich mit dem Endergebnis der Abstinenz oder Suchtfreiheit unter Druck.
Denn Druck erzeugt Gegendruck.

➜ Gehen jeden Schritt einzeln und bewusst. Je bewusster Du ihn gehst, desto schneller kommt das gewünschte Ergebnis.

➜ Je bewusster Du wirst, desto weniger Verlangen hat Dein Körper nach dem Suchtmittel, denn Du füllst Dich automatisch mit Dingen, die Dir gut tun.

2.3 Die Gesichter von Süchten

Wir alle sind meist schnell darin, Süchtige zu diffamieren, zu stigmatisieren und über einen Kamm zu scheren. Dabei sind es meist genau diese Menschen, die an Süchten oder „versteckten" Süchten" leiden.

Daher die Fragen: Welche Arten von Süchten gibt es? Was sind versteckte Süchte?
Nach was können wir alle süchtig sein? Es wird Dich überraschen, welche Formen gänzlich unbewusster Süchte uns begegnen können.

Bei den meisten Dingen im Leben sind wir uns nicht bewusst, dass wir süchtig sind.
Beispiele:
» Hast Du schon einmal versucht, komplett auf Zucker oder Gluten zu verzichten? Und wie ging es Dir nach 3 Tagen? Welche Entzugserscheinungen hattest Du?
» Oder kennst Du Sätze wie „Ach, ich bin nicht so willensstark wie Du. Wenn ich Diät mache, dann habe ich so Heißhunger auf Weizenprodukte. Da kann ich mich nicht zurückhalten. Ach, wäre ich nur so wie Du."
» Oder hast Du schon beobachtet, wie viele Medikamente Du in den Urlaub mitnimmst, die alle lebensnotwenig sind?

Unserer Konsumgesellschaft ist voll von versteckten Süchten, die wir uns nicht eingestehen können und wollen. Wir wurden nicht darauf konditioniert, dass diese „böse" sind und bereits eine Sucht sind. Denn die Konsumgesellschaft profitiert immens von unserem Zwang, wieder z. B. das neueste IPhone zu haben. Und die Gesellschaft prägt unsere Vorstellung, wie Sucht auszusehen hat. Und hier setze ich an, dass Du einen anderen Blickwinkel bekommen kannst, um in allen Belangen in Deine Suchtfreiheit zu kommen.

Formen meist gesellschaftlich anerkannter Süchte:
» Sucht, zu sehr zu lieben
» Sucht, gebraucht zu werden
» Erfolgssucht – sehr gefährlich, da diese meist schwer zu erkennen ist, denn sie wird in dieser Gesellschaft als normal erachtet und sogar von

Kindesbeinen an gefördert (Bsp. viele Männer verstehen es oft zu spät, warum sich ihre Frauen getrennt haben)

» Leistungssucht
» Anerkennungssucht
» Arbeitssucht
» Kontrollsucht – auch oft schwer zu erkennen, wie viele Menschen Kontrolle über die anderen haben wollen, aber denken, sie tun dies zum Wohle der anderen, meist Kinder.
» Perfektionismus oder Unfehlbarkeitssucht
» Kritiksucht – auch wird dies oft als normal erachtet, denn wir kennen es alle, dass jeder zu allem seinen „Senf" geben muss und für uns ist dieses Verhalten oft schon normal
» Sucht nach Wissen; beachte bitte: dies kann auch dazu führen, dass Du nicht ins Handeln kommst, wenn Du immer denkst, dass Du noch mehr wissen musst!
» Gefallsucht (Schönheitszwang) – Modebewusstsein
» Religion
» Reinlichkeit – Putzsucht – Waschzwang
» Familiäre Brauchsucht
» Pedanterie – Einhalten von Regeln
» Schlecht-Mach-Sucht
» Nicht allein sein Sucht
» Brauchsucht von Menschen, Dingen etc.
» Handy-/Computersucht
» Pornosucht
» Helfersucht – auch sehr schwer zu erkennen
» Medikamentensucht
» Abhängig sein von dem, was andere über uns sagen und denken, suchen nach Bestätigung,
Dazugehören etc.
» u. v. m

Die Liste könnte ich endlos weiterschreiben, denn:
Es gibt nichts, wovon Du nicht abhängig werden kannst!

Natürlich ist es auch hier eine Frage der Priorisierung und des Ausmaßes, denn natürlich ist eine Handysucht eventuell schneller und einfacher zu lösen als die Alkoholsucht. Dennoch ist dabei wichtig, dass Du Dir als erstes einmal bewusst wirst und zugestehst, nach welchen Dingen Du süchtig bist. Das ist schon einmal der erste Schritt. Und dann entscheide, welche negativen Auswirkungen dies auf Dein Leben hat.

*Zusammenfassend können wir sagen, dass wir heute in einer Zeit der Süchte leben – wir sind süchtig nach Sucht. **Denn sie ist die Suche nach Erfüllung in Bereichen, in denen keine wahre Erfüllung zu finden ist – im Außen.***

2.4 Woher kommen Süchte & wie erschaffen wir diese

Die Ursachen für Abhängigkeiten, Süchte oder Krankheiten sind immer gleich.

Schauen wir uns dies einmal genauer an:

Wie oben schon beschrieben, sind wir in einem Mangel groß geworden, den es zu kompensieren gilt. In den ersten drei Lebensjahren lernen wir als offenes, unschuldiges Kind somit, uns selbst und andere negativ zu betrachten und nicht wirklich zu lieben, uns abzuwerten und zu verurteilen. Wir lernen, dass wir so, wie wir sind, nicht in Ordnung sind, dass wir uns mehr anstrengen müssen, um allen zu gefallen und uns anzupassen. Wir übernehmen natürlich Glaubenssätze wie, „dass das Leben ein Kampf ist", „dass das Leben böse ist", „dass wir auf der Hut sein müssen", „dass wir uns nur mehr anstrengen müssen, um" etc.

Unbewusst lernen wir, wie wir zum Schöpfer von negativen Denk- und Glaubenssätzen werden, die uns nicht nur von den Eltern eingeimpft wurden, sondern von der ganzen Gesellschaft. Dies verfestigt sich immer mehr in unserem Leben, bis es sich um richtig fest manifestierte & installierte Programme handelt, die schwer abzuarbeiten sind.

Und hier sind wir an der Basis Deines Leides, Deines Mangels und dem Beginn Deiner Sucht gelandet.

Deine Aufgabe ist es jetzt, diesen Kreislauf zu erkennen, anzunehmen und neu anzugehen. Diese Kettenreaktionen kannst nur Du wieder ent-schaffen, denn Du hast sie er-schaffen, wenn auch unbewusst.

Denn Deine Gedanken erschaffen Deine Gefühle, die in Deinem Körper gespeichert sind und dort abrufbar sind.

Wir alle bekamen keine Anleitung dafür, wie wir mit unseren Gefühlen, insbesonders den negativen, sinnvoll umgehen können. Uns wurde beigebracht, diese zu ignorieren oder zu verdrängen. Diese unterdrückten Gefühle setzen sich aber in unseren Körper ab, sie werden sozusagen gespeichert, denn sie können nicht fließen und belasten somit unseren Körper, unsere Stimmung und unsere Schwingung. Beispiel: Du siehst oder merkst schon von weitem, dass jemand wütend ist.

Diese unterdrückten Gefühle sammeln sich irgendwo in Deinen Körperzellen und sorgen dafür, dass Du langsam an Lebenskraft/Energie verlierst und machen Deinen Körper (meist schleichend) krank. Zwar immer zeitversetzt, denn sonst würden wir uns sofort um unsere negativen Gefühle kümmern. Die Zipperleins, Wehwehchen und Krankheiten sind somit Deine Warnsignale, auf Deine Gefühle zu hören bzw. sie erst einmal wahrnehmen zu lernen.

Das Paradoxe an Sucht ist:

→ *Du wirst stark verurteilt, dass Du abhängig bist und meist ist Deine Verurteilung Dir selbst gegenüber noch viel größer. Solange Du in der Verurteilung bleibst, erhältst Du jedoch den Zustand von Deiner Sucht und Abhängigkeit aufrecht.*

→ Bedenke: Du strahlst aus – was Du denkst und fühlst.
Denn wie wir aus der Physik schon kennen, lässt sich Energie = hier gleich Gefühle, nicht einfach wegmachen, sondern nur wandeln.

2.5 Was fördert Sucht?

Hier nur ein Auszug aus den Dingen, die mir wichtig erschienen, denn ich kann nicht auf alles eingehen.

2.5.1 Perfektionismus

In unserer Leistungsgesellschaft gilt Perfektionismus als richtig, normal und als anstrebenswerter Zustand, den wir schon von klein auf durch alle Kanäle beigebracht und vorgelebt bekommen. Das Ziel ist es: immer perfekter zu werden – in allen Bereichen.

Ich mache jetzt nur eine kleine Liste auf:

» als Kind – als Frau – als Mann – als Partner*in – als Nachbar – als Sohn – als Tochter – als ??
» im Beruf – in der Schule – im Alltag – beim Kochen – beim Einkaufen, „Schnäppchenjagd" – beim Selbstbauen oder Renovieren – beim Basteln – beim Flechten – beim Angebote einholen – beim Schriftverkehr - ????
» „Höher – schneller – weiter – besser…." Wir kennen sie alle – diese Sprüche.
» „Streng' Dich an, damit Du was wirst"

Nicht nur für hochsensible, hochsensitive Menschen gilt Perfektionismus als unabdingbare Überlebensstrategie, sondern es gehört einfach zu dieser Gesellschaft dazu, um anerkannt und geliebt zu werden, um dazu zu gehören.

Wie sehr wird auf die Menschen gezeigt, die hier aus der Norm fallen, da werden u. a. Kostenrechnungen erstellt, warum ein Mensch mit Behinderung nicht in einem Konzern arbeiten kann; der Penner auf der Straße gilt als nicht zumutbar und als Sozialschmarotzer, dass er davor vielleicht eine eigene Firma hatte, wird nicht bedacht.

Zurzeit sind die Rehas und Kliniken sehr bemüht, als Ursache bei alkoholkranken Menschen die Diagnose ADHS oder ADS in Verbindung zu verknüpfen, denn sie nehmen u. a. zu viel oder anders wahr und sind dann froh, wenn ihr Kopf ruhig ist und behandeln ihren Kopf im Prinzip selbst:
Endlich einmal abschalten, Ruhe im Kopf.

Und gerade wir Frauen haben uns den Perfektionismus noch viel mehr hinter die Ohren schreiben lassen. Gerade durch die Emanzipation, die in den 80ern hieß, wie ein Mann zu werden, aber die Frauenaufgaben auch noch zu übernehmen. Was folgte war dann Doppelbelastung: Kinder, Haushalt, Partner und Job. Meist waren die Frauen anfangs zu Hause, auch wegen des Stillens, Alleinerziehende sowieso.

Und das sind nur ein paar wenige Gründe, liebe Frauen, was es zu überdenken gibt.

Warum war früher Perfektionismus so hipp? Meine Eltern z. B. haben den Krieg noch erlebt, danach war Mangel pur angesagt. Und dann kam der wirtschaftliche Aufschwung und jeder wollte beweisen, dass er es geschafft hat. Und auch die preußische Erziehung mit Schlägen war noch teils gang und gäbe.

Es ist nicht unsere Aufgabe, immer perfekter zu werden, sondern immer authentischer.
Wir sollten wieder so werden wie wir auf die Welt kamen. 100% Liebe und wir selbst, bevor wir uns anpassen mussten.

2.5.2 Langeweile

Auch ich musste feststellen, wie Langeweile fördernd auf meine Sucht wirken konnte. Und leider habe ich einige liebe Menschen erlebt, die nach einem guten Entzug motiviert nach Hause kamen, keine Arbeit oder erfüllende Aufgaben hatten, und dann mit noch schlimmeren Abstürzen wieder in die Klinik kamen. Auf die Frage des Warums, kam die Antwort: Mir war langweilig.

Wir leben in einer Welt der Anreizüberflutung, des Höher, Schneller, Weiter – immer mehr haben Wollens und nie genug Bekommens.

Erinnert Ihr Euch noch, wie wir freudig im Wald Wasserburgen mit Staudämmen gebaut haben? Oder wie wir einfach im Gras lagen oder versonnen Blumen gepflückt haben?

Und Du willst mir sagen, dazu wäre keine Zeit, denn Du musst tausend Dinge erledigen? Und Du musst für Deine Karriere noch folgendes machen?

Ja, wir wurden extrem darauf erzogen, genauso zu denken – aber Du bist davon krank geworden. Also entscheide Dich, welchen Weg Du weiterhin einschlagen willst.

Ja, auch ich musste das Langweilen wieder lernen und habe mich da einer „Rosskur" unterzogen. Ich wusste aber auch, dass es nötig ist. Denn wenn ich eines Tages alleine sein sollte und dies nicht gelernt habe, Langeweile sinnvoll zu nutzen, dann greife ich wieder aus Leere zur Flasche.

2.5.3 Schlechte Gewohnheiten

Was sind schlechte Gewohnheiten und warum tun wir uns so schwer, diese zu verändern?

Unsere lieben, schlechten Gewohnheiten, die es auch gilt, in Liebe zu betrachten, um sie dann zu verändern.

Beispiele für schlechte Gewohnheiten

» Wie oft erwischst Du Dich, dass Du doch wieder zu viel gegessen hast oder zu viele ungesunde Lebensmittel zu Dir genommen hast, obwohl Du das ändern wolltest?

» Dass Du wieder einmal das Training sausen ließt und dann doch nur auf SocialMedia oder im Internet sinnlos Zeit vergeudet hast?

» Dass Du wieder einmal nicht Deine Wohnung ausgemistet hast, sondern faul vor dem Fernseher lagst

» Du einfach Dinge, die Du Dir vorgenommen hast, nicht umgesetzt, sondern unsinnige Ablenkungsmanöver gemacht hast

» Oder Du manchmal nicht zufrieden mit Dir selbst bist, weil Du zu viele **„schlechte" Entscheidungen** an diesem Tag getroffen hast?

Aber wieso machen wir solche Dinge dann wissentlich, wenn sie uns von einem glücklichen Leben abhalten? Warum verfallen wir ihnen immer wieder? Die Lösung ist ganz einfach:

➔ Es sind **schlechte Gewohnheiten**, die sich in Deinem **Unterbewusstsein** verankert haben und Dich in solchen Momenten kontrollieren.

→ Gewohnheiten bestimmen auch unser Denken, Fühlen, Handeln und sogar unsere körperlichen Reaktionen.

→ Sie werden auch als **Rituale oder Automatismen** bezeichnet.

Doch wie entstehen Gewohnheiten?

Unser Gehirn speichert etwas automatisch als Gewohnheit ab, wenn wir die gleichen Verhaltensweisen oder Denkmuster immer wiederholen, z. B. Zähneputzen, Autofahren, aufstehen. Es sind Dinge, die Dir im Alltag eine Menge Zeit, Kraft und Energie sparen, denn viele Alltagsaktivitäten laufen völlig automatisch aus Deinem Unterbewusstsein ab. Sie erleichtern Dir Deinen Alltag, denn Du musst nicht über sie nachdenken.

→ *Gewohnheiten sind (überlebens-)notwendig! oder verhängnisvoll*

Aber warum fällt es uns dann so schwer, diese zu ändern?

Durch die **Ausschüttung** von **positiven Botenstoffen** signalisieren sie unserem Körper und unserem Gehirn, dass sie uns **glücklich machen**. Doch das ist nur ein **kurzfristiger** (Schein-)**Effekt**. Denn langfristig haben diese negativen Gewohnheiten hauptsächlich negative Folgen, die sich z. B. auf unsere Gesundheit, unser Sozialleben oder den Geldbeutel auswirken.

Übung:

→ *Sobald Du Dich wieder dabei ertappst, einer negativen Gewohnheit nachzugehen, halte an.*

→ *Sage 3x laut STOPP.*

→ *Und mache sofort etwas Erfreuliches oder Sinnvolles.*

→ *Jeden Tag ein bisschen mehr.*

Das Motto ist:

Tritt jeden Tag etwas mehr Deinen negativen Gewohnheiten konsequent und in Liebe entgegen, so dass sie eines Tages Teil Deines Unterbewusstseins sind und dann automatisch ablaufen.

2.6 Die Sprache der Sucht

Wörter wie „Alkoholiker", „Säufer", „trocken bleiben oder sein", „abstinent sein"…
Oder sogar Sätze wie „Ich bin Alkoholikerin."
Hast Du Dir die Bedeutung und den Hintergrund dieser Wörter und Sätze einmal genauer angeschaut?
Denn wie im Kapitel *„Die Macht der Wörter" (ab Kapitel 4.2.10)* beschrieben wird, formen wir unser Leben durch unsere Gedanken und somit auch durch unsere Wörter.

Ich möchte auf diese nun genauer eingehen:

„Alkoholiker": Dieses Wort ist so massiv verletzend, weil es nicht mehr einen Zustand oder gar eine Krankheit symbolisiert, sondern einen „armen Menschen", der von der Gesellschaft ausgeschlossen wird und eigentlich ein „Penner" ist. Oder sehe ich das falsch? Auch wenn viele behaupten, das wäre zum Eingestehen Deiner Krankheit der erste Schritt, sage ich ganz entschieden NEIN dazu. Viele Gründe sprechen dafür, dies nicht zu tun. Einer davon ist, dass ich auch nicht Krebs bin, sondern ich habe Krebs. Wenn Du also sagst, ich bin Alkoholikerin, identifizierst Du Dich mit dem Mittel Alkohol und projizierst Dir zeitgleich Deine Krankheit weiter ein. Indem Du die Verantwortung übernimmst, und sagst, dass Du alkoholkrank bist oder eine Alkoholsucht hast, stehst Du komplett zu Deinem Thema mit allen Facetten und machst Dich dabei nicht schlecht.

> Sobald Du aber immer wieder behauptest, **dass Du „Alko-holikerin" bist, verschließt Du Dich gegenüber der Möglichkeit einer Heilung, indem Du indirekt die volle Verantwortung an den Alkohol abgibst. So nimmt dies Dein Unterbewusstsein wahr und fügt sich Deinem Entschluss.**

Sobald Du aber sagst, dass Du **alkoholkrank** bist oder eine **Alkoholsucht** hast, benennst Du eindeutig Deine Krankheit und kannst die Verantwortung von außen übernehmen.

Über die gängigen Abwertungen und Stigmatisierungen, die mit diesem Wort verbunden sind, brauche ich nicht weiter einzugehen, sondern nur jeden sensibilisieren, dieses Wort nicht mehr zu verwenden.

„Trocken bleiben oder sein":
Bist Du denn ein Baby?

„Abstinent sein":
Dieses Wort kommt aus dem Verstand oder aus dem Willen, und nicht aus dem Herzen. Das oberste Ziel aller Kliniken und Rehas, hat sich für mich immer falsch angefühlt, als Null-Linie, Deadline, technisch berechnet, nicht lebendig. Dabei ist es das Leben, das frei und leicht in uns fließt und nicht der kalten Kontrolle unterworfen werden kann. Suchtfreiheit ist lebensbejahend und leicht.

***Anmerkung**: „Abstinent sein" kann an die Kirche erinnern, wodurch die Verbindung „Alkohol als Religion" entsteht*

3. Dein Bewusstsein erschafft die Welt: Wache auf, Du warst auf dem Holzweg

Lerne neue Spielregeln des Lebens. Schau Dir die Natur an – nur Fülle. Mangel existiert nur in unserem Verstand/Kopf.

→ Stelle es Dir vor wie bei dem Spiel **„Jenga"**:
   Das „Jenga" ist endlich zusammengebrochen. Deine Kraft ging aus und Du wurdest immer wackliger, denn Du hast nach den für Dich falschen Mechanismen gelebt, sonst hättest Du nicht zur Flasche greifen müssen.

   Als Du auf die Welt kamst, waren alle „Jenga"-Steine (also Du) 100% Liebe. Im Laufe Deines Lebens – durch u. a. negative Erfahrungen & Gedanken, Traumen, falscher Erziehung – haben sich viele Steine durch schwarze Steine ersetzt, die Dir dann nicht nur Deine Energie geraubt haben, sondern Dich krank gemacht haben.

→ Denn alle negativen Glaubenssätze, Informationen, Traumen, Urtraumen, verletzte Gefühle und andere negative Erfahrungen sind in Deinem Unterbewusstsein und sogar Körper gespeichert. **Darum spielt sich 90% davon, was unser Leben bestimmt, unterbewusst ab.**

→ **Unsere verkopfte Welt gegen unser Gefühl (Unterbewusstsein)**
   Wir haben gelernt, unseren Verstand von unserem Herzen zu trennen, so dass wir nicht unser volles Potential für Entscheidungen nutzen. Du kennst doch bestimmt den Spruch *„Hätte ich doch nur auf meinen Bauch gehört...."* und ärgerst Dich im Nachhinein, wie oft Du besser damit beraten gewesen wärest.

Klarheit kommt aus dem Unterbewusstsein –
Wille aus dem Verstand

Das „Eisbergmodell"

Verstand/Kopf

Sichtbar — Zahlen, Daten, Fakten, Informationen, Worte, Sprache/Körpersprache — Bewusstes

Un-sichtbar — Gefühle, Emotionen, Stimmungen, Einstellungen, Bedürfnisse, Traumen, neg. Erlebnisse — Wahrnehmungen, Vorstellungen, Gedanken, Antriebe, Motive — Unbe-wusstes

Körper/Gefühl

Übung:

➔ Auf meinem Youtube-Video findest Du eine starke und einfache Übung, negative Gefühle in positive zu wandeln und somit lernst Du, wieder mehr auf Deinen Körper oder Dein Unterbewusstsein zu hören.

➔ https://youtu.be/wYRtpLN1sl0

3.1 Unser Bewusstsein und Unterbewusstsein

Definitionen:

Bewusstsein =   **Ego, Denken, Denker**

Unterbewusstsein =   **Herz, System, höheres Selbst**

Unser Ego = die Spitze des Eisberges (5 – 10%)

Nicht umsonst sagte schon Albert Einstein, dass wir gerade Mal 5 oder 10% unseres Potentials nutzen würden. Oder wie lange gibt es schon Bücher wie „Die Macht Ihres Unterbewusstseins" von Dr. Joseph Murphy. Oder Jesus war der Vorreiter des Heilens und Menschen helfen durch diese immense Anbindung und Kraft.

Unser Ego ist das Denken, worauf wir konditioniert worden sind, dies als wichtiger und besser als unsere Gefühle zu halten. Aber wie oft sagen wir: „Hätte ich doch nur auf meinen Bauch gehört." Und mal ehrlich: Welche wirklich wichtigen Entscheidungen hast Du wirklich NUR aus dem Verstand getroffen?

Das Ego ist immer nur für kurze Zeit zufrieden zu stellen, denn der Erfolg kommt aus dem Kopf, nicht aus dem Herzen und ist auf das Außen gerichtet, so ist der Erfolg nicht nachhaltig. Das Ego hat immer einen starken Drang zur Zukunft und ist immer auf den nächsten Erfolg aus. Und das Fatale daran ist, dass der nächste Moment als wünschenswerter betrachtet wird als der jetzige.

→   Dies ist ein **unheilvolles Fehlmuster** des Egos, welches **absolute innere Unruhe, Getrieben sein, „Gehirnfog" (Gehirnnebel, Unklarheit) und Nicht-Abschalten-Können verursacht** und somit der perfekte Grund zum Griff zur Flasche ist.

Was fairerweise zu erwähnen ist, dass jede Epoche einem kollektiven Bewusstsein unterliegt, welches Dich beeinflusst. Vergleiche dazu einfach die Lebensleitlinien von z. B. 1830 und heute. Natürlich prägt uns dies gewaltig und wir bilden somit eine Mischung aus unserem Bewusstsein und diesem Epochenbewusstsein, was uns zusätzlich auch noch „die Eier legt" oder uns stolpern lässt.

Bedenke auch, dass Deine Konditionierungen Dich so stark prägen können, dass Du wirklich denkst, dass Du dies bist. Mir fällt dazu die noch lange vorherrschende preußische Erziehung ein, der Gleichschritt, das Gleichdenken, etc., also persönliche und kollektive Konditionierungen!

> *Den Preis, den Du zahlen musstest: Du hast Dich so sehr in diesen Gedanken, Konditionierungen verloren, so dass Du denkst, dass Du dies bist.*

Unser Unterbewusstsein = der Eisberg (90 – 95 %)
Der Hauptteil von Dir – Dein "Machtzentrum"

Wir haben meist nicht gelernt, auf unsere Gefühle oder auf unser Herz zu hören. Bei den meisten Menschen, bei mir übrigens auch, war die Verbindung von Verstand und Herz im Halschakra – also im Hals – unterbrochen und mein Herz war anfangs in starke Mauern einzementiert.

Wie Du der Grafik oben entnehmen kannst, sind in Deinem Körper, also Deinem Unterbewusstsein, fast alle Informationen enthalten und gespeichert, daher macht es immensen Sinn, Dich mit Deinem Unterbewusstsein zu beschäftigen und nicht mehr mit Deinem Verstand oder Ego.

Kurze Anmerkung: Unser Verstand, der sich über tausende von Jahren so weit entwickelt hat, wie er jetzt ist, ist eine Meisterleistung. Was wir im Gegensatz zu den Neandertalern können, ist fulminant. Aber: Wir müssen dieses Potential sinnvoll nutzen lernen. Dein Verstand ist sehr wichtig im Leben, aber er darf nicht an zentraler Stelle stehen, wie oben im Bild deutlich gemacht. Und ich gebe ehrlich zu: Ich liebe meinen Verstand. Aber – und das viel mehr – mein Herz auch.

Wie sagte einmal eine ehemalige Lehrerin zu mir: „Liv, diese gerade mal 1 kg Gehirn lenken doch nicht im Ernst Deinen restlichen Körper." Wir mussten beide lachen.

Aber machen wir die Rechnung auf:

» Bei mir: 1kg Gehirn zu 49kg
» Bei einem Durchschnitts-Mann: 1kg zu 80 kg

Ihr seht, worauf ich hinaus möchte? Und dies stellt Ihr Euch bitte bildlich vor.

Wichtig ist daher, an diese „Masse" an Informationen zu kommen und diese Power nutzen zu lernen. Ich gebe Dir hier viele Anregungen dazu, wie Du es lernen kannst.

Ich bin auf etwas Spannendes gestoßen: Tiere haben noch diese direkte Verbindung zum Herzen/Unterbewusstsein. Tiere urteilen nicht und haben auch keine Meinung, was man an einem Hund gut sehen kann, der geschlagen wurde. Du siehst es meist nicht, da Du es nicht mit Deinen Sinnen wahrnehmen kannst, aber Du fühlst sein Bewusstsein und siehst es in seinen Augen. Übrigens auch kleine Kinder sind einfach absolut im Hier und Jetzt.

Noch etwas Wichtiges: Kennst Du die Frage: „Warum passiert das immer mir?"

Das ist ganz einfach zu erklären: Denn alle Streits, Beleidigungen, etc. werden nicht nur in Deinem Unbewussten gespeichert, sondern auch in Deinem feinstofflichen Körper. Und das Unterbewusstsein kennt keine Zeit, d. h. es summiert z. B. alle Streits mit Deinem Partner zusammen und daher werden die Streits auch immer heftiger. Du darfst lernen, diesen „ganzen Müll" aus Deinem Unterbewusstsein zu löschen bzw. in Positives zu wandeln.

In unserem Sprachgebrauch haben wir viele Sätze wie „Da schwillt mir ja der Hals zu.", die mit diesem Wissen eine andere Daseinsberechtigung aufweisen. Somit erhältst Du jetzt ein Wissen und später Tools, wie Du mit Deinen Themen neu umgehen kannst.

→ Flüchte nicht mehr in den Alkohol – auch wenn Du denkst, dass dieser Berg unüberwindbar für Dich ist.

→ **Vertraue Dir. Dein Urvertrauen** führt Dich bereits, denn Du liest gerade diese Zeilen.

3.2 Warum Du krank wirst, wenn Du es allen recht machen willst

Oh wie sehr bemühen wir uns – gerade wir Frauen – von allen Menschen gemocht zu werden, beliebt in der Klasse, in der Gruppe, im Sport, von den besten Jungs, den eigenen Kindern, dem Partner, den Eltern etc.
Und wie sehr scheitern wir daran?
Ich sage ketzerisch: (eigentlich) immer!

So lange Du darauf bedacht bist, es allen recht zu machen, entfremdest Du Dich von Dir selbst. Du übernimmst Verhaltensweisen, Ansichten, Muster und Rollen, die nicht Deine sind, nur um Dich anzupassen und nicht anzuecken. Du verleugnest Dich selbst.
Und überlege einmal, wieviel Kraft es Dich tatsächlich kostet, dass Du es jedem Menschen recht machen willst: dieses anpassen, ändern, zurücknehmen, schauen, auf die Reaktion des anderen u. v. m.
Du wirst erst frei, wenn Du loslassen kannst, dass andere Dich bewerten, kritisieren, sogar hinter Deinem Rücken reden und versuchen, Dich schlecht zu machen. Und je freier Du bist, desto leichter kannst Du Deinen Weg in die Gesundheit – in Deine Suchtfreiheit – gehen. Und dazu gehört auch die Unabhängigkeit von „es allen recht machen zu wollen".

Bedenke: Es gibt fast 8 Milliarden Menschen auf diesem Planeten – und Du willst es allen recht machen?
Ok, Du sagst mir jetzt, dass ich übertreibe?
Aufgabe: Zähle alle Menschen zusammen, die Du kennst – Beruf, Sport, Schule, Freunde, Familie, Bekannte, Nachbarn etc. Und denen willst Du es allen recht machen? Ohne Dich dabei zu verleugnen?

Denke daran, sie können nicht anders, als negativ zu denken, weil sie eifersüchtig, neidisch etc. sind. Bedenke: Sie meinen sich. Sie werten sich selbst ab. Der andere sieht nicht Dich, sondern sich in Dir – Du bist sein Spiegel.

Und klar, es wird immer welche geben, die Dich nicht mögen oder besser gesagt: die ETWAS an Dir nicht mögen.
Breche aus dieser Falle aus, sie ist ebenfalls ein Thema für Deine Alkoholsucht.

Fange bei Dir an:

➡ Höre auf mit dem Be- oder Verurteilen.

➡ Mache Dich frei!

➡ Alles ist, wie es ist.

➡ Du kannst die Menschen nicht ändern, nur Dich selbst.

➡ Und wenn Du anfängst, nicht mehr zu verurteilen, dann bist Du frei, weil Du weißt, sie sind in Unfrieden mit sich und ihrem Leben.

➡ Du wirst endlich die Freiheit und Ehrlichkeit in Deinem Leben fühlen, nach der Du so lange gesucht hast.

Affirmation: „Freiheitsgedanke":

„Liebe Mitmenschen,
ich belasse bei Euch, wie Ihr über mich denkt,
sprecht und urteilt.
Ich gebe Euch hiermit meine Erlaubnis, dies
zu tun, wie Ihr mögt.
Ich erkenne es an und lasse es wertfrei ste-
hen.
Ich verurteile Euch deswegen nicht, sondern
ich vertraue Euch und mir.
Ich vertraue in die Liebe in uns.
Ich lasse in Liebe los. Ich bin frei.
Danke. Danke. Danke."

A

Weitere Gedanken & Übungen:

→ Du bist vom Leben beschenkt worden und es kommt darauf an, was Du daraus machen willst.

→ In wieweit hast Du schon an Deinen Themen/Schattenanteilen gearbeitet und stehst Dingen reflektiert gegenüber?

→ Und diese Aufgabe hat jeder, NUR: Jeder geht seinen eigenen Weg in seinem eigenen Tempo – oder eben auch nicht.

→ In Liebe loslassen und vertrauen heißt:
Ich weiß, dass ich immer mein Bestes gegeben habe, bei allem, was ich getan habe und tun werde.
Ich weiß, dass auch Du immer, bei allem, was Du tust, Dein Bestes gegeben hast und geben wirst.

→ Ich wünsche Dir, dass Du in Frieden kommst mit dem, was ist in Deinem Leben.

→ Sei Du der Anfang, den Du Dir von anderen wünschst. Für Deinen inneren Frieden, trete den anderen liebevoll und wertungsfrei gegenüber.

3.3 Unser Ursprung: 100% Liebe

Wir kommen mit 100% Liebe auf die Welt, daher finden wir Babys auch alle so süß.

Bei Kindern sieht man es auch sehr gut, wie sie sehr schnell wieder in den „Fröhlich-Modus" wechseln können, sie sind noch nicht so „verhunzt" worden wie wir.

In unserer weiteren Entwicklung kommen dann Traumen, Abwertungen, die Erziehung von außen und den Eltern (meist basierend auf der preußischen Erziehung und nicht zum Wohle der Kinder), die Regeln, um uns anzupassen, Strukturen, Systeme wie Familiensysteme, Firmensysteme, Vereinssysteme, der Leistungsdruck, etc. Alles Dinge, die uns von außen aufdoktriniert wurden, die nicht nach unserem Ursprung sind. Und diese legen sich wie ein dicker fetter Schutzpanzer um unser Herz, so dass weder Gutes rein kann oder Schlechtes raus. So ist es auch einfacher zu verstehen, warum manche Menschen im Laufe des Lebens immer biestiger werden.

Da Du somit mit der Zeit immer mehr Deinen Boden, Deine Substanz verlierst, Urtraumen und Negatives anhäufst, ziehst Du aufgrund des Gesetzes der Anziehung immer wieder die gleichen Themen, z. B. immer narzisstische Partner, an. Sie dienen Dir als Warnhinweis, dass Du hinschauen sollst.

Kinder sind meist noch vollkommen mit sich und ihrer Essenz verbunden. Körper und Geist sind noch nicht voneinander getrennt.

Schaue Dir besonders Sätze und die dahinter liegenden Mechanismen an, denn diese machen Dich klein und erzeugen eine Menge Druck:

- » „Du hast doch keine Ahnung…"
- » „Dafür musst du studieren…"
- » „Dafür musst du eine Ausbildung haben…"
- » „Dafür musst du gute Noten schreiben!"
- » usw.

→ Gehe auf die Suche nach all den „aufgedoktorten", eingeflößten und eingepflanzten Glaubenssätzen, die Dich behindert haben und die nicht von Dir kommen.

→ Schreibe diese auf und formuliere sie um.

→ Transformiere diese mit den Techniken Deiner Wahl.
Übungen dazu findest Du hier oder im Onlinekurs.

Wir bräuchten keine Persönlichkeitsentwicklung, wenn wir so gelassen worden wären, wie wir auf die Welt gekommen sind – 100% Liebe, wertvoll, ohne Wertungen und Bewertungen. Natürlich und rein.

Gedanke: Du wurdest geboren, um „erfolgreich" & glücklich zu leben.
Weißt Du noch, wie Du friedlich im Sandkasten Kuchen verkauft hast oder Deinen Eltern Tee aus Luft serviert hast? Damals warst Du noch mit Deinem „Herzensbusiness" und Deinem Herzen verbunden und wusstest, wie Du zu verkaufen hattest, weil Du aus der Intuition heraus gehandelt hast. Und mit welchem Leuchten in Deinen Augen Du stolz warst?

Komme wieder in Deine Lebensenergie – gehe den Weg einfach Schritt für Schritt rückwärts.
Wenn Du jeden Tag ein bisschen an Dir arbeitest, Themen anschaust und in positive Energie wandelst, dann kommst Du langsam aber sicher wieder zurück zu Dir. So wirst Du immer authentischer und lebensfroher!!!

Aktiviere Deinen Herzmagnet wieder, seine positive Anziehungskraft.

Deine Aufgabe: Deinen Weg zu Deinen 100% Liebe wieder zu finden, dann bist Du frei von allen Süchten und Abhängigkeiten und führst ein freudvolles Leben!

3.4 Anders sein, das Gefühl falsch zu sein

Gerade Menschen, die nicht der „Norm" entsprechen wie ADHSler, ADSler, Empathen, Hochsensible, Hochsensitive oder Hochintelligente sind gerne suchtgefährdet.

Durch diese Andersartigkeit und meist nicht Akzeptanz der wahren Fähigkeiten durch die Gesellschaft haben sie von klein auf gelernt, sich anzupassen, Mechanismen zu lernen, die ihnen definitiv nicht gut getan haben, die – jedenfalls mir – in der Seele weh getan haben.

Andersartige Menschen greifen oft auch zur Sucht, um sich selbst zu medikamentieren, um dem Gefühl aus dem Weg zu gehen, nicht richtig zu sein. Weil irgendwann ihre antrainierten Mechanismen zusammenkrachen, wie ein Jenga, und ihr wahrer Kern nach Hilfe schreit.

Ich sehe mittlerweile diese höhere Wahrnehmungen, dieses weniger angepasst sein an das gängige Gesellschaftssystem, dieses Mitbringen von genialen Fähigkeiten, als immenses Geschenk an die Gesellschaft an, wir sind eine Bereicherung.

Alle anderen Hochthemen wie Hochbegabung sind anerkannt, hochsensibel ist noch nicht weit erforscht und es kennen sich wenige aus, daher bekommen meiner Meinung nach viele den falschen Stempel aufgedrückt mit der Diagnose ADHS und ADS.

Für mich ist wichtig, dass jeder Mensch individuell ist und gerade „diese Menschen" eine Hochbegabung haben und somit andere Mechanismen, Tools, Methoden und „Erziehung" benötigen, um ihr Potential leben zu dürfen und können. Und die Menschheit profitiert davon mächtig. Kein Angleichen von allen und in Konkurrenz gehen – sondern Kooperation. Das, was ich schon immer dachte, was sinnvoll ist.

Ist doch klasse, wenn jemand etwas kann, was ich nicht kann und andersrum – dann ergänzen wir uns perfekt – Konkurrenz gibt es nicht, da jeder einzigartig ist.

Jedoch sehe ich das Gefühl, falsch zu sein, besonders bei Frauen. Wir haben die Emanzipation als „werdet wie die Männer" kennengelernt und haben somit die fantastischen weiblichen Fähigkeiten unterdrückt und nicht wertschätzen gelernt, diese sogar immer mehr abgewertet. Ich weiß noch, wie ich es cool fand, zu lächeln, ohne mit den Augen zu lachen. So cool wollte ich sein. Und ich war im Umfeld die Einzige, die dies geschafft hat. Heute denke ich mir: KRASS.

Mann und Frau sind wie Yin und Yang. Männer stehen für das Aktive, das Schaffende, Frauen für das Empfangen, das Geschehen lassen. Das Prinzip kurz und knapp erklärt.

Wir haben alle Anteile in uns und das finde ich auch so spannend und bereichernd. Und ja: ich renne lieber mit der Hilti Bohrmaschine durch die Gegend als mit Babys zu spielen oder zu bügeln. Denn ich habe viele männliche aktive Anteile, die mir sehr viel Spaß und Freude machen, für die ich auch extrem dankbar bin. Und meine Aufgabe ist es auch, die weiblichen mehr wertzuschätzen, zu leben, zu genießen und einfach Frausein zu dürfen. Was Frausein wirklich bedeutet oder welch geniale Energie zwischen Mann und Frau besteht (außerhalb unserer gültigen Wertung), habe ich in einer Welt kennengelernt, die für die meisten nicht salonfähig ist. Und ich kann dieses „wahnsinns Urgefühl" von Mann und Frau noch nicht einmal beschreiben. Es war echt, wahrhaftig, ohne Wertung.

Liebe Frauen: fangt an, wieder Frau zu sein. Weg mit dem Funktionieren, habt wieder Spaß am Backen (hüstel, das schaffe ich auch nicht, lach) oder was auch immer. Aber geht wieder zu Eurem weiblichen Ursprung zurück. Dann können die Männer ebenfalls wieder Männer werden – und diese wollen wir ja haben!

➔ **Und noch was: Wenn es einmal nicht klappt, dann lache ich einfach.**

4. Gewahrsamkeit: Werde Dir bewusst

4.1 Was ist das Potential Deiner Sucht? Warum sollst Du dafür dankbar sein?

→ **Deine Sucht ist Dein größter Schatz** – der Weg zu Dir, zu Deiner inneren Schatzkiste, zu dem, was Du suchst – zu Deiner Energiequelle. Sie spiegelt Dir, was Dich krank gemacht hat.

→ Sehe sie als Dein **Geschenk** an Dich an – sie ist reich an Fülle, Er-füllung, Liebe, Dankbarkeit und Glück. Der Weg zu Deinem wahren Selbst. Dein Tor zu all Deinen Antworten.

→ Du bist **Schöpferin Deiner Gedanken**, Deines Verhaltens und auch Deines Lebens – übernimm diese Verantwortung ab heute. Voll und ganz.

Meide daher ab heute bewusst jede Form von negativen oder angsteinflö-ßenden Dingen, darunter sind auch Nachrichten oder Massenmedien ge-meint, die von der Angst-Macherei leben. Glaube mir: Du wirst nichts Wichtiges verpassen, die Informationen kommen zu Dir, wenn sie zu Dir kommen müssen. Ich schaue seit Jahrzehnten keine Nachrichten und bin besser über das Weltgeschehen informiert als viele andere. Oder findest Du es prickelnd, von den Politikern beschimpft zu werden. Denkst Du ernsthaft, Du verpasst etwas?

→ Hier ist der eingetrichterte Knackpunkt.

→ *Angst war noch nie ein guter Ratgeber – Liebe hat noch kei-nen krank gemacht.*

→ Mache Dir bewusst, dass Du ab heute Dich und Dein ganzes System heilen willst und wirst. Mit der Kraft Deiner Liebe und der des Universums. Deine Heilungsprozesse können dann wie von alleine in Gang kom-men, wenn Du jeden Tag mehr krankmachende Muster, Gedanken oder Glaubenssätze auflösen kannst.

Vor jeder größeren Krise oder Krankheit gibt es genügend **Warnhinweise**, die sagen: „Wach auf!"

Es gibt *viele Wege des Aufwachens*, Du hast Dich für den Weg der *Sucht* entschieden, eine traumatische Erfahrung mit allerhand Potential. Du kannst es auch so sehen, dass Dich der Alkohol lange Zeit „positiv" begleitet hat, bis es gekippt ist.

Ist es denn sinnvoll, Dich jetzt weiter zu verurteilen für Deine Sucht, noch mehr Schuld und Scham aufzuladen? Oder lieber einen Cut machen, dem Leben eine neue Wendung geben und das Ganze mit Liebe betrachten, um in die Heilung und Deine Freiheit zu kommen – um endlich wieder Du zu werden. Durch viele Ereignisse bist Du von Dir abgeschnitten worden und hast die Warnsignale mit Bravour überhört, bis die Sucht Dein Freund wurde – nutze diese Chance, um Dich wieder zu finden. Es lohnt sich!

Also erkenne das Potential Deiner Krankheit: was will Dir Deine Krankheit sagen, wie kam es dazu, wo hast Du alles weggeschaut? Was darfst Du ändern?

Je mehr du anfängst, als Forscher Deiner selbst Deinen Themen auf den Grund zu gehen, desto bewusster wirst Du und kannst beabsichtigter Dein neues Leben erschaffen. Denn durch das Davonrennen hast Du unbewusst die negativen Themen in Deinem Leben gelassen und sie konnten langsam aber sicher die Überhand gewinnen, so dass Du süchtig geworden bist.

Je bewusster Du hinschaust und Dich entscheidest, desto bewusster wirst Du positive Dinge in Dein Leben ziehen, denn die negativen nimmst Du ab heute liebend und bejahend an.

➜ **Deine Sucht ist Dein Schatz, den Du erschaffen hast.**

Frage Dich immer:
Lebe ich aus dem Herzen? Wie fühlt sich das an?
Nicht: Was denke ich darüber – sondern was, wie und wo in meinem Körper fühle ich es.
Also: Forsche neugierig und suche Dein Geschenk dahinter.

Bedeutung:

Im Wort „abhängig" steckt das Wort „abhängen" drinnen = chillen, was für Dein Leben ein nicht weiter gehen bedeutet.

Das ist vergleichbar mit Gelenken, die nicht bewegt werden, diese werden steif, also krank. Und so ist es mit Deinem Geist, Deinem Bewusstsein! Wenn Du jeden Tag dasselbe denkst, dann wird sich nie etwas ändern.

Unser Körper hängt von unserem Geist ab, denn unsere Energie folgt unserer Aufmerksamkeit.

Deine Aufgabe ist es, endlich das zu tun, was Du schon lange hättest tun sollen:

RADIKAL aufräumen! In Deinem Leben, besonders in Deinen Gedanken. Denn Deine Gedanken wurden Dir oft genug beigebracht und sind somit die Gedanken anderer. Lerne dies zu unterscheiden und 100% selbst zu denken, unterstützt durch Dein Gefühl.

➔ **Gehe den Weg einfach rückwärts: Du bist nicht von heute auf morgen süchtig geworden.**

4.2 Spielregeln: Gesetze des Lebens

Es vereinfacht Dir einiges, wenn Du diese Spielregeln des Lebens kennst, um Zusammenhänge in Deinem Leben besser zu verstehen und anders angehen zu können.

4.2.1 Das Gesetz der Mentalität oder Geistigkeit

Dieses Gesetz kennst Du unter: „Deine Energie folgt Deiner Aufmerksamkeit".

Wie Du es schon aus dem Physikunterricht kennst, ist alles eine Form von Energie. Somit sind Materie und Gegenstände festere Energie.

Das Gesetz besagt, dass alles, was Du denkst oder bisher gedacht hast, Dein Leben kreiert – egal ob bewusst oder unbewusst.

➜ Somit sind Deine Gedanken reine Schöpferkraft. Jeder einzelne Gedanke!

4.2.2 Das Gesetz der Schwingung

Einfach erklärt: Gedanken und Gefühle sind Schwingungen in unterschiedlichen Frequenzen. Ein wütender oder aggressiver Mensch strahlt eine andere Frequenz aus als ein gut gelaunter. Wenn Du es nicht sehen kannst, merkst Du meist schon von weitem, dass jemand etwas Unangenehmes ausstrahlt.

➜ niedrige Schwingung: Wut, Aggression, Krankheit – können Dich runterziehen (niedrigste sind Scham und Schuld)

➜ hohe Schwingung: gute Laune, positive Gedanken – erhöhen Dich

➜ höchste Schwingung: die Liebe

4.2.3 Das Gesetz der Resonanz oder der Affinität

Dieses Gesetz, **einfach formuliert**:

→ Wie oben, so unten – wie unten, so oben.

→ Wie innen, so außen – wie außen, so innen.

→ Gleiches zieht Gleiches an – Ungleiches stößt sich ab.

Dir begegnet nichts, absolut gar nichts, was nicht irgendeinen Bezug zu Dir hat. Ob Du es nun bewusst oder unbewusst hervorgerufen hast, alles hat mit Dir zu tun, sonst würdest Du nicht damit in Berührung kommen.

4.2.4 Das Gesetz der Polarität

Einfach formuliert: Alles hat zwei Pole, also alles hat einen Gegensatz. Wir sagen dazu auch gerne: alles hat zwei Seiten, z. B. hell/dunkel, gut/schlecht, richtig/falsch, gut/böse usw.
Alles hat zwei Seiten der Medaille und darf in Liebe von uns angeschaut werden, unsere sogenannten Schattenanteile/Ängste/negativen Gefühle, die genauso zu uns gehören wie die positiven Aspekte. Wenn wir diese immer unter den Teppich kehren oder immer nur positiv denken, findet kein Ausgleich statt, denn beide Seiten haben den Ursprung in uns. Und es ist nur unsere Bewertung, wie wir eine Sache sehen.

Übung:

→ *Suche Deine Schattenanteile…*

→ *Schreibe Dir jeden Tag eine Sache auf, bei der Du Dich noch schlecht machst.*

→ *Lasse diese erst einmal wertfrei stehen.*

→ *Frage Dich, was findest Du so gut daran, dass Du es noch nicht geändert hast? Gib dieser Frage Raum, so beginnst Du zu begreifen, dass es anders besser sein kann.*

4.2.5 Das Gesetz des Rhythmuses

Alles fließt in einem **ewigen Rhythmus hin und her** – wie bei den Gezeiten wie beim Ein- und Ausatmen. Nichts bleibt ewig bestehen, alles ändert sich. Gerade in der jetzigen Zeit ein großer Trost, denn alles wandelt sich.

4.2.6 Das Gesetz von Ursache und Wirkung

➔ „Man erntet, was man sät."

➔ „Alles", was existiert (somit jede Wirkung), hat eine Ursache.

Also: Jeder Gedanke, jedes Wort und jede Tat haben eine Konsequenz. Alles, was man aussendet, kommt zu einem zurück.

Bedenke aber, dass zwischen Ursache und Wirkung längere Zeitabschnitte liegen können.

4.2.7 Das Gesetz des Geschlechtes

Jeder hat männliche und weibliche Anteile. **Alles zusammen** bildet die **Einheit**.

➔ Männlich: das Gebende, das Aktive, die Idee

➔ Weiblich: das Annehmende, das Empfangende, das Ausführende, das Passive

4.3 Spielregeln: Verhalten & Wörter

Hier möchte ich Dir ein paar weitere wichtige Grundlagen ans Herz legen, die Dein Verhalten negativ beeinflusst haben. Und wie Du es jetzt zu Deinem Vorteil neu nutzen lernen kannst.

Achte auf Deine Worte, denn sie werden Wirklichkeit. Nicht nur durch das Gesetz der Mentalität, sondern auch durch Deinen bewussten Einsatz.

Du weißt selbst, wie verletzend Worte sein können, gerade wenn diese von geliebten Menschen ausgesprochen werden. Und oft können sogar scheinbar unbedeutende Wörter eine Menge Schaden anrichten.

4.3.1 Die Macht der Wiederholung

Ich gehe jetzt in dieses Thema bewusst hart rein, um die Wichtigkeit und Heftigkeit dieser Regel zu verdeutlichen:
In allen Büchern über Manipulation ist „die Macht der Wiederholung" ein Grundpfeiler, Werbung (Werbespots, Werbeslogans, Jingles, Geschäftspräsentationen) basieren darauf.
Aber gehen wir einfach wieder zurück in unsere Kinderstube: Wie viele nervige Sätze kennst Du noch von Deinen Eltern, die sie Dir dauernd runtergebetet haben? Und wie viele Jahre sind seitdem vergangen und Du erinnerst Dich noch an diese, als ob es gestern gewesen wäre?

4.3.2 Die Macht von Glaubenssätzen

Gerade bei der Entstehung von Glaubenssätzen ist es wichtig, Deiner Kommunikation, Deinen Gedanken und Deinen Wiederholungen auf die Schliche zu kommen.

Was ist ein Glaubenssatz?
Es ist ein **Denkmuster**, welches Du über **mehrere Jahre entwickelt und verinnerlicht** hast. Dieses Muster hat sich in Deinem Unterbewusstsein verankert und steuert somit Dich, Dein Handeln und Dein Fühlen. Viele dieser

Glaubenssätze stammen bei uns aus der Kindheit und behindern uns heute noch massiv.

Beispiel: „Du bist zu klein dafür.", „Du bist zu doof.", „Das schaffst Du nie."

Übung:

→ *Spüre Deine negativen Glaubenssätze auf.*

→ *Schreibe diese auf.*

→ *Formuliere sie in etwas Positives.*

→ *Lerne dieses auswendig.*

Um es nochmals ein bisschen zu vertiefen, wie massiv diese Wiederholungen auf Dich wirken, Beispiele aus der Werbung:

Frage: Zu welchen Firmen gehören diese Slogans?

» Weil ich es mir wert bin.

» Ich liebe es.

» Aus Freude am Fahren.

» Nicht immer – aber immer öfter.

Auflösung: L'Oreal, McDonald's, BMW, Clausthaler Bier

4.3.3 Die Macht der verletzenden Worte

Worte sind so immens stark, dass es nicht viel braucht, um heftige Gefühle wie Trauer, Ärger oder Angst hervorzurufen. Gerade toxische, manipulative Menschen wissen um die Macht der Wörter und ihre Wirkweise, um uns zu manipulieren und um das zu bekommen, was sie von uns wollen. Und wir haben diese schon oft gekonnt eingesetzt, um andere zu verletzen.

→ *Worte sind unsere gängige Kommunikationsform, daher ist es bedeutend, ihnen besondere Beachtung zu schenken.*

Ich empfehle immer gerne die „Gewaltfreie Kommunikation" nach Rosenberg: 4-Stufen-Prinzip:
- » **1. Stufe: Beobachten**, ohne bewerten: „Ich sehe, spüre, fühle, dass…"
- » **2. Stufe: Gefühl**: „Ich fühle mich damit…"
- » **3. Stufe: Bedürfnis**: „Weil ich brauche…", „Weil mir wichtig ist, dass"
- » **4. Stufe: Bitte** äußern: „Würdest Du bitte… wärest Du bereit…."

4.3.4 Die Macht der liebevollen Worte

Wie magisch, wohltuend, bereichernd schöne und liebevolle Worte sind, brauche ich nicht erwähnen.
Nutze diese Worte für Dich, um Dich zu motivieren, um Dich aufzubauen. Aber auch im Umgang mit anderen Menschen.

→ *Baue immer mehr davon ein und bereinige Deine Sprache.*

4.3.5 Die Macht der leeren Worte

Ich fand dieses Kapitel sehr spannend, denn es gibt echt einige Menschen, die reden und am Ende weiß niemand, was der Inhalt ihres Redens war.
Also auch für Dich: Abstand. Du merkst es spätestens dann, wenn Du konkret nachfragst, dann werden sie entweder aggressiv, ausweichend, beleidigend etc.

4.3.6 Die Macht der trügerischen Worte

Besonders mit Worten ist es einfacher, wenn es darum geht, Lügen zu über-mitteln, die Aufmerksamkeit der Menschen auf eine Weise in Anspruch zu nehmen, die ihnen Falsches als Wahrheit verkauft.
Worte können besser Lügen verbreiten als Bilder.

4.3.7 Die Macht der falschen Versprechungen

Gerade bei Sucht finde ich dies ein wichtiges Kapitel, hinter diese Worte zu schauen. Ich kenne viele Frauen, die ihre Männer verlassen haben, weil diese nur hohle Phrasen geschwungen haben, aber es folgten keine Taten.
Scanne Dein Umfeld, wer wirklich das sagt, was er letztendlich tut. Und trenne Dich von Menschen, die Dir nicht gut tun. Ja, das darfst Du!

Es mag anfangs für Dich seltsam sein, weil Deine Urangst des Alleinseins ge-triggert wird, aber halte Dir vor, dass Du alkoholsüchtig geworden bist – und das war ein Grund dafür.

➜ *Sei mutig – stehe zu Dir – immer ein bisschen mehr. Und setze Dich hier nicht unter Druck, alles kommt zu seiner Zeit. Und vertraue Dir!*

4.3.8 Die Macht der Disziplin

Ich mache mal wieder eine mathematische Formel auf, um Dir die Macht Dei-ner eigenen kleinen Disziplin zu verdeutlichen – und um Dir zu zeigen, wie einfach Veränderungen sein können *(Circa-Werte)*:

- » Wenn Du jeden Tag nur 10 min an Dir arbeitest – Sonntag machst Du Pause
- » macht das in der Woche = 60 min = 1 Std
- » im Monat = 4 Std (4 Wochen)
- » im Jahr = 60 min * 52 Wochen = 3.120 min = 52 Std

Zusammenfassend: Wenn Du nur jeden Tag 10 min an Dir übst, kannst Du schon immense Erfolge verbuchen. Jetzt stell Dir vor: Du machst diese Übun-gen jeden Tag mehr als 10min!

Daher zählen Ausreden nicht. Und auch hier: keinen Stress, kein Druck. Aber mache es Dir zur lieben Gewohnheit: dieses Arbeiten kannst Du immer und überall anwenden:

» Auf dem Klo
» In der Bahn
» Beim Zähneputzen
» Beim Gehen
» Beim Schwimmen, Laufen, Rennen, Spinning etc.
» U. v. m.

→ *Fange einfach an! Du siehst, ich liebe es einfach & simpel – aber dennoch immens effektiv.*

„Alles ist Energie, und dazu ist nicht mehr zu sagen.

Wenn Du Dich einschwingst in die Frequenz der Wirklichkeit, die Du anstrebst, dann kannst Du nicht verhindern, dass sich diese manifestiert.

Es kann nicht anders sein. Das ist nicht Philosophie. Das ist Physik."
Albert Einstein

5. Dich Annehmen: Akzeptieren

→ **Du hast immer Dein Bestes gegeben – mit dem Dir damaligen Wissen. Und dies zu jedem Zeitpunkt Deines Lebens.** Natürlich würdest Du heute viele Entscheidungen anders treffen, aber Du hast Dich weiterentwickelt, hast aus diesen Erfahrungen gelernt, daher nenne ich diese gerne Lernfelder. Aber vergangen ist vergangen und das ist gut so. Gehe nicht in die Gedankenspirale.

→ Mache Dir die **Bedeutung von Alkoholsucht** bewusst.
Alkohol = bedeutet Flucht, Ruhe, Wegrennen, Betäuben

Anmerkung: Alkohol hat eine aus einigen Sichtweisen eine erdende Wirkung, was ich bestätigen kann. Sei es an mir oder an Klienten. Was aber nicht bedeutet, dass wir dies als Anlass zum Trinken nehmen dürfen. Es sprengt hier den Rahmen, ich wollte es nur erwähnen, dass Du an Deine Erdung denkst. Da Du süchtig nach Alkohol warst, hat Dir auch Deine Erdung gefehlt.

→ *Suche Dir neue Erdungsarten:*
Yoga, in den Wald gehen, im Garten buddeln, barfuß laufen, besonders im Gras etc.

→ *Und frage Dich: Wovor flüchtest Du alles? Mit was kannst Du Dich „erden"? Was brauchst Du?*

→ **Du bist keine Versagerin**, weil Du getrunken hast. Dein „Jenga" war leer und musste zusammenbrechen. Drehe den Spieß und Dein Denken um – sei dankbar. Das ist der ultimative Schlüssel auf Deinem neuen Weg zur Heilung. Und jeden Tag ein bisschen mehr. Du bist nicht von heute auf morgen krank geworden.

→ **Akzeptiere Dich so wie Du bist. Denn Du bist wundervoll.** Und Du musst nichts dafür tun, um wundervoll zu sein. Ist das nicht klasse?

Mantra:

„Ich bin gut so wie ich bin.
Ich bin stark.
Ich liebe & akzeptiere mich so wie ich bin.
Ich liebe & akzeptiere mich, auch wenn ich süchtig war.
Ich liebe & akzeptiere mich, auch wenn ich süchtig bin.
Ich liebe & akzeptiere mich, auch wenn ich noch süchtig bin."

➜ **Verändere Deine Gedanken über Schuld und Scham**
Diese Gefühle sind für Dich die schlimmsten, sie halten Dich in Schach und behindern Deine Heilung. Sie haben die niedrigste Frequenz.

Aufgabe: ***Ersetze ab heute Schuld durch Verantwortung.***
Und raus aus der Scham!

➜ **Verändere Deine Sicht auf „richtig oder falsch" oder auf das „Werten oder Bewerten"**
Wir leben in einer dualen Welt: Wo dunkel ist, ist hell. Wo oben ist, ist unten. Aber wer sagt uns denn, was richtig oder falsch ist? Wir sind in unserer Leistungsgesellschaft so konditioniert worden, dass es „falsch" ist, krank zu sein.
Ändere Deine Meinung dazu. Du entscheidest, dass Du nicht mehr krank bist – sondern Du hast Dir die entsprechenden Lernfelder gesucht, um Dich zu heilen.
Werte Dich nicht ab – Du hältst Dich damit selbst gefangen

➜ *Daher frage Dich immer, wenn etwas Negatives passiert: Was ist mein Lernfeld?*

➜ **Raus aus der Rechtfertigungssucht**
Gerade wir Frauen neigen dazu, uns permanent zu rechtfertigen und zu erklären. Beobachte Dich einmal liebevoll, wie oft Du dies am Tag tust.
Beispiel:

Freundin: „Hast Du heute Zeit?"
Du: „Nein."
Freundin: „Warum?"
    » *Spätestens jetzt wirst Du anfangen, Dich zu rechtfertigen.*

5.1 Warum uns nur positiv denken nicht weiterbringt

Wie oben in den Kapiteln beschrieben, liegen unsere Probleme im Unterbewusstsein, dort sind alle Dinge gespeichert, die sogenannten Urtraumen, die dafür sorgen, dass sich Traumen immer wieder wiederholen. Und es gilt, dass Du diese freilegst und auflöst, Du musst an die Wurzel ran. Wenn die Wurzel wieder gesund ist, dann heilen wir automatisch.

Natürlich können wir mehrere Wege gehen, von außen und innen, also Ursache und Symptombehandlung, aber immer nur an den Symptomen herum zu doktorn, bringt nichts.
Daher reicht positives Denken allein nicht aus, denn es denkt sich alles schön, aber die Ursache, die Blockaden sind noch da.

Finde Deinen Weg, um an Deine Energie zu kommen, um gesund zu werden. Ich möchte nicht ein Leben lang meine Sucht nur unterdrücken, um immer wieder in Situationen zu geraten, in denen ich dem Suchtmittel ausgeliefert bin oder ein starkes Verlangen danach an mir zehrt.
Ich werde so lange an mir arbeiten, bis ich frei bin von Abhängigkeit, Sucht, Suchtmitteln etc.

Wenn wir nur über den Verstand gehen, dann bleiben (gingen/blieben oder gehen/bleiben) wir an der Oberfläche. Und bisher hattest Du keinen Erfolg, der Sucht mit dem Verstand Stand zu halten. Oder wie oft wolltest Du nicht danach greifen, wusstest, wie falsch es ist – und es ging nicht?

Fazit: Du hast 2 Seiten: positive und negative, wenn Du nur die positive annimmst, verleugnest Du die andere Seite – und diese wird sich äußern in Krankheiten und in Sucht.
Lerne, beide Seiten zu lieben, denn es sind Deine!

5.2 Umgang mit dem Thema „Abgewiesen werden"

Du hast bestimmt erlebt, dass Du Menschen begegnet bist, die Dir versprachen, für Dich da zu sein. Immer! Die versprachen, Dich in die Klinik zu fahren, bei Dir in Deinen Abstürzen zu sein, Dich weiterhin bedingungslos zu lieben, ohne zu werten.

Und wie oft musstest Du erleben, dass sie gegangen sind? Dass sie selbst mit ihren Themen konfrontiert worden sind und Dir doch nicht helfen konnten?

Sie wurden mit ihren eigenen ungelösten Themen, ihrer Unfähigkeit, ihrer Ohnmacht konfrontiert und wussten weder sich, noch Dir zu helfen. Und das tat wieder weh. Das löste Dein Urtrauma vom nicht geliebt werden, vom nicht richtig sein wieder aus und Du griffst wieder zum Suchtmittel?

Weiterhin wirst Du Menschen begegnen, die Dir erklären wollen, was Du tun sollst, wie Du zu entziehen hast, dabei reden sie nur etwas nach, dass sie selbst gehört haben und wissen es nicht besser als Du.

➔ *Umgebe Dich mit Menschen, die es entweder besser wissen als Du oder diesen Schritt schon gemeistert haben.*

Bedenke: Du brichst ein **Tabuthema**: Frauen und Alkohol. Was längst schon bekannt ist, aber immer noch unter den Teppich gekehrt wird. Du zeigst deutlich nach außen, dass Du mit dem Leben überfordert bist und nicht damit klar kommst, was wieder ein absolutes No-Go ist.

Vielen Menschen hältst Du den Spiegel vor, denn Du zeigst auf, dass sehr viele Menschen mit ihrem Leben überfordert sind, aber nur es im Moment noch besser schaffen, den Schein nach außen zu wahren.

Fazit: Jedes weitere **NEIN** zu solchen Menschen ist ein weiteres **JA** zu **DIR**. Ein weiterer Schritt in Deine Selbstliebe und Deinen Selbstwert. Du wirst es lieben!

5.3 Opfer und Täter

Wir sind immer beides – Opfer und Täter. Wie oft denkst Du, dass Du zum Opfer gemacht worden bist und der vermeintliche Täter ist aber felsenfest davon überzeugt, dass Du der Täter bist? Wer hat Recht? Es ist alles eine Frage der Perspektive und der subjektiven Wirklichkeit.

Um ein Beispiel zu nennen:

Ich fuhr vor vielen Jahren S-Bahn und sah einen Rollstuhlfahrer. Motiviert sprang ich hin, um ihm beim Aussteigen zu helfen. Statt Dank erntete ich harsche Worte.

Was ist passiert? Ich habe ihn aus seiner Sicht/Wirklichkeit entmündigt, denn er stemmt sein Leben sonst bestimmt alleine und falls er Hilfe gebraucht hätte, hätte er gefragt.

Es gibt somit kein Gut oder Böse - es ist alles, wie es ist. Wie oben in den Gesetzen schon erklärt, brauchen wir die Dualität bzw. diese gibt es eben hier unten (auf dieser Erde und in dieser Dimension), wer sich immer dies ausgedacht hat (kleine Anmerkung von mir ☺).

Das bedeutet nicht, dass Du Dich für schlechte Dinge entscheiden sollst, sondern nur, dass Du für Deine Entwicklung einen Gegenspieler benötigst. Um gewisse Erfahrungen zu machen, brauchst Du einen anderen Menschen, der Dir dies ermöglicht und evtl. selbst daran wachsen kann.

Um die Erfahrung XY zu machen, brauchst Du jemanden, der diese Erfahrung als Täter machen muss. Und das sind meist Menschen aus dem nahen Kreis, da diese oft – spirituell gesehen – aus Deiner nahen Seelenfamilie kommen.

6. Wahrnehmen: Beobachten

➜ Werde zur Beobachterin. Versuche wertfrei Dein Verhalten und Deine Gefühle zu beobachten. Wenn es Dir gelingt, Dein Verhalten, besonders Deine Schattenanteile/negativen Anteile zu akzeptieren, fällt es Dir leichter, Dich zu beobachten. Unangenehme Gefühle können so transformiert werden.

➜ **Achtsamkeit**

Was bedeutet „Achtsamkeit"?
Nach Wikipedia

„Achtsamkeit (engl. mindfulness) ist ein Zustand von Geistesgegenwart, in dem ein Mensch hellwach die gegenwärtige Verfasstheit seiner direkten Umwelt, seines Körpers und seines Gemüts erfährt, ohne von Gedankenströmen, Erinnerungen, Phantasien oder starken Emotionen abgelenkt zu sein, ohne darüber nachzudenken oder diese Wahrnehmungen zu bewerten.

Achtsamkeit kann demnach als Form der Aufmerksamkeit im Zusammenhang mit einem besonderen Wahrnehmungs- und Bewusstseinszustand verstanden werden, als spezielle Persönlichkeitseigenschaft sowie als Methode zur Verminderung von Leiden (im weitesten Sinne).

Historisch betrachtet ist „Achtsamkeit" vor allem in der buddhistischen Lehre und Meditationspraxis zu finden. Im westlichen Kulturkreis ist das Üben von „Achtsamkeit" insbesondere durch den Einsatz im Rahmen verschiedener Psychotherapiemethoden bekannt geworden.[1] Der Begriff Achtsamkeit wird außerdem im Rahmen der Care-Ethik für eine Praxis der Zuwendung verwendet."

➜ **Das passendste Wort, welches mir dazu gefällt, ist: Bewusstseinsklarheit!**

Warum ist es für Dich immens wichtig?
Du darfst in Deinem „neuen Leben" lernen, Dich neu zu beobachten und kennenzulernen, ohne Dich abzuwerten. Wie das Wort schon beinhaltet, gehe dabei achtsam vor: Beobachte jede Kleinigkeit bewusst und schaue dabei, wie es Dir damit geht.

Schaue dazu achtsam nach Dir, wann fällst Du wieder in ein altes Muster, wann landest Du wieder in der Gedankenspirale aus Verpflichtungen, es allen recht machen zu wollen, etc.?

Achtsamkeit heißt (für mich):
- » **Dich wahrnehmen.**
- » **Bewusst sein.**
- » **Im Hier & Jetzt sein.**

  Wie oft ertappst Du Dich dabei, wie Du über Deine Zukunft grübelst, dabei schlaflose Nächte hast? Oder in der Vergangenheit alten Themen mit Wut nachhängst?
- » **Bedürfnisse erkennen & einfordern.**
- » **Grenzen definieren & einfordern** (jeden Tag sogar neu).
- » **Dich – für alles – lieben.**

Mache Dir bitte keinen Stress – das kommt Tag für Tag mehr. Am Anfang reicht es schon, wenn Du jeden Tag 5 Min mit Affirmationen, positiven Glaubenssätzen und der Veränderung Deiner Gedanken anfängst oder mit Mantren arbeitest.

Übungen dazu Kapitel 11.4 an.

→ **Negative Gefühle/Empfindungen**
Lerne ab heute Deine negativen Gefühle nicht als „falsch" zu betrachten, sondern als Geschenk. Wie schon im Physikunterricht gelernt, bleibt Energie erhalten (wir können sie somit nicht „wegmachen"), wir können sie (nur) wandeln: von Plus nach Minus, von einer Form in die andere.

Drehe einfach alles um und freue Dich über diese negativen Gefühle, denn es sind Deine. Frage Dich einmal: Wann durftest Du denn mal so richtig wütend sein? Und welche Energie kommt dabei mit? Wie kreativ sind wir, wenn uns ein negatives Gefühl lenkt?

Lerne diese Kraft zu nutzen. Und Du wirst sehen: Du versetzt Berge! Und: Je länger Du Deine negativen Gefühle unterdrückst, desto länger bleibst Du in der Sucht

6.1 Unterdrückung von Gefühlen

Wir leben in und sind eine wahre „**Wegmachgesellschaft**":

Die ganzen negativen Dinge, die wir nicht anschauen wollen, die wir lieber unterdrücken oder wegmachen wollen, vor denen wir davon rennen, die wir in eine Kiste packen und den Deckel drauf tun. Und wenn wir an etwas davon erinnert werden, sind wir wahre Meister geworden, diese Anzeichen wieder zu unterdrücken, wegzumachen, abzutun oder mit Alkohol zu bekämpfen.

Natürlich wurden wir dazu erzogen, dass wir unsere Gefühle unterdrücken. Damit wir cool sind, oder ein werden wie ein Mann oder Indianer (auch wir Frauen durften uns Männersprüche anhören), um niemandem auf die Nerven zu gehen, um nicht aufzufallen und ausgelacht zu werden u. v. m.

Aber was passiert, wenn Du Deine Gefühle unterdrückst?

Als erstes muss gesagt werden, dass diese Gefühle vorhanden sind und „stattfinden", d. h. wenn Du versuchst, diese „wegzumachen" (verleugnen, unterdrücken oder betäuben), zu deckeln oder zu ignorieren, wirst Du einige Kraft benötigen. Stell es Dir wie eine Kiste vor, anfangs ist noch einiger leerer, freier Stauraum, da merkst Du nicht viel, wenn Du negative Gefühle dort bunkerst. Aber dann werden es immer mehr und irgendwann ist die Kiste voll oder sogar übervoll und dann baust Du Rettungskisten außen herum, und weitere Auslaufschutzmechanismen, damit Du alles speichern kannst. Und stell Dir nun vor, dass diese Gefühle und Kisten die Farbe Schwarz haben – so füllst Du Dich immer mehr mit schwarzer Farbe. Und irgendwann bist Du mehr Schwarz als leuchtende gelbe Liebe und wunderst Dich, dass Du depressiv wirst oder zur Flasche greifst.

Diese unterdrückten Gefühle setzen sich nicht nur auf der psychischen Ebene fest, sondern bauen sozusagen „**Knubbel**" in Deinem Körper, die sich dann in Krankheiten äußern.

Wenn Du Schmerzen hast, ist das schon lange ein Zeichen dafür, dass auf seelischer oder psychischer Ebene ein Zuviel da war.

Diese Knubbel oder Kisten bauen **Wände** auf, so dass Du Dich eines Tages immer weniger spüren wirst. **Das Gedankenkarussell nimmt zu, Deine Gefühle werden weniger. Du fühlst Dich getrennt von allem und weniger richtig als zuvor.** Es ist der Notruf Deiner Seele, dass Du Dich zu weit von Dir getrennt hast und Dich selbst verloren hast.

6.2 Wie gehe ich mit meinen negativen Gefühlen um?

Erster neuer Gedanke in Deinem Leben: Wer sagt denn, dass diese Gefühle überhaupt negativ sind? Ja, wir erleben sie als negativ, anstrengend, weil wir es so gelernt haben. Und es uns immer so vorgelebt wird. Aber wir haben diese nun einmal. Und hier gilt: Je neutraler und mit mehr Liebe Du Dich annehmen kannst, desto freier wirst Du.

Es sind Deine Gefühle, die von Dir liebend und bejahend zur Kenntnis genommen, angeschaut und gefühlt werden wollen, um dann von Dir transformiert zu werden.

Bedenke: Wenn Du Deine Gefühle frei und ohne Wertung ausleben darfst – wie befreiend das ist. Stell Dir vor, wie Du heute wie ein kleines Mädchen mit den Füßen auf dem Boden stampfen und schreien darfst, weil Du es Dir erlaubst. Allein der Gedanke daran tut schon sehr gut.

Lebe Deine Gefühle – stehe zu ihnen – lerne einen neuen gesunden Umgang mit ihnen.
Wir haben nach der Gewaltfreien Kommunikation nach Rosenberg 12 negative Gefühle und nur ein positives Gefühl auf der Liste. Warum? Deinem Körper und Dir ist es egal, ob Du glücklich, freudig oder inspiriert bist, aber Deine negativen Gefühle wollen alle einzeln angeschaut werden. Und ich kann Dir sagen: Das ist gut so! Die Mühe lohnt.

➔ **Werde zur Forscherin Deiner negativen Gefühle – beobachte Dich genau.**

➔ **Liebe Deine negativen Gefühle wie Deine positiven.**

➔ **Sei DANKBAR!**

Übung 1:

→ *Spüre Dein Gefühl. Halte in diesem Moment an und laufe nicht weg.*

→ *Bleibe dabei in tiefer Bauchatmung.*

→ *Bleibe einfach im Spüren und beobachte, wo das Gefühl in Deinem Körper sitzt.*

→ *Atme sanft ohne Wertung weiter.*

→ *Atme und warte so lange, bis Du eine Änderung merkst oder den Impuls bekommst, dass Du weitermachen kannst.*

→ *Anfangs reicht nur das Wahrnehmen, das Zulassen des Gefühls – und dann kommt es schon in Bewegung und verändert sich.*

Übung 2:

→ *Siehe oben*

→ *Sende zusätzlich viel Licht und Liebe an die Körperstelle, damit Du es transformierst.*

Deine Tabuthemen oder Schattenthemen

Diese möchte ich hier nochmals extra betonen, denn wir alle haben ziemlich tiefsitzende Themen, die wir sehr ungern anschauen wollen. Schon seit Generationen werden uns die sogenannten Familienthemen, die meist unter den Teppich gekehrt wurden, wie oft die Alkoholsucht, weitergegeben.

Gerade diese Themen können bei Dir mit großen Schmerzen verbunden sein. Sobald Du die Entscheidung triffst, Dich all Deinen Themen zu stellen, wirst Du immer tiefer in Deinen Schmerz eindringen.

→ **Gehe mutig hindurch und vertraue Dir und Deinem Unterbewusstsein, denn es lässt Dich nur so viel sehen und spüren, wie Du in dem Moment vertragen kannst.**

→ **Jedes Mal wirst Du danach mehr Vergebung, Befreiung, Heilung und Liebe für Dich selbst spüren.**

→ **Ist das nicht toll?**

Wichtig:

Stelle es Dir so vor: Jedes Mal, wenn Du ein Gefühl unterdrückst, erzeugst Du genau für diese Situation einen Schauspieler, der nur darauf wartet, seinen Einsatz zu leben. Und eins kann ich Dir versichern: Sie sind extrem gute Schauspieler, die auf ihren Einsatz warten und diesen mit vollem Einsatz leben.

6.2.1 Gefühle Schuld, Scham & Ohnmacht

Besonders auf diese Gefühle möchte ich hier nochmals eingehen, denn bei der **Alkoholsucht haben sie eine große Bedeutung:**

Diese Gefühle sind für uns und Dich die schlimmsten, die Dich in Schach halten und Deine Heilung behindern. Wenn Du verstehst, dass es keine Schuld gibt, sondern nur Verantwortung, ist schon viel negative Energie freigesetzt worden oder Dein nächster Schritt in Deine Gesundheit.

Schuld: Weil wir mit unserem Fehlverhalten, unserem Nicht-Perfektsein anderen zur Last gefallen sind. Weil wir uns schuldig gemacht haben, als Frau in die Alkoholsucht zu geraten und nicht alle Rollen zu erfüllen. Weil unsere Sucht uns geoutet hat und die heile Welt nach außen zerstört hat.

Scham: Weil wir schlechte Menschen sind, die nicht willensstark genug sind, die zu blöd sind, ihr Leben im Griff zu haben. Weil wir Looser sind. Etc.

Ohnmacht: Ohnmächtig stehst Du Deiner Sucht – Deinem Suchtverlangen – gegenüber und wirst zum willenlosen Zombie.

→ **Verändere Deine Gedanken über Schuld und Scham.**

→ **Übung: Ersetze ab heute das Wort Schuld durch Verantwortung.**

WICHTIG zu wissen:

→ Hinter jedem negativen Gefühl steckt die Angst.

→ Es ist nur eine Bewertung, ob ein Gefühl negativ oder positiv ist.

→ Gefühle sind Gefühle, werte sie nicht.

→ Freue Dich auf sie, denn es sind Deine!!!

Das Wichtigste und schwierigste überhaupt: Dass Du sie Dir eingestehst und sie wahrnimmst. Ohne alles. Ohne erklären, werten, analysieren und dabei von rechts nach links drehen, von oben nach unten, nur wahrnehmen. Fühlen.

In diesem „eigentlich einfachen" Satz: „Ja, das hat mich verletzt. Und ja. Es tut mir weh." sehe ich darin die größte Herausforderung, Übung und Stärke. Denn: wir durften es nie. Sofort wurden wir ausgelacht, klein gemacht oder nicht ernst genommen.

Besonders bei Deiner Sucht finde ich es eklatant wichtig, zu Deinen Gefühlen zu stehen und sie mitzuteilen.

➔ Stehe zu Deinen Gefühlen – ertränke sie nicht wieder.

➔ Teile sie mit. Dies ist schon der 1. Schritt in Deine Heilung.

➔ Stelle es Dir so vor: Du sprichst diese aus, somit verlassen sie auch Deinen Körper und verlieren an Wichtigkeit und die negative Belastung auf Dich nimmt ab.

➔ **ABABVEL-Formel:**

    A = aufwachen

    B = bewusst machen

    A = akzeptieren

    B = beobachten

    V = verstehen

    E = entscheiden

    L = lieben

Merke Dir diesen Satz:

Wache bewusst auf **– akzeptiere Deine Beobachterrolle –** verstehe **& erkenne Deinen Kampf/Deinen Widerstand –** entscheide **Dich für** Liebe.

➔ Dieses Buch enthält diese Formel, die ich Dir oben zusammengefasst habe. Sie bildet einen guten Umgang, mit Deinen Gefühlen und Themen zu arbeiten.

➔ Bejahender Umgang mit ihnen. Transformieren. Diese Energie steht Dir zur Verfügung.

➔ Nochmals: Energie kann man nicht wegmachen, nur von z. B. Plus nach Minus wandeln, also transformieren.

→ **Jetzt stelle Dir vor, wie viel Lebensenergie Du auf einmal bekommst, wenn Dir alle negativen Energien zur Verfügung stünden....**
Du springst wie ein Reh,
rennst wie ein Tiger
und
liebst wie ein Bonobo! ☺

Weiteres Vorgehen

Video 1: „*Was tun mit meinen Ängsten // einfache & simple, aber effektive Übung":*
https://youtu.be/cUA4FZP0IZg

Video 2: „*Was tun mit meinen Zweifeln // Eine einfache, dennoch absolut effektive Methode*
https://youtu.be/lCilkKUScXA

6.3 Angst, die Basis aller negativen Gefühle

Erinnerst Du Dich noch, wie Du mutig als stolze Kriegerin, Indianerin oder Pippi Langstrumpf die Welt erobert hattest? An die lustigen Geschichten, weil Du ohne zu bremsen den Berg runtergesaust bist und Deine Eltern um den Verstand gebracht hast?

Aber wo ist sie hin – die Wilde, die Mutige, die Tapfere in Dir? Aus diesem einst lebhaften Kind wurde ein gesellschaftlicher Angsthase geformt, der nun absolut angepasst und unreflektiert Angstbilder im Kopf kreiert, welche angeblichen Gefahren draußen lauern. Somit wurde der Verstand nach und nach dominanter als dein kindliches Herz von damals. Und vor lauter Horrorszenarien strampelst Du Dich, gerade als Frau, immer mehr ab, Vorsorge zu leisten, dass davon nichts eintritt und bist damit heillos überfordert.

Stell es Dir einmal so vor:
Du bist eine riesige Festplatte mit mehreren Terabyte prall gefüllt mit Angstvorstellungen, doch leider hast Du Null Bytes mehr übrig für Freiheit, Leben, Lieben, Lachen und Wohlstand & Reichtum.

Jeder weitere ängstliche Gedanke vergrößert Deinen Berg an Angst. Und auch dieser Berg hat eine magnetische Anziehungskraft und sorgt dafür, dass Du immer mehr an Ängsten leidest. Oder wie die grauen Herren von Momo, die wollen, dass Du Angst hast, damit sie überleben können. NUR: sie klauen Deine Energie, Deine Kraft.

„Schmeiß' Deine Ängste auf einen Haufen – schenke ihnen Liebe – und erfreue Dich am Ergebnis!" Liv

98% Deiner Ängste treten nie ein! Oder wie oft ist Dein Kind wirklich schon von der Schaukel gefallen? Und wenn es dann fällt, dann freut sich dieser Schauspieler in Dir, den Du vor langer Zeit kreiert hast, dass er nun endlich zum Einsatz kommt und sagen kann: „Ich habe es Dir doch immer schon gesagt! Du fällst von der Schaukel."

Ich liebe mathematische Aufstellungen & Wahrscheinlichkeitsrechnungen: Mit Bezug zur Wahrscheinlichkeit, dass ein Kind von der Schaukel fällt, müssten Erzieherinnen doch schaukeln IMMER verbieten.

Ein paar wichtige Grundinformationen zu Deiner Angst

Wir alle wollen unsere Ängste „weg machen, wollen sie los werden" – So lange wir sie jedoch bekämpfen oder uns abtrainieren, können unsere Ängste und andere negative Emotionen nicht wirklich gehen. Wir verdrängen sie nach innen und sie zeigen sich immer wieder und dann stärker als zuvor.

Wie ich schon öfters erwähnt habe, können wir Energie nicht wegmachen, sondern nur wandeln in z.B. andere Schwingungsformen, also bei Ängsten von negativer Energie in positive.

Wichtiger Gedanke:
Deine Angst ist nicht Dein Feind, sie will Dir nichts Böses! Angst ist nicht schlecht, sondern sie hat ihren Sinn auf Deinem Weg in ein Leben in Freiheit und Vertrauen.

Angst ist Deine eigene Schöpfung, die Du vor langer Zeit begonnen hast zu denken. Denn:

Sie kommt von außen und wurde Dir antrainiert von Deinen Eltern, der Gesellschaft, den Medien etc.

> » „Wenn Du das nicht tust, dann landest Du im Gefängnis."
>   (Ein kindlicher Gedanke, aber prüfe einmal, wie stark dieses Denken noch in Dir drin ist?)
> » „Wenn Du bei Rot über die Ampel gehst, wirst Du überfahren."
> » „Halte Dich mit beiden Händen fest, sonst fällst Du runter." (Schaukeln)
> » „Wenn Du den Teller nicht leer isst, bekommen wir kein schönes Wetter."

- » „Wenn jeder machen würde, was er will, dann funktioniert das nicht."
- » „Vom vielen Fernsehen bekommst du viereckige Augen."
- » „Zieh ein Unterhemd an, sonst wirst Du krank."
- » Die Liste hier ist endlos.

Heute zeigt sie sich in Sätzen wie:
- » Ich muss aufpassen, dass...
- » Ich fürchte, dass...
- » Hoffentlich schaffe ich das!
- » Ich bin nicht gut genug.
- » Warum liebt er mich nicht?
- » usw.

Hinter Deinen Ängsten und Überzeugungen stecken also angsterzeugende Gedanken, die Du gelernt hast und heute nicht nur denkst, sondern sogar glaubst! Du glaubst, dass diese wahr sind, jedoch sind sie es nicht. (Stichwort Glaubenssätze)

Du selbst erschaffst diese Gefühle wie Angst und alle anderen für Dich unangenehmen Gefühle, also durch solche und andere unwahren Gedanken, die das kleine Kind in Dir auch heute noch denkt und Dich in Gefahrensituationen als Person steuert.

Deine Ängste sind also Deine eigenen „Babys" (wie Robert Betz immer so schön sagt), die Du schon in Deiner Kindheit zu denken und zu glauben gelernt hast. Da Du diese erschaffen hast, kannst auch nur Du diese ent-schaffen, also verwandeln.
Voraussetzung dafür ist aber: dass Du bereit bist, Deine Schöpferverantwortung zu übernehmen. Das bedeutet, dass Du keinem anderen die Schuld an Deinen Gefühlen gibst, auch nicht Deinem Vater, Mutter oder Dir selbst.

Denn: Du bist nicht das Opfer Deiner Ängste – Du bist Ihre Schöpferin. Indem Du sie immer weiter denkst, nährst Du sie weiter und lässt sie somit übermächtig werden.

Deine Ängste werden „nur" ausgelöst von Menschen, Ereignissen oder Informationen wie z. B. eine Schlagzeile in einer Zeitung.

Sie werden hochgeholt, damit wir uns liebevoll um sie kümmern, anstatt sie zu bekämpfen oder uns von ihnen abzulenken.

Bedenke: Gegenwärtig ist das **Angstlevel** in unserer Leistungsgesellschaft sowieso schon extrem hoch: Angst vor Krieg, Angst vor Anschlägen, Angst vor Gewalt und Verbrechen, Angst vor Krankheiten, Angst vor Pleiten, Angst vor Jobverlust, Existenzangst, Trennungsangst usw. Die Medien tragen täglich gehörig dazu bei, dass wir als Bürger beunruhigt werden. Aber auch Staaten, Firmen, Vorgesetzte, Eltern und andere Mitmenschen manipulieren uns gerne und schüren diese Emotion in uns! Die meisten sind sich ihrer Ängste nicht bewusst und verdrängen sie. Unterbewusst sind wir voll davon.

Wie begegnest Du nun Deinen Ängsten und wie kannst Du diese sinnvoll für Dich nutzen?

Statt sie wenig hilfreich zu verdrängen, kannst Du sie wandeln. Und die Kraft zum Wandeln ist in Dir und sie heißt: Liebe!

Es ist eigentlich ganz einfach, denn die Angst will von Dir *(zitiert nach Robert Betz, siehe hinten)*

- » **wahrgenommen,**
- » **bewusst und bejahend, tief atmend gefühlt werden**
- » **und geliebt werden.**
- » **Denn: sie ist ein Teil von Dir!**

Und bedenke auch:

Die Liebe wandelt die Angst, nicht die Technik, diese ist nur das Hilfsmittel dazu.

Natürlich hast auch Du nie eine sinnvolle Anleitung bekommen, wie Du mit Deinen Ängsten umgehen kannst, denn alle Welt fordert Dich auf, wegzuschauen – was Dich aber zu Deiner Krankheit geführt hat und sehr anstrengend war, denn es kostet Dich enorme Kraft, diese zu unterdrücken. Und wenn sie sich dann auf einmal wieder bemerkbar machen, sind sie stärker und größer denn je.

Angst & Liebe: sind wie Dunkelheit & Licht:

- » **Dunkelheit ist die Abwesenheit von Licht.**
- » **Genauso ist die Angst ein Zustand, bei dem Liebe & Licht fehlen.**
- » **Licht bedeutet: ich schaue genau hin, ich laufe nicht weg! Damit kannst Du also Deine Angst beleuchten.**

Zusammenfassend gesagt:

➔ **Deine Angst stammt aus der Kindheit, z. B. durch die Abhängigkeit von den Eltern und somit hat irgendwann das Kind begonnen, an sich zu zweifeln und kam auf die Idee, es sei nicht liebenswert.**
Dein emotionaler Zustand als Erwachsene hängt also stark vom emotionalen und mentalen Befinden des Kindes in Dir ab.

→ **Deine Aufgabe ist es, diese zu wandeln.**

Auf meinem Kanal findest Du eine effektive, dennoch simple Übung, Deine Ängste in positive Energie zu wandeln.

Video: „Was tun mit meinen Ängsten // einfache & simple, aber effektive Übung":
https://youtu.be/cUA4FZP0IZg

Wichtig bei dieser Übung:

» Du fühlst als Erwachsene die Gefühle des kleinen Kindes in Dir. Denn als Kind hattest Du keine Anleitung dazu.

» Das Durchfühlen von Gefühlen macht Dich lebendig.

» Auch Du bist viel zu kopflastig und merkst nicht, wie viele unsinnige und unwahre Gedanken Du am Tag produzierst und denkst.

» Du hast am Tag 60.000 – 80.000 Gedanken am Tag, wovon die meisten negativ sein werden oder sich wie ein Karussell wiederholen.

» Niemand stirbt am Durchfühlen seiner Gedanken, aber in Form von Krankheiten, die durch das Unterdrücken von Gefühlen entstehen.

» Wenn Du diese Übung machst, kann es sein, dass Du danach sehr müde oder kaputt bist. Aber: Du hast jetzt Jahrzehnte diese Ängste mit Kraft in Deinem Körper festgehalten und wenn Du sie nun loslässt, ist es wie Muskelkater oder wie nach einer Massage schmerzen die Muskeln zunächst auch einmal mehr.

Auf eine **Hauptangst** möchte ich etwas tiefer eingehen, denn sie ist nicht nur beim Thema Sucht sehr prägend.
Die **Angst nicht geliebt zu werden, ausgegrenzt zu werden, zurückgestoßen zu werden, bestraft oder verlassen zu werden oder irgendjemanden zu verlieren.**
Die meisten Erwachsenen haben Angst, die Aufmerksamkeit, Anerkennung oder Wertschätzung von anderen Menschen zu verlieren oder zu wenig davon zu bekommen.
Angst ist immer die Angst vor einem Mangel!

Sei es: Liebe, Freude, Geld, Erfolg, Gesundheit. Darum haben so viele Menschen Angst vor dem Alleinsein, dabei sind es in Wirklichkeit die kleinen Kinder in uns, die Angst haben.

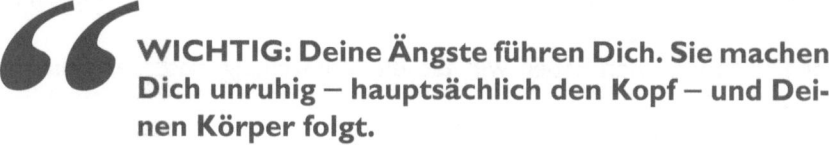

WICHTIG: Deine Ängste führen Dich. Sie machen Dich unruhig – hauptsächlich den Kopf – und Deinen Körper folgt.

Aber warum halten wir so an der Angst fest? Gibt es Vorteile für Angst?
Wenn Angst so negativ ist, warum halten wir an ihr so fest? Warum freuen wir uns nicht horrend, wenn wir Tools an die Hand bekommen, unsere Ängste zu lösen?

Scheinbare Vorteile der Angst:

➜ **Angst gibt Dir Sicherheit**
Sicherheit, dass Du Dich dem Neuen nicht stellen musst. Sie schützt Dich vor dem Unerwarteten, dem „weiteren Bösen", der „lauernden Gefahr". Sie hüllt Dich in einen Schutzpanzer ein.

➜ **Angst bewahrt Dich vor Angst**
Wenn Du vor etwas wegrennst, dann kann Dir nichts passieren. Denken viele. Vermeintlich.

➜ **Angst gibt Dir Kraft**
Du weißt, dass das Adrenalin der Angst Dein Leben retten kann und Dir immense Kräfte verleiht. Es gibt zwei Mechanismen: der negative, bei der die Angst Dir Kraft gibt, im Käfig zu bleiben und durchzuhalten. So bleibst Du jahrelang in krankmachenden Situationen und Umgebungen. Der positive Mechanismus: Du lernst diese Energie für Dich zu nutzen.
Vielleicht hattest Du schon, wie ich, krasse Lebenssituationen, bei denen Du Dich Dank Deiner Angst retten konntest – körperlich wie emotional? Genau dieses Beispiel hältst Du Dir immer vor Augen. Es gibt genügend Beispiele von Menschen, die durch krasse Ängste gegangen sind und dadurch viel Kraft bekamen.

→ Angst gibt Dir Orientierung
Du weißt immer, was Du tun sollst.

→ Angst gibt Dir Aufmerksamkeit
Hast Du schon beobachten können, wie sich liebevoll um ängstliche, hilflose Frauen gekümmert
wird? Durch Märchen haben wir alle die Vorstellung, dass der Prinz die Prinzessin rettet.

→ Angst bewahrt Dich vor Deiner Eigenverantwortung
Indem Du alles deckelst, Dich verkriechst, wegschaust, einfach nicht Dein Leben lebst, brauchst Du Dich auch nicht Deiner Verantwortung zu stellen und kannst weiterhin allem und jedem die Schuld geben. Ein weiterer Vorteil ist, dass Du auch nicht zu Deiner eigenen Meinung stehen und diese verteidigen musst. Und Du musst nicht leben, sondern wirst gelebt. Wie einfach und genial! Aber auch anstrengend, wie Du gemerkt hast.

→ Angst vor der Veränderung
Entdeckst Du Dich auch dabei, dass Du permanent alles kritisierst, viele Menschen mit Deiner Rechthaberei und Diskussionsfreude nervst, dass Du Dich durch Deine Angst nicht öffnen brauchst und weiterhin perfekt in Deiner ironisch-abwartenden Haltung verbringen kannst.

→ Angst vor der Angst
Eine wirklich mächtige Strategie der Angst, die bei fast allen Menschen auftauchte, die ich unterstützen durfte, ist die Angst vor der Angst. Es fühlt sich an wie ein riesengroßer unfassbarer Schmerz, der nicht auszuhalten ist, und der Dir – bewusst – Angst machen soll, damit Du ja nichts gegen Deine Angst tust. Sehr intelligent Deine Angst.
Denn: Sie hat Angst, dass Du sie nicht mehr wahrnimmst, dass sie also verschwindet.

→ Angst vor dem Beginnen
Oft kannst Du nicht anfangen, weil Deine Angst Dir suggeriert, Du könntest beim Anfangen etwas falsch machen. Dies kann sich in Sätzen äußern wie: „Ich weiß ja nicht, ob das die richtige Methode, Reha oder Einrichtung für mich ist.", „Der Therapeut versteht mich nicht, denn keiner kann mich verstehen." usw.

→ Angst aufzuräumen

Erst kommt die Angst vor dem Beginnen und gerne gesellt sich die Angst vor dem Aufräumen dazu. Denn was machen wir a) mit dem Müll und b) wohin damit und c) wie füllen wir die leere Fläche?

→ **Angst etwas zu verpassen**

Diese Angst wurde uns so extrem antrainiert, was sich heute besonders gut bei den Übereltern spiegelt, die ihre Kinder schon im Kindergarten mit Frühförderung, Chinesisch und Leistungssport drillen, damit diese ja eine gute Karriere hinlegen können.

Ich finde diese Angst gerade bei Frauen und Alkohol immens wichtig, da wir meist überfüllt sind von angeblich wichtigen Informationen und Aufgaben, die wir stemmen müssen, dass wir abends gar nicht anders "können", als zu trinken, um abzuschalten.

Natürlich zählt auch Organisationszwang/-wahn, alles im Griff haben wollen und Kontrolle haben wollen dazu.

→ **Angst gibt Dir den Grund, weiter zu trinken**

Indem Du weiter wegrennst, Dich Deinen Themen nicht stellst, kannst Du Dich ungeniert einfach weiter Deiner Sucht hingeben, denn, Du hast ja einen echt triftigen Grund: DEINE ANGST!

Aus eigener Erfahrung:

Natürlich war auch eine meiner größten Ängste, in meine Angst zu gehen. Sie zeigte sich mir lang als Kiste an, die ganz weit unten lag und wo das Wort „Alkohol" darauf stand und an die ich nicht ran kam. Dann war sie ein dunkles Loch, durch welches ich durch musste. Und dann kam der „Supergau": Ich musste durch ein Schlangenmaul hindurch, um an die Erkenntnis zu kommen. Und ich habe zudem eine Schlangenphobie.

Aber eins kann ich Dir sagen:

a) Es ist nie etwas passiert – denn ich sitze hier und schreibe diese Zeilen.
b) Das, was danach kam, war so unbeschreiblich schön. Soviel Liebe. Soviel ich.

 Meine weitere Erfahrung mit der Angst ist, dass ich mich medial (Youtube, Facebook, Vorträge, Bühnen, Buch etc.) hinstelle, mich mit meinen Themen nackt mache, mich mit

diesem Tabuthema oute, mich schwach mache, um Euch zu zeigen: Es passiert nichts. Außer Deiner Freiheit.

6.4 Alles ist wie es ist, nicht mehr werten oder bewer-
ten

Du kennst auch die ganzen Sätze, dass Du nicht mehr werten sollst oder in
eine Kategorie stecken sollst. Aber merkst Du auch, wie schwer das ist, es
nicht zu tun? Bzw. hast Du es geschafft, mehrere Stunden oder sogar nur einen
einzigen Tag wertfrei zu bleiben?
Und „schlimm dabei ist auch oft, dass wir uns dann auch noch für das dafür
verurteilen, dass wir gewertet haben. Also eine ganz schöne Abwärtsspirale
an negativen Dingen in unserem System.

Als erstes:
Unser Verstand bewertet automatisch, was auch überlebenswichtig war, gerade beim Homo sapiens, aber auch bei uns, Gefahren einzuschätzen. Bewertung dient also unserer Sicherheit, die auch in unseren Reaktionen und Entscheidungen mitspielen.

Folgende Impulse möchte ich setzen:
→ Wir sind es gewohnt, schwarz-weiß zu denken, in Kategorien zu den-
ken, damit wir uns das Leben leichter machen, sozusagen vereinfachen.
Dagegen spricht erst einmal gar nichts, sondern es kann ein natürlicher
Filter-Prozess sein.
→ Wir leben in der Dualität: hell/dunkel, gut/böse
→ Dabei gibt es kein Gut und kein Böse, alles eine Frage der Betrachtung.
Ein Opfer braucht einen Täter und ein Täter braucht ein Opfer
→ Und du bist frei: Wer gibt mir das Recht zu sagen, was richtig und was
falsch ist. Wer gibt mir das Recht in der göttlichen Ordnung etwas ver-
ändern zu wollen?
→ Wir sind 8 Milliarden Menschen, und meine Meinung soll mehr Gültig-
keit haben als die der anderen???

Wie kannst Du das Bewerten stoppen?
Werde zur Beobachterin Deiner Gedanken:

Du musst nicht alles glauben, was Du denkst. Stelle Dir z. B. vor, dass Dein Gedanke eine Wolke ist und Du diese wegpusten kannst, oder dass diese einfach weiterfliegt. Da sind Deiner Fantasie keine Grenzen gesetzt.

Idee 1: „So wie ich."

(aus dem Film „ Awake – ein Reiseführer ins Erwachen" von Arjuna Ardagh):

Sie schlägt vor, dass wir uns beim Bewerten mit einbeziehen. Sie sagt: „Verurteile andere so oft und so stark, wie Dein Ego es möchte. Sage, was Du denkst – und dann hängst Du an Dein „Urteil" den Satzteil „So wie ich" an."

Beispiele:

» „Ist die doof – so wie ich."

» „Die ist nicht perfekt – so wie ich."

» „Die trinkt zu viel Alkohol – so wie ich."

Idee 2: Nutze den Satz: „Das ist eine interessante Meinung, die ich habe"

Diese Methode kommt aus dem Access Consciousness *(vor 20 Jahren von Gary Douglas entwickelt).*

Du wirst hier eingeladen, Deine Ansicht zu ändern – von der Bewertung bis zum Erlauben:

» Zu jeder Ansicht sagst Du Dir – egal ob positiv oder negativ: „Interessante Ansicht, die ich da habe".
   Dann warte einen Moment und beobachte, wie sich Deine Ansicht ändert.

» Wiederhole diesen Satz noch einmal und warte wieder.

» Dies machst Du solange, bis du keine Ansicht mehr hast.

» 3 – 7 Durchgänge sind erfahrungsgemäß erforderlich.

» Du wirst ein Gefühl der Erleichterung und Freiheit spüren und du hörst automatisch mit dem Bewerten auf.

7. Verstehe und erkenne Dich

Du wirst feststellen, dass Du jetzt Zusammenhänge in Dir erkennst. Verständnis Dir selbst gegenüber entsteht. Jetzt beginnst Du klarer zu erkennen, wann was mit Dir passiert und wie Du reagierst.

→ **Du hast alles in Dir,** was Du zu Deiner Heilung brauchst. Heilen kannst nur Du Dich selbst. Die anderen können Dir lediglich Möglichkeiten aufzeigen.

→ **Verschwende Deine Energie nicht, um perfekt zu werden – sondern** **authentisch.**
Nochmals: Du hast Deine Sucht erschaffen, also kannst Du sie auch wieder ent-schaffen. Sucht ist erlernt wie Dr. David Sinclair in den 60iger Jahren schon bewies.

→ **Erkenne: Mache es nicht wie bisher! Sondern mache genau das Gegenteil!**
Du hast die gelernten Methoden XY angewendet – wo bist Du gelandet? In der Alkoholsucht!

→ Also: **Nun müssen neue her!** Jetzt darfst Du damit anfangen, Dir Deine eigenen individuellen Wege zu erarbeiten.

→ **Gehe im Prinzip rückwärts** – Du bist oben am Berg der Schlechtigkeiten gelandet – **also gehe wieder runter – Schritt für Schritt... Rein in die Liebe.**

Warum Du rückwärtsgehen sollst? Und nicht nach oben? Deine Kraftquelle ist die Liebe – und die findest Du nicht oben oder im Außen – sondern sie ist in Dir, in Deinem Herzen.

Wir haben gelernt, dass wir nur zum Ziel kommen, wenn wir die Mechanismen von „höher – weiter – schneller" befolgen.

NUR: Du weißt, wo Du mit diesen Mechanismen gelandet bist. Daher: gehe rückwärts – und erinnere Dich an Momo.

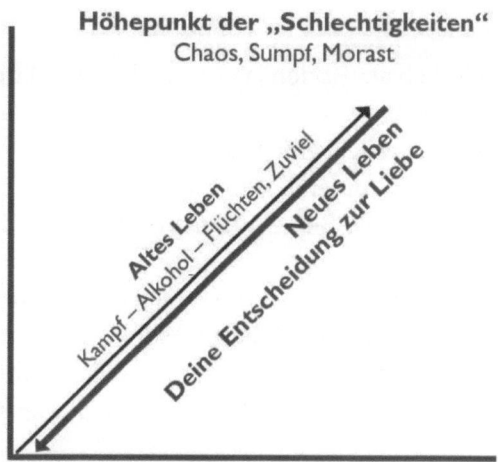

Höhepunkt der „Schlechtigkeiten"
Chaos, Sumpf, Morast

Altes Leben
Kampf – Alkohol – Flüchten, Zuviel

Neues Leben
Deine Entscheidung zur Liebe

100 % Liebe

Dein Ursprung - Deine Kraftquelle
Deine Feuerquelle des Lebens

Sei stark
und heule!

7.1 Die Macht deiner Verletzlichkeit = nackt machen

Ich hatte viele Momente, wo ich wirklich am Boden lag und nicht mehr konnte, wo mir alles zu viel war und ich wusste: Entweder ich oder ich! Und auf einmal kam eine Kraft in mir hoch, die ich nie beschreiben konnte, besonders nicht, woher sie kam. Sie war heftig, Grenzen setzend, wie ein rasender tosender Tsunami und hat mich schnell wieder auf die Beine gebracht und den anderen sofort und eindeutig ihre Grenzen aufgezeigt.

So ähnlich erlebte ich dies auch in Momenten, wo versucht wurde, mir wirklich emotional weh zu tun. Auch da gab es auf einmal diesen Hebel, der sich wie von selbst umlegte und ich völlig klar wurde: Und ich einfach in einer absoluten Ehrlichkeit und Intensität zu meiner Schwäche stand. Und auf einmal war Ruhe, sie trauten sich nicht weiter.

Heute weiß ich, dass ich durch mein **mutiges „Nacktmachen"** absolut authentisch, kraftvoll und ehrlich für die anderen war, dass es einfach nichts dazu zu sagen gab. Diese Schwäche nahmen sie als unheimliche Stärke war. Ich heute auch.

→ **Deine Verletzlichkeit ist die unheimlich mächtigste Stärke**, sozusagen der Geheimtipp der Stärke! Denn dann bist Du authentisch, menschlich, ehrlich. Einfach Du.

→ Und Du übernimmst die **absolute Verantwortung für Dich, denn Du stehst in allen Lebenslagen zu Dir**.

→ Du rennst nicht weg, erklärst keinen „Müll", **sondern zeigst Dich in allen Facetten**.

Mache Dich nackt, in allen Bereichen. Und Du findest Deine komplette Stärke.
Trau dich. Es lohnt.

Ich glaube, Dich physisch vor Menschen auszuziehen ist weniger schlimm als ihnen alles von Dir zu erzählen.

7.2 Gedanken – raus aus dem Gedankenkarussell

**Weißt Du, dass Du ca. 60.000 – 80.000 Gedanken pro Tag hast?
Und wie viele sind bei Dir davon negativ?**

Frage: Schaust Du auch gerne Sonntagabend den Tatort oder generell Krimis? Weißt Du eigentlich, was Du Deinen Gedanken damit antust?

➔ Du programmierst Dich auf Krimi, Drama, Streit und negative Beeinflussungen.

➔ Fernsehen, Radio, etc. beschäftigen sich mit Sensationslust, Ängsten, Fiktion. Du setzt Dich somit freiwillig negativer statt positiver Reizüberflutung aus.

➔ Die Medien halten uns den Spiegel unserer Gesellschaft vor: Sie reflektieren und verstärken, was Publikum/Zuschauer anzieht (Magnet). Und da wir von Ängsten geprägt sind, ziehen uns Ängste an. Es wird absorbiert oder gefiltert, was nicht nützlich ist, um uns von unserem langweiligen Alltag oder den Problemen abzulenken. Gewollte Zerstreuung sozusagen.

➔ Verrohrung macht krank.
Auf das Element Wasser bezogen, das 70% unseres Körpers ausmacht, wirken „Rohre" (heute in diesem Fall Kabel) wie ein Entzug an Lebensenergie, die Lebendigkeit bzw. die Information der Quelle wird abgewandelt. Was machen also die Rohre, durch die wir diese gefilterte Fernsicht erhalten, mit uns?
Aber auch viele wissenschaftliche Studien haben schon lange belegt, was ständiger Konsum von Dramen und Gewalt mit unserer Psyche macht.

➔ Beschäftigung mit dem Negativen zieht Negatives an. Man programmiert sich auf Negatives. Denke dabei an Magnetismus.

Bedenke:
Wir leben in einer **informationsüberfluteten Welt:** Wir werden permanent mit angstmachenden und negativen Informationen überschüttet: Tageszeitungen, Nachrichten, Wer-

> bung, Erziehung, Schule, Arbeitsplatz, Freundes- und Bekann-
> tenkreis, Stammtisch oder Kaffeekränzchen, Vereine... also
> immer und überall!
> Wenn Du Dich den ganzen Tag den ganzen Informationen
> aussetzt, wie sollst Du dann abschalten lernen?

Als Kinder oder Jugendliche konnten wir noch gut abschalten, bis die Mühlen
Dich müde gemahlen haben und Du zur Flasche gegriffen hast.

→ Oft merken wir gar nicht mehr, was **wir alles Falsches übernommen haben**, welche **falschen Verantwortungen** wir tragen, wir
können sie nicht richtig kanalisieren, weil wir es nie gelernt haben.
Als Beispiel: Ich kann in 20 „Fenstern" zeitgleich denken, in einer un-
glaublichen Geschwindigkeit. Und ich habe gelernt, meine Gedanken zu
säubern, so dass sie fast immer positiv sind.

→ **Das permanente Denken** wurde uns über Jahre hinweg **antrainiert**, besonders von uns selbst, weil wir auf die ganzen angsteinflößen-
den Sätze, Meinungen und den antrainierten Perfektionismus gehört haben. Besonders Gedanken im und ums Außen:

  o richtig zu sein

  o alles richtig zu machen: im Job, im Privatleben, in der Beziehung etc.

  o Manipulation durch die Massenmedien:
  Überall wird Angst, Terror und Gefahr gezeigt, denn es verkauft sich
  besser! Oder wann siehst Du positive Berichte über z. B. die Unterstützung einzelner Familien in der Corona-Krise in Peru?

→ **Manipulation durch Werbung:**
„Weißer als Weiß": als Motivator, noch weißer und besser sein zu wollen. Der permanente subtile Hinweis, dass Du alles berücksichtigen
musst, um es zu schaffen. Nichts kannst Du richtig machen, es könnte
immer was passieren!

→ **Das Spielen mit dem Falsch sein:**
Unperfekt ist in Realität echt, aber niemand möchte unperfekt sein, sondern lieber den Schein nach außen festigen, indem wir selbst zu den
perfekten Schauspielern werden, die wir im Fernsehen sehen.

„Gedanken senden ein magnetisches Signal aus, welches die entsprechende reale Sache zu Ihnen zurückzieht." Dr. Joe Vitale

Aber warum sind wir so unfrei? Warum leben wir so im Außen?

Dazu ein paar Anregungen:

» Je mehr Du Dich informierst und berieseln lässt, desto mehr lebst du im Außen und trägst immer mehr Verantwortung.

» Je mehr Verantwortung Du trägst, desto mehr Gedanken machst Du Dir.

» Je mehr Gedanken Du Dir machst, desto mehr Verantwortung trägst Du – SCHEINBAR!

» Thema Nachrichten: Fragen an Dich:

» Ist es wirklich wichtig, den ganzen Tag „alle" Informationen anzuschauen und aufzunehmen? Denn sie wiederholen sich ständig. Oder ist es sinnvoller, gezielt diese anzuschauen?

» Wie geht es Dir dabei? Fühlst Du Dich wohl, bestens informiert, von den Medien aufgehoben? Oder bist Du danach aggressiv, genervt, geladen, willst vielen die Meinung sagen etc.

» Höre auf Dein Herz. Alle Informationen kommen zu Dir, die zu Dir kommen sollen.

» Lösung: Lege Dir eine bestimmte Zeitspanne für Nachrichten fest, und schaue auch alternative Medien.

Ein wirklich wichtiger Punkt für das Verstehen Deines Gedankenkarussells:

➜ Wenn wir eine negative Meldung hören, überprüft unsere Psyche (unser Gedankenfilter), ob diese wahr ist oder nicht.

Sie hat auch Zeit zu fragen, ob diese Nachricht einen betrifft oder nicht und was man dagegen tun kann.

→ Wenn wir allerdings – was für Nachrichten noch wenig ist – zehn negative Meldungen zeitgleich zu hören bekommen, schlagen diese durch unseren Gedankenfilter.

→ Wir geraten sofort in den Zustand der diffusen Angst!

→ Je öfter Du Dich also dieser diffusen Angst aussetzt, desto größer wird sie natürlich.

→ Ein Beispiel, welches ich gerne nennen mag:
Beobachte die Menschen, die meisten sind doch gehetzt, genervt oder verstimmt. Und jetzt lache auf einmal laut oder sei rundum fröhlich und beobachte dann ihren Gesichtsausdruck: sie werden bestimmt denken, dass Du Drogen genommen hast.

Wie entsteht überhaupt unser Gedankenkarussell?

→ Hier gilt wieder: Deine Energie – somit Deine Gedanken – folgen Deiner Aufmerksamkeit. Und wenn Du Dich immer auf das Negative fokussierst, zieht das Negative Deine Gedanken automatisch an.

→ Du merkst es auch: Je mehr Du aufs Handy schaust, desto mehr musst Du danach schauen. Das nennt man auch Sucht.

→ Bildlich ausgedrückt: Je mehr Du Dich damit beschäftigst, desto größer wird der Motor in Deinen Gedanken.

Wann hat es bei Dir angefangen, dass Du nicht mehr Herrin Deiner Gedanken warst?
Wann sind sie so laut geworden, dass Du sie nur noch loshaben wolltest und sie betäubt hast?

Merkst Du ihn auch, diesen Jemand, der dauernd in Deinem Kopf plappert, der alles kommentieren muss, bewertet und immer *„seinen Senf"* dazu geben muss.

Es ist wie eine richtige Krankheit und Plage! Aber es ist nur Dein gut trainierter Verstand.

Beobachte einmal, wie oft Du am Tag bewertest:

Sätze wie:

> » „Das ist falsch, weil..."
>
> » „Das tut man nicht…"
>
> » „Dem habe ich es aber gezeigt, weil man geht nicht mit einem kleinen Kind bei Rot über die Straße."
>
> » „Man zieht seine Schuhe nicht falsch an."

Ein kleiner Exkurs – unsere Gehirnfrequenzen

Du siehst hier unsere Gehirnfrequenzen. Meist sind wir durch das Außen im obersten Gehirnbereich und das löst Stress in unserem Körper aus. Und wenn dieser nicht abgebaut werden kann, werden wir krank – bei Dir die Alkoholsucht.

So kannst Du es Dir auch vorstellen, wenn dauernd negative Nachrichten auf Dich einprasseln, Du wirst im Gamma-Wellen-Bereich sein.

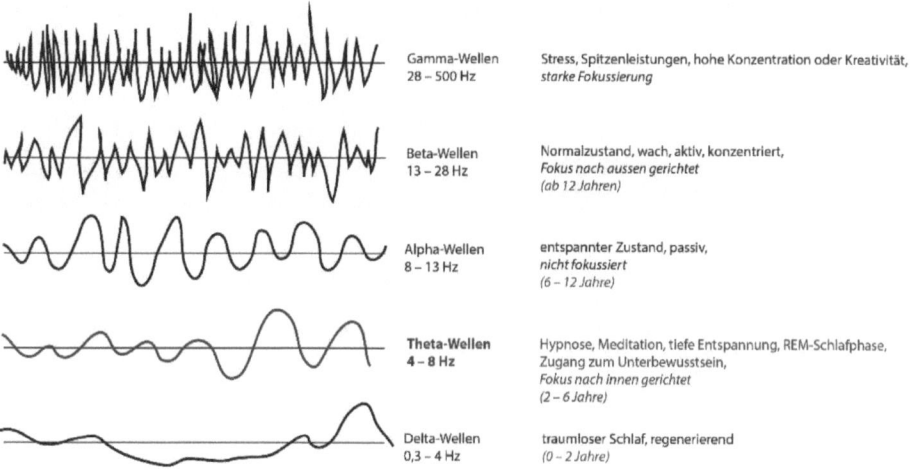

Gamma-Wellen
28 – 500 Hz — Stress, Spitzenleistungen, hohe Konzentration oder Kreativität, *starke Fokussierung*

Beta-Wellen
13 – 28 Hz — Normalzustand, wach, aktiv, konzentriert, *Fokus nach aussen gerichtet* *(ab 12 Jahren)*

Alpha-Wellen
8 – 13 Hz — entspannter Zustand, passiv, *nicht fokussiert* *(6 – 12 Jahre)*

Theta-Wellen
4 – 8 Hz — Hypnose, Meditation, tiefe Entspannung, REM-Schlafphase, Zugang zum Unterbewusstsein, *Fokus nach innen gerichtet* *(2 – 6 Jahre)*

Delta-Wellen
0,3 – 4 Hz — traumloser Schlaf, regenerierend *(0 – 2 Jahre)*

Was ist zu tun? – Raus aus dem Gedankenkarussell

→ Wenden wir uns unserem Inneren zu, dort gibt es kein Gedankenkarussell, dort sollte nur bedingungslose und allumfassende Liebe sein.

→ **Wenn Du jeden Tag das Gleiche denkst, dann wirst Du jeden Tag das Gleiche erleben**, dadurch baust Du Lebensprogramme, die sich wiederholen.
Nimm jeden einzelnen Gedanken, den Du hast und prüfe: wahr oder nicht wahr. Und bastle Dir neue Gedanken.

  → *Das ist anfangs müßig, aber es lohnt sich.*

  → *Das ist der erste Schritt in die Suchtfreiheit.*

→ **Lenke Dich ab.** Langeweile ist das Gift für unser Gehirn, für unser Gedankenkarussell. Singe z. B. oder Jongliere, denn Dein Gehirn kann nur eine Sache zeitgleich.
Langeweile ist ursprünglich dafür da, kreativ zu werden. Leider haben wir das meist verlernt, so dass wir es neu lernen dürfen oder sogar müssen.

  → Fange an zu zeichnen, malen, singen, tanzen, Sprachen zu lernen. Es gibt so vieles, was Spaß macht und Dich aus dem Gefühl der Langeweile holt.

  → Ich habe mich bewusst der Rosskur des Langweilens unterzogen – und ich habe mich wirklich gelangweilt. Mir war es wichtig, dieses Gefühl aushalten zu lernen. Und ich gebe zu: es war echt langweilig, aber Sucht langweilte mich viel mehr.

  → Jetzt fülle ich es automatisch mit spannenden Dingen, die ich als Kind/Jugendliche gerne gemacht habe: Rutschen runtersausen und wieder hochklettern, Trampolin springen, lesen, dösen bzw. meditieren etc.

→ **Werde zur Beobachterin Deiner Gedanken** – lass sie plappern wie einen Wasserfall.
Du musst nicht alles glauben, was Du denkst.

→ So wie Du Dir **diese negativen Gedanken antrainiert hast, trainierst Du sie Dir wieder ab.** Und ja: das ist Arbeit. Der Anfang ist immer etwas schwerer. Du bist auch nicht von heute auf morgen in das Gedankenkarussell eingestiegen und gefangen gehalten worden. Und Du kommst schneller wieder raus, als Du „reingeraten" bist!

→ Gehe in Dein Herz und **prüfe, was ein wahrer Gedanke ist und was nicht**. Dein Körper spiegelt es Dir.
Das kommt daher, dass wir gelernt haben, nur auf unseren Verstand zu hören, und nicht auf das Herz. Und weil beide nicht mehr zusammen arbeiten. Bei den meisten ist ebenfalls das Halschakra „gesperrt".
Übung dazu siehe Kapitel 10.8

→ **Nachts**, wenn die Gedanken kreisen, Du keinen Schlaf mehr findest und es Dir unmöglich erscheint – **stehe auf!**
- Nutze die Zeit sinnvoll, und verbiete Dir das Denken!
- Mache Deinen Haushalt.
- Mache etwas Kreatives.

→ **Schreibe auch gerne Deine Gedanken auf, damit sie Dich sozusagen verlassen.**
Anmerkung: ich dachte auch, dass ich dieses Buch diktieren lassen kann, da ich lieber rede als schreibe. Es gab Probleme und dann war mir klar: ich muss aktiv schreiben! Ich habe eine Verletzung an der Hand, mit der es mir schwer fällt zu schreiben. Aber ich merke: mit jedem Wort werde ich leichter.

→ **Meditiere.** Auf meiner Webseite habe ich eine schöne Heilreise aufgenommen mit der Intention, Dich zu heilen.
https://www.youtube.com/watch?v=YuteRqGXNBg&t=2s

→ **Sage aktiv Stopp!** Steige aus Deinen Gedanken aus. **Denke andere Gedanken – bewusst.**
Ja, das ist anfangs noch etwas schwierig, aber auch hier gilt: **Übung macht den Meister.**

Und bitte keine Abwertung, weil Deine antrainierte Ungeduld mit Dir durchgeht. **Liebe Dich für alles, was Du bist. IMMER!**

→ **Mache doch ein Spiel daraus:** Nimm zwei Blätter, lege diese auf den Boden. Auf das eine schreibst Du „negative Gedanken" und auf das andere „neue Gedanken".
Dann hüpfe von rechts nach links und fühle, was mit Dir passiert. Und versuche Deine negativen Gedanken auf dem linken Blatt zu lassen.

→ **Gedanken als „Luftblasen" wahrnehmen, die mit jedem ausatmen aus Dir rausgehen** und mit jedem bewussten Einatmen atmest Du goldenes Licht ein, welches voller Freude, Liebe und Sonnenschein ist.

→ **Schüttle Dich und Deine Gedanken ab.** Schüttle Dich durch. Schüttle, lache, tanze, wackle dabei. Diese Übung kenne ich von Psychologen, die die Themen nach ihren Sitzungen ausschütteln. (Körperarbeit)

7.3 Eifere Buddha nach! Ruhe, Gelassenheit und Absichtslosigkeit

Auch hier ein kleiner nützlicher Auszug, die Du anwenden kannst, um mehr Ruhe und inneren Frieden zu bekommen, so dass kein Suchtdruck entsteht.

7.3.1 Ruhe

Dinge in Ruhe angehen & erledigen

Auch wenn es hier in Deutschland fast ein Unwort geworden ist, glaube mir, selbst ich als „mega Aktivkekschen" habe es wieder gelernt, Dinge in Ruhe und Liebe anzugehen. Und ich habe mich dafür aktiv entschieden.

Natürlich habe ich aber auch Phasen, da brenne ich vor Leidenschaft, da muss ich Gas geben, weil ich es will. Und das ist eine ganz andere Motivation als tun zu müssen.

Ich hatte auch schon immer den Leitsatz: „Weniger ist mehr – aber davon nicht genug." Wie ich schon erwähnt hatte, leben wir in einer Überflussgesellschaft an Informationen und Dingen, die wir tun sollten, müssten und gerne tun würden. Ich als Scannerpersönlichkeit/Vielbegabte habe so immens viele Interessen, dass ich fast alles gerne machen würde. Ok, dann mache ich sie eben hintereinander.

Dennoch ziehe ich mich immer wieder aktiv zurück, weil ich Ruhe benötige. Sogar mehr als andere, da ich bis vor ein paar Jahren nicht wusste, dass ich hypersensitiv und – sensibel bin und somit mehr Rückzugsraum brauche, um mich zu erden.

➜ Streiche weiterhin konsequent Sätze wie „Ich sollte, ich müsste, da passiert sonst etwas…".

➜ Streiche weiterhin Deinen Perfektionismus aus Deinem Leben. Ja, auch ich liebe ihn sehr.

➜ Sauberes Haus, NUR sind Freude und Spaß am Leben wichtiger als Ordnung. Und wenn Du wieder Spaß hast, dann wird das Aufräumen Dir wieder wesentlich leichter von der Hand gehen und das wird Dir neuen Spaß und somit mehr Freude machen. Und dies alles fördert Deine Suchtfreiheit!

→ Siehe dazu auch Kapitel „11.9. Ruheoasen- Ruheoasen, kurze Auszeiten und Dich „auf null" setzen".
oder Kapitel „2.2.4 Druck raus – Ruhe, Zeit & Gelassenheit rein".

„Wer das Ziel kennt, kann entscheiden. Wer entscheidet, findet Ruhe.
Wer Ruhe findet, ist sicher. Wer sicher ist, kann überlegen. Wer überlegt, kann verbessern."
Konfuzius

Suche Ruhe im Außen & Innen
Warum wirst Du im Wald ruhig?

Gedanken ruhig werden lassen bzw. lernen, dass Du sie nicht so ernst nehmen musst. Körperlich - sich aus der Komfortzone wagen.

„Wenn du im Recht bist, kannst du dir leisten, die Ruhe zu bewahren, und wenn du im Unrecht bist, kannst du Dir nicht leisten, sie zu verlieren.
Mahatma Gandhi

7.3.2 Gelassenheit

„Gott gebe mir die Gelassenheit, Dinge hinzuneh-men, die ich nicht ändern kann, den Mut, Dinge zu ändern, die ich ändern kann, und die Weisheit, das eine vom anderen zu unterscheiden." Reinhold Nie-buhr

Bedenke:

» Es gibt kein richtig oder falsch. Sehe „falsch" als Lernfeld an.

» Alles geschieht zum passenden Zeitpunkt, somit ist alles ok, so wie es ist. Allein, dass Du dieses Buch liest, verändert Deinen Weg!

» Du hast alles, in jedem Moment, so gut gemacht wie Du nur konntest.

» Und die anderen auch.

» Setze Dich nicht wieder unter Druck, gehe alles gelassen an. Du bist nicht von heute auf morgen süchtig geworden.

→ **Verlasse die alten Wege – höher, schneller, weiter – denn diese haben Dich krank gemacht.**

7.3.3 Absichtslosigkeit
Die Königsdisziplin der Leichtigkeit des Lebens

Wir sind es gewohnt, etwas zu tun, um etwas zu bekommen. Und wir denken, dass dies der einzig richtige Weg sei.
Wie lange hast du Dich an einem Erfolg in Deiner Firma, z. B. toller Vertragsabschluss, gefreut? Meist... keine Minute. Denn dann kam schon etwas Neues und dann wolltest Du noch mehr Anerkennung, und noch mehr Errungenschaften. Warum dem so ist? Es sind Ersatzbefriedigungen.

Äußerer Erfolg – Haus, Geld, Du erfreust Dich meist nicht daran und willst dann immer mehr, denn das ist in dieser kapitalistischen Gesellschaft so verankert. Oder bist Du glücklich und zufrieden, über alles, was Du hast?
Und so funktioniert auch Deine Sucht!

Auch hier gilt: **Handle und denke aus dem „Gegenteil" heraus!**
Beispiel: Wenn ich absichtslos ins Training gehe, dann liebe ich alles, was dann geschehen wird, sei es, dass ich schnell bin oder gefühlt untergehe. Alles, was sein wird, ist klasse. Und das setzt mich weder unter Druck, noch ist es gegen meine Natur.

→ **Setze Dir keine Ziele**, denn sie kommen aus dem Kopf, dem Verstand, nicht aus dem Herzen.

→ Denn **Ziele setzen bedeutet** meist: **„Ich mache etwas um.... zu..."**

→ **Entscheide Dich** – dann kommt die Intention aus Deinem Herzen und somit folgen Deine Ziele automatisch und sind tatsächlich aus dem Herzen.

8. Raus aus dem Widerstand: Höre auf zu kämpfen

8.1 Höre auf zu kämpfen

Denk mal darüber nach, wie oft Du kämpfst

» *Kampf gegen Krankheiten & Deine negativen Gefühle*
» *Kampf gegen Partner, Kinder, Expartner, Mitarbeiter, Chefs*
» *Kampf gegen Terroristen, Feinde, Religionen*
» *etc.*

....und wieviel Kraft Du dabei verschwendest, so dass Du nicht nur abends ausgelaugt bist!

Kämpfen macht Dich krank, hält Dich ab, gesund zu werden. Du weißt ja: Druck erzeugt Gegendruck.
Nimm genau den anderen Weg – den Weg der Liebe, Dankbarkeit, Vergebung, Ruhe, Zeit und Gelassenheit.

Beobachte Dich ab heute: Wo kämpfst Du noch und wo konntest Du Dein Leben schon in Liebe und Dankbarkeit wandeln?

Übung:

Vergleiche einmal die Reaktionen Deines Körpers:

» *Sage laut zu Dir die Wörter „Kampf", „Streit", „Zorn" oder denke an unangenehme Situationen.*
» *Was passiert mit Deinem Körper? Zieht er sich zusammen? Wirst Du nervös? Wo spürst Du was?*
» *Sage Dir nun die Wörter „Liebe", „Dankbarkeit", „Freude" und schaue, wie sich Dein Körper jetzt anfühlt. Wahrscheinlich veränderte sich bereits etwas beim Sprechen und im Klang Deiner Stimme.*

➔ **Kampf bedeutet immer Anstrengung. Liebe dagegen ist leicht, frei und unbegrenzt.**

8.2 Verstand und Wille reichen nicht aus, um aus der Abhängigkeit zu kommen

Es ist Deine Entscheidung. Eine Entscheidung, Deine Schatten, Deinen unge-lebten & unterdrückten Dingen auf den Grund zu gehen, warum Du aus dem Tritt gekommen bist, was zu Deiner Sucht geführt hat.

Natürlich hilft hier die klassische Analyse und Gesprächstherapie, aber um an die Wurzeln ranzukommen, dauert diese Form der Traumawiederholung oft Jahrzehnte, ohne oft zwischenzeitlichen Erfolg. Und je öfter ich etwas wieder-hole, desto mehr manifestiere ich es im Unterbewusstsein. Und Unterbe-wusstsein kennt keine Zeit.

Gerade willensstarke Menschen neigen zur Sucht und tun sich damit schwerer, sich wieder davon zu befreien, denn sie gibt es im Prinzip doppelt. Und beide sind gleich stark. Du kannst es Dir wie das Engelchen und das Teufelchen auf Deiner Schulter vorstellen, die beide mit Dir reden. Und beide sind gleich stark, nur: das Teufelchen hat das Suchtmittel als Waffe.

Viele sagen ja, dass Du einfach nur willensstark sein musst, um „abstinent" zu werden. Und die meisten verzweifeln daran. Sind denn alle Menschen dann willensschwach?
Leider nein. Denn der Wille ist ja das Problem. Solange man etwas will, ist man nicht direkt in der Umsetzung, man will es nur, das liegt in der Zukunft. Und mit dem Willen, dem Verstand allein geht dies nicht, sondern es ist (fast) noch schwerer.

Der Hebel ist Deine Herzensentscheidung: Deine Sucht-freiheit. Deine Gesundheit.
Und diese Entscheidung kommt aus dem Herzen und geht über den Verstand und inkludiert alles in Dir, so dass dem nichts im Wege steht.

Falls Du Dir schwer tust, dann schaue einmal, wann Du welche Entscheidun-gen getroffen hast und wann es Dir besonders leicht gefallen ist, diese einzu-halten? Menschen, die sich entscheiden, vegetarisch zu leben, tun dies aus

Überzeugung und somit sind die „Entzugserscheinungen" meist gut auszuhalten.

→ *Bedenke, Dein Verstand ist der Feind Deines Vertrauens.*

→ *Lerne wieder auf Deine Intuition zu hören, auf Deinen Bauch und letztendlich auf Dich.*

8.3 Konkurrenz versus Kooperation

Von klein auf sind wir schon auf Leistung und Wettkämpfe gepolt worden. Ich gebe ehrlich zu: Ich mache heute noch gerne Wettkämpfe aller Art, einfach weil sie mir Spaß machen, sonst mache ich sie nicht. Und ich frage mich heute, wie ich dazu stehen würde, wenn ich ohne dieses Leistungs- und Wettkampfdenken aufgewachsen wäre?

Jedoch kommt gerade bei uns Frauen das Gefühl des Nicht-Genügens aus diesem Denken. Und auch das Patriarchat hat uns eingeimpft, dass wir andere schlecht machen müssen, um besser da zu stehen. Das fand ich schon immer krank und litt darunter sehr.

Wir brauchen ein Mit- und Füreinander, Kooperation, gegenseitiges Unterstützen, Wertschätzung, Anerkennung – besonders von anderen Fähigkeiten. Welche Geistesblitze entstehen, wenn wir eine Kommunikation und Verhalten in Achtsamkeit, auf gleicher Augenhöhe und ohne Konkurrenz haben? Eine tolle Kooperation oder sogar Symbiose.

Das Gefühl füreinander wieder finden, um nicht allein sondern All-ein zu sein.

Die Zeit des alles alleine Schaffens ist nun vorbei. Endlich ist das Feld geöffnet für neue Wege der Gemeinschaft.

Entfalte Dich – trotz Familiendasein: denn nur dann bist Du ein leuchtendes Vorbild für Deine Kinder, wie sie ihren eigenen Weg finden und gehen können. Vernetze Dich mehr, so kannst Du unliebsame Themen abgeben und das tun, was Du gerne machst und kannst.

→ *Je authentischer Du wirst, desto leichter wird alles gehen.*
   Dich gibt es nur einmal. Demnach hast Du keine Konkurrenz. Und somit gibt es Deinen Weg auch nur einmal.

→ *Nur Mut und fange an...*

9. Entscheide Dich

Frage Dich:

» Möchtest Du weiterhin jeden Tag kämpfen müssen, damit du keinen Tropfen Alkohol mehr trinkst?

» Möchtest Du weiterhin leiden? Fast jede Sekunde Deines Lebens?

» Möchtest Du weiterhin jeden Tag getriggert werden oder Angst haben, dass irgendwo Alkohol enthalten ist und Du wieder rückfällig wirst? Oder sogar nie die Sucht verlassen kannst?

» Möchtest Du weiterhin jeden Tag Abwertung, Schuld oder Scham spüren müssen, weil Du zur Flasche gegriffen hast?

» Möchtest Du weiterhin auf dieser endlosen Suche sein und nie finden – und nicht wissen, was Du suchst?

» Einmal Alkoholiker – immer Alkoholiker

» „Ich bin nur ein Glas davon entfernt – ein Leben lang."

» Du bist todkrank – unheilbar – für immer.

Oder lieber:

» *„Ich bin frei von Sucht."*

» *„Ich entscheide, ob ich jemals wieder Alkohol konsumiere."*

» *„Ich entscheide, ob mich Alkohol jemals wieder triggert."*

» *„Ich bin frei von Schuld- und Schamgefühlen."*

» *„Ich lebe ein erfülltes selbstbestimmtes Leben."*

Du kannst Dich entscheiden:
Bleibst Du in den krankmachenden und -haltenden Gedanken oder entscheidest Du Dich für ein suchtfreies, selbstbestimmtes Leben.

Deine Entscheidung ist der **Dreh- und Angelpunkt.**
Lege den Hebel um, aus dem Herzen.
Keine Entscheidung aus dem Verstand. Aber wirke mit Deinem Denken nachhaltig auf Dein Verhalten ein.

Ich bin sogar so weit gegangen, dass ich mich entschieden habe, dass mir selbst beim Anblick von Alkohol schlecht werden soll.

Es steht und fällt mit diesem wichtigen Schritt: Du musst Dich entscheiden. Frage Dich: Wann hast Du schon einmal in Deinem Leben eine extrem wichtige Entscheidung getroffen? Und wann ist es Dir wie leicht oder schwer gefallen? Je überzeugter Du warst, desto leichter Deine Entscheidung und Umsetzung bzw. Einhaltung. So auch mit Deiner Suchtfreiheit.

Wenn Du diesen einfachen und ganz simplen Trick erkennst, wirst Du nie wieder nach falschen Sachen süchtig werden. Dann, verspreche ich Dir, wirst Du „süchtig" nach Leben, Liebe, Freude, Freiheit, Dankbarkeit und nach Dir werden. Falls Du dann wieder einmal krank werden solltest, wirst Du nicht wie früher dastehen und es negativ sehen, sondern Du wirst Dir sagen: Yeah, jetzt schauen wir einmal, was sich da zeigen möchte. Und Du wirst Dich weiterhin lieben und diese Krankheit akzeptieren.

Der ultimative Trick heißt: Du entscheidest Dich für Liebe.
Raus aus der Angst – rein in die Liebe.
Du hast Deine Sucht erschaffen, also kannst Du sie wieder ent-schaffen.

9.1 Du entscheidest Dich für Liebe & Suchtfreiheit

Du entscheidest Dich ab heute, jeden Tag mehr danach zu handeln, dass Du Dich liebst.

Je mehr Du Dich liebst und Du auch Deine Schattenanteile, d. h. Deine negativen Gefühle, Traumen, Krankheiten etc., liebst und diese transformierst, desto weniger Macht hat Deine Sucht nach Alkohol. Sie verschwindet automatisch, denn Du musst nichts mehr füllen oder vor etwas davonrennen.

Neues Muster: Liebe

Schau Dir den Dalai Lama an, er strahlt diese Liebe, Ruhe, Allheit oder dieses Eins-Sein aus. Ich glaube, wenn er Dir sagen würde, dass Du ein Idiot seist, würdest Du ihn anlächeln und Danke sagen. Warum? Weil es aus der Liebe kommt und keine negative Bewertung hat. **Es ist wie es ist**. So einfach ist das.

Deine Entscheidungen lauten ab heute:

» *Ich entscheide mich für die Liebe.*
» *Ich entscheide mich, jeden Tag mehr mein Leben mit Dankbarkeit zu füllen.*
» *Ich entscheide mich, raus aus der Angst und rein in die Liebe zu gehen.*
   (Angst ist die Basis aller negativen Gefühle)
» *Ich entscheide, dass mich die Macht meiner Liebe heilen wird – in allen Bereichen meines Lebens.*
» *Ich entscheide, dass die Macht meiner Liebe mich unaufhaltbar macht.*

Mantra:

» *Ich entscheide, ich bin gut so wie ich bin.*
» *Ich entscheide, ich muss nicht perfekt sein – sondern authentisch.*
» *Ich entscheide, ich bin authentisch.*

Anmerkung: Hier habe ich bewusst das Wort „nicht" genommen, denn dies ist ein wichtiger Erkenntnisschritt in Deinem Prozess. Und eine sehr heftige Übung, dieses „nicht" auszuhalten.

Tue es. Für Dich. Wenn es Dir gut geht, dann geht es auch den anderen gut. Aber erst bist Du dran!

Übung 1:

Lächle mind. 2min. am Stück. Ziehe dabei wirklich jeden, aber auch jeden Muskel so stark nach oben, wie Du nur kannst. Und das ganze wirklich 2min. halten. Sieht echt komisch aus und ist anfangs anstrengend, aber die positiven Wirkungen sind schon lange bewiesen und sofort spürbar, was für mich das Wichtigste ist.

Übung 2:

Hänge überall in Deinem Haus lächelnde Smileys oder Dinge auf, bei denen Du lächeln musst.

9.2 Verantwortung abgeben, wieder neu übernehmen

Wenn ich die Welt beobachte, darin bin ich eine Meisterin, musste ich feststellen, dass Verantwortung für viele Menschen Unterschiedliches bedeutet. Und ich weiß, dass wir alle wissen, was Verantwortung ist und bedeutet. Daher brauche ich kein Kapitel darüber zu schreiben. Denn ich gehe davon aus, dass Du viel zu viel Verantwortung für andere übernommen hattest und zu sehr im Mitleiden als im Mitgefühl warst.

Warum habe ich es dennoch geschrieben? Weil es ein immens wichtiges Thema für Deine Suchtfreiheit und Deinen persönlichen Weg ist.

Nur kann ich Dich sensibilisieren, Dich zu überprüfen, was es für Dich bedeutete, jetzt bedeutet und wie Du in Zukunft damit umgehen willst.

Was bedeutet Verantwortung für Dich?
Für mich früher:
Schwere, Last, Ärger mit u. a. Behörden, Expartner, Jobs in Großkonzernen, Mobbing, Langeweile, Anpassung; so langweilig sein, wie die Erwachsenen (siehe Pippi Langstrumpf Fräulein Prusseliese), nicht lachen, ernst sein, überall Gefahren sehen, die es nicht gibt, u. v. m.

Heute: mich meiner Ganzheit zu stellen, das bedeutet mich mit allen positiven wie negativen Anteilen annehmen und zu lieben; mich meinen Schattenthemen zu stellen und nicht davon zu laufen; Grenzen setzen; für Klarheit sorgen; Selbstfürsorge und alles, was ich hier schreibe anzuwenden, um die beste Version meiner Selbst zu werden.

Kennst Du „Ronja Räubertochter" von Astrid Lindgren?
Sie soll sich vor Dingen in Acht nehmen und sie macht es, indem sie sich diesen Dingen aktiv stellt, mit Mut zur Eigen-Verantwortung. Sie interpretiert dies somit anders als es „eben" Erwachsene tun.

Spüre und schaue mal bei Dir genau hin:

→ **Wo übernimmst Du Verantwortung?**
Ich: Ich habe immens viel Verantwortung übernommen, da ich alles komplett alleine gestemmt habe. Für meine Kinder, für meine Selbstständigkeit, für Freunde, für Klienten, für viele andere Menschen, die meinen Rat wollten.

→ **Wo übernimmst Du zu viel Verantwortung oder sogar falsche Verantwortung?**
Ich: Dass ich mich immer für alle Menschen verantwortlich fühle, ihre Fragen ernst nehme, deren Antworten, die sie dann nicht hören wollen, weil sie in die Verantwortung gehen müssten.

→ **Wo fühlst Du Dich Dingen gegenüber ohnmächtig, bei denen Du aber Verantwortung übernehmen solltest?** Und greifst lieber zum Suchtmittel?

→ **Wo sitzen bei Dir Deine negativen Gefühle,** für die Du nicht verantwortlich sein magst,
z. B. die Gefühle Schuld und Scham, die bei Sucht immens präsent sind?

→ **Wo und wann überfordert Dich Verantwortung?**

Aber was ist denn dann Verantwortung?

Eigen- oder Selbstverantwortung bedeutet:

» *für Klarheit sorgen*
» *Grenzen setzen*
» *Einhaltung der Grenzen einfordern und „durchziehen"*

Verantwortung ab jetzt wirklich übernehmen

Verantwortung zu übernehmen bedeutet für mich, alles, aber wirklich alles in Deinem Leben zu hinterfragen, anzuschauen, zu überlegen, ist es meins oder nicht. Tut es mir gut oder nicht.
Dann das Prinzip anwenden: **„Love it – leave it or change it!"** Diese 3 Möglichkeiten hast Du.

Weiterhin bedeutet es für mich: Die komplette Verantwortung für Dich zu übernehmen. Inklusive Deine Schatten anzuschauen und um Deine blinden Flecken zu wissen. Und diese als weiteren Teil von Dir zu akzeptieren, den

Du genauso liebst. Bleib bei diesen Themen offen, neugierig und gespannt, was sich alles zeigen wird.

Natürlich kannst Du Dich weiterhin vor Deiner Verantwortung verstecken wie gerade hinter den Masken zu Corona. Der Berg wird dadurch kurzzeitig gefühlt weniger, jedoch lagert er sich in Deiner Mauer an, die Du damit, wie einen Schutzpanzer um Dich herum baust (wo dann aber nichts mehr durchkommt) und die immens hart wird und Du kommst nicht mehr in Dein Herz.

Verantwortung übernehmen heißt für Dich:

➜ Schaue genau hin.

➜ Hinterfrage alles: Alles, was Du je gedacht hast. Woher kommt es, ist es Deins, ist es antrainiert, kommt es aus der Gesellschaft, aus den Medien etc.?

➜ Akzeptiere und liebe Deine Schattenanteile, also Deine negativen Anteile und Gefühle, denn auch die gehören zu Dir.

➜ Lerne die negativen Gefühle zu wandeln.

➜ Höre auf zu intellektualisieren, d. h. alles im Kopf zu verdrehen, bis es passt.

➜ Raus aus deiner Komfortzone!

➜ Gehe in Deine Klarheit.

➜ Setze Grenzen.

➜ Miste aus. Alles, was nicht Deins ist, raus damit.

Sei Deine beste Freundin!

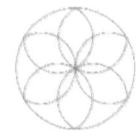

10. Handeln – Wege aus der Sucht

Ich möchte Dir viele weitere Tipps und Vorschläge unterbreiten, die Dir auf Deinem Weg zur Suchtfreiheit helfen können. Ich lebe sie alle – natürlich die einen mehr, die anderen weniger. Und ich weiß, dass Du sie alle kennen wirst: Dennoch: fange an! Egal mit was!

Raus aus dem Denken – rein ins Tun!

Hinweis:
Aus der Verhaltenstherapie weiß man auch, dass man etwas über 30x gemacht haben muss, bis es sich als neue Gewohnheit abgespeichert hat bzw. bis man das Verhalten geändert hat. Also bleibe am Ball, auch wenn Du Pausen eingelegt hast!

10.1 Kurztipps bzw. Wiederholung

➔ **Habe den Mut, zu Deinem individuellen Weg zu stehen.**
Auch wenn Du dazu Menschen oder Orte verlassen musst, da sie Dir nicht gut getan haben oder gut tun. Stelle Dir die Frage: Tut er/sie mir so, wie sie ist, gut: ja oder nein? Nur bei einem klaren Ja bleiben.
Und prüfe auch Deinen Wohnort, ob Du dort suchtfrei erst einmal oder überhaupt leben kannst. Mir hatte es geholfen, erst einmal meinen Wohnort zu verlassen, bis ich stabil stand. Denn ich bin hier – in meinem Haus - krank geworden und das durfte ich mit Abstand anschauen und abarbeiten.
Frage dazu Deinen Suchtberater, die kennen viele Möglichkeiten. Oder gehe ins Internet und suche neue Wohngemeinschaften etc. Vermiete Deine Wohnung unter.
Dies nur mal als Gedankenanreiz.

➔ Setze Dich nicht unter Druck: **ein Schritt nach dem anderen.**
Nimm den Druck – somit auch den Zeitdruck, den Leistungsdruck, den Geschafft-Druck etc., raus – sonst bist Du sofort wieder im alten Muster. Gehe jedes Thema einzeln an und frage Dich: Will ich das noch so oder nicht?

Bedenke, Du bist nicht von heute auf morgen süchtig geworden!
Kleines Rechenbeispiel: in der Homöopathie sagt man: Pro Jahr ein Monat.

Und: Druck erzeugt immer Gegendruck: Daher raus aus den alten Mechanismen unserer Leistungsgesellschaft von Druck, Stress, Kampf, Gewinnen etc. und rein in die gegenteiligen Mechanismen.

→ **Deine Energie folgt Deiner Aufmerksamkeit**
Wenn Du Dich mit negativen Dingen & Gedanken den ganzen Tag beschäftigst, ziehst Du diese Dinge auch wieder an. Setze Deinen Fokus somit auf positive Dinge.
Von Liebe wirst Du nicht krank, aber von Deinen ungelebten & unterdrückten Gefühlen.

→ **Loben – Anerkennen – Wertschätzen**
Auch wenn dies in unserer Gesellschaft als egoistisch oder sogar egomanisch verteufelt wird, dies ist eine immens wichtige Form der Selbstliebe. Tue das ab sofort immer! Lobe, anerkenne Dich, zeige Dir Wertschätzung in Form von Massagen, Geschenken, Auszeiten etc. Du weißt am besten, was Du am meisten magst. Und mache dies am besten jede Sekunde, die Du kannst.

Beispiel Lobensglas:
Ich habe mir ein tolles Glas gebastelt, in dem ich immer etwas Geld einwerfe, wenn ich etwas Tolles gemacht oder erlebt habe. Dazu gehört auch ein Lächeln, welches mir jemand völlig unerwartet schenkte. Ich sehe somit, wie es wächst und dann kann ich mir davon etwas Schönes gönnen.

→ **Lerne Deine Gedanken positiv zu programmieren**
Du erinnerst Dich, an Deine ca. 60.000 – 80.000 Gedanken pro Tag? Und die vielen negativen davon, die Du durch viele Faktoren übernommen hast und die Dich krank werden ließen?

Deine Aufgabe ist es jetzt:
Du darfst Dich ab heute komplett hinterfragen. Nimm jeden einzelnen Gedanken oder Gedankengang, prüfe ihn, ob er Dir gut tut oder nicht. Also will ich so denken – ja oder nein.

Ja, das ist anfangs viel Arbeit, aber es hat jetzt auch mindestens 40 Jahre gedauert, bis Du diesen ganzen „Datenmüll" glauben gelernt hast.

Übung:

» *Sobald Du negative Gedanken entdeckst, schreibe diese auf.*

» *Formuliere daneben neue positive Gedanken und lerne diese auswendig.*

» *Und so fährst Du fort.*

» *Jeden Tag einen. Dann noch einen.*

➜ **Programmiere Deine Gedanken langsam um – ins Positive.**

10.2 Selbstverantwortung

Auch wenn es Dir oft schwer fällt, daran zu glauben:

- » *Du hast die Wahl!*
- » *Du hast Deine Selbstverantwortung immer noch.*
- » *Du kannst immer entscheiden und/oder Dich neu ent-scheiden.*

Gerade in den Phasen, wo es Dir besonders schlecht ging, wird es Dir vermutlich sehr schwer gefallen sein, für Dich zu entscheiden und zu wissen, was Du brauchst.

Aber sobald Du wieder stabiler stehst, nutze sofort jede neue Chance, um Deine Eigenverantwortung für Dich zu nutzen.

Lass Dir nie einreden, nur weil Du süchtig bist, dass Du nicht weißt, was Dir gut tut.

Kleine Anmerkung: Bedenke und prüfe für Dich, ob Du wirklich gesund und suchtfrei werden willst oder ob es nicht einen Vorteil Deiner Sucht gibt. Solange Du noch einen Vorteil davon hast, wirst Du nie aus Deiner Sucht kommen.

Auch kann es Menschen geben, die nicht wollen, dass Du gesund wirst. Bitte auch dies sorgfältig prüfen.

Tue es. Für Dich. Und für die anderen.

*„Ich bin ein Spiegel für die anderen,
auf meinem Weg des gesund Werdens.*

Übernimm in allen Bereichen Deines Lebens wieder die Verantwortung – Stück für Stück.

Jedes Nein ist ein klares Ja zu Dir! Und ein weiterer Schritt in Deine Selbstverantwortung. Und Du wirst sehen: Je mehr Verantwortung Du übernimmst, desto mehr Klarheit, Freude und Spaß kommt in Dein Leben. Und dies wird dann Deine neue Sucht! ☺

10.3 Selbstliebe

Der einfachste Weg, dies zu lernen, ist:

→ Tue es einfach.

→ Jeden Tag.

→ Jede Sekunde.

→ Sobald Du daran denkst, sobald ein negativer Gedanke über Dich selbst kommt, wandle diesen in mind. 3 positive Gedanken.

→ Mantren, Affirmationen, Meditationen… all dies hilft.

→ Lobe, wertschätze Dich selbst.

→ Versuche jeden Tag etwas mehr von dem anzuwenden, was ich Dir hier an Vorschlägen gemacht habe.

→ Tue immer Dinge mit Spaß & Freude und immer mehr nur noch Dinge, an denen Du Spaß & Freude hast.

Weiterer Weg:

→ Räume in Deinem Unterbewusstsein auf, denn hier liegen die Traumen und negativen Erfahrungen begraben, die Dich blockieren.

→ Lerne diese Methoden selbst oder gehe zu jemanden, der mit Dir daran arbeitet.
(Ich biete einen vertiefenden Onlinekurs und THEKI©-Seminare an.)

→ Ich habe THEKI© kennengelernt, eine sehr effektive, dennoch simple Geistheilmethode, die Sandra Weber entwickelte. Was mir besonders an Sandra gefällt ist diese Leichtigkeit, die Einfachheit, die sie auch in diese Methode fließen ließ. Und sie erwähnt immer so schön, dass das Leben einfach ist. Und das unterschreibe ich zu 100%.)

→ Auch Du kannst es wieder lernen, dass Dein Leben einfach ist. Denke daran, früher konntest Du es.

Hier ist ein wunderbares und extrem effektives **Mantra** zur Steigerung der Selbstliebe und des Selbstwertgefühls für Dich.
Es öffnet das Tor zur Erfüllung.

➜ Es reicht, wenn Du es morgens & abends nur 3 x rezitierst.

➜ Je häufiger Du es sprichst, desto mehr geht es in Dein Unterbewusstsein.
  Wisse: Das Universum „liebt" die Zahl 7 bzw. die Zahl 7 wird sogar die „heilige Zahl" genannt – daher würde ich es mind. 7 x wiederholen.

Mantra

„Ich liebe und akzeptiere mich!
Ich akzeptiere meinen wahren eigenen Wert!
Ich bin wunderbar!
Ich bin heilig!
Danke."

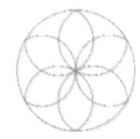

10.4 Dankbarkeit – die größte Form der Selbstliebe

Dankbarkeit ist die größte Form der Selbstliebe. Wie Du weißt, folgt unsere Energie unserer Aufmerksamkeit, so auch unsere Gedanken.

Besonders in den Morgenstunden sind wir frisch erholt vom Schlaf und können somit unsere Gedanken leichter auf „Positives" programmieren.

Und Abends, vor dem Einschlafen, damit wir leichter in die Ruhe und Klarheit kommen und um den oft stressigen Tag besser ausklingen zu lassen, lenken wir unseren Fokus wieder auf dieses starke und mächtige Gefühl – die Dankbarkeit.

Sei um noch so kleine, Dir oft als unbedeutend erscheinende, Dinge dankbar. Du wirst sehen, das macht Spaß, verbessert sofort die Laune, der innere Kritiker wird nach jedem Mal machen immer stiller.

Und sei es Dir wert, dass Du diese in ein teures Buch schreibst – oder etwas, was Dir viel bedeutet. Somit gibst Du Deinen Gedanken, Deiner Aufmerksamkeit und Dir selbst mehr Wert.

Und für Deine Sucht betone ich folgendes nochmals: Und es ist wichtig, dass Du dies verstehst und akzeptierst:

> » **Sei dankbar für jeden Schluck Alkohol, den Du trinken musstest. Denn Du konntest nicht anders.**
>
> » **Sei dankbar und akzeptiere, dass es gut so war und räume mit Schuld und Scham auf.**
>
> » **Sei dankbar, dass Du ab jetzt einen anderen Weg gewählt hast. Das war sehr mutig von Dir.**

Übungen dazu u. a. Kapitel 11.3

10.5 Für Klarheit sorgen

Es sollte das einfachste für Dich sein, Deine eigene Klarheit. Und meist scheitert es genau daran.

Wie kannst Du für Klarheit sorgen?

→ **Atmen** sorgt für Klarheit, nicht sofort blind reagieren, sondern erstmal atmen. Dies bitte tief in Deinen Bauch.

→ **Frage Dich: Was will ich? Bin ich glücklich?** Was würde mich glücklich machen? Was ist mein Weg, wenn er komplett anders als der bisherige ist? Wo kann ich meinen Fokus setzen, um meinem Leben wieder Sinn zu geben? Ist mir klar, was falsch gelaufen ist? Wie kann ich es ändern?

→ **Stelle Dir ein Bild vor: Dein Balance-Akt auf einer Mauer.**
Die eine Seite: Meer, kaltes Wasser – springe ich freiwillig hinein und entdecke neue Ufer.
Oder die andere Seite: Promenade – alte Muster, Konsum, Zombie-Walk.
Dieser Überblick ist Deine Freiheit. Mutig auf die Mauer zu klettern, wie damals.
Gehe in die Vogelperspektive, betrachte das Ganze von oben. Was siehst Du dann? Wie schlimm ist es dann?

→ **Frage Dich: Was würdest Du Deiner Freundin raten?**

10.6 Grenzen setzen, einfordern und einhalten

Wir Frauen tun uns meistens schwerer, Grenzen zu setzen, weil wir die anderen zu sehr spüren oder diese zwischen uns nicht wirklich wahrnehmen. Und: weil wir es NIE durften.

Deine Grenzen sind Dein Hoheitsgebiet, Dein Raum, den Du einnimmst – körperlich, geistig und seelisch. Nur Du allein bestimmst, was innerhalb dieses Bereiches an erlaubten und nicht erlaubten Verhalten stattfinden darf.

Natürlich hat jeder andere Grenzen, daher ist es so wichtig, hier für Klarheit zu sorgen, und in Liebe Deine aufzuzeigen.

Bedenke folgenden Satz: Ein Täter will kein Täter sein, oft musst Du den ihn vor sich selbst schützen. Dir wird es mit großer Wahrscheinlichkeit sehr schwer fallen, deutlich Grenzen zu setzen, denn meist fühlst Du sie gar nicht richtig, sondern erst im Nachhinein.

Übung/Aufgabe:

» *Verwende beim Grenzen setzen gefühlt „10x stärkere" Worte.*

» *Übernimm keine Verantwortung, wie sich Dein Gegenüber damit fühlt. Bleibe im Mitgefühl, nicht im Mitleiden.*
Bedenke: Das ist Thema des anderen, der Deine Grenzen nicht eingehalten hat.

» *Ich weiß nicht, wie sich „normale Menschen" fühlen, aber ich stelle es mir so vor: Ihr Schutzpanzer ist von sich aus anders als unserer, härter, noch mehr neue falsche Schutzpanzer haben sich darum gelegt. Wenn etwas gesagt wird, geht es nicht direkt in ihr Herz. Bei uns geht dieses Wort komplett durch, auch durch den Liebes-Schutzpanzer, den wir neu aktivieren lernen dürfen*

Nach Deiner Sucht ist es eklatant wichtig, alle Grenzen neu zu setzen.

Vorgehen:
Deine eigenen Grenzen definieren

➔ **Finde Deine Bedürfnisse.**

Definition Bedürfnis: Ein Bedürfnis ist etwas, das wir brauchen. Beispiel: Wir stellen fest, dass wir müde sind, dann ist dies kein Bedürfnis, sondern Schlaf ist es. Weitere Informationen dazu unter https://aufgewacht.de/ein-schritt-vom-mangel-in-die-fuelle/

➔ Frage Dich, ab wann es eine **Grenzüberschreitung** für Dich darstellt, wenn dieses Bedürfnis missachtet wird? Beispiele: Ruhe oder in Ruhe zu Hause arbeiten, Fairness, respektvolles Verhalten (besonders in Familien und vom Partner)

➔ **Welches Verhalten anderer Menschen verletzt Deine Grenzen?** Was ist für Dich nicht in Ordnung? Ab wann überschreitet jemand Deine Grenzen?

➔ **Was tolerierst Du (eigentlich) nicht?**

➔ **Wann fühlst Du Dich nach Kontakt mit Menschen schlecht?** Und frage nicht nach dem Warum.

Gestehe Dir selbst Grenzen zu

➔ Du darfst Dir **erlauben, diese Grenzen einzufordern.** Du hast das Recht zu bestimmen, welches Verhalten Du von anderen Menschen tolerierst und welches eben nicht.

➔ Das ist nicht nur Dein Recht, sondern **sogar Deine Pflicht**, denn Deine allererste Aufgabe als „neues Ich" ist es, für Dich und Dein Wohl zu sorgen.

Lerne Konfliktbereitschaft

→ Für das Setzen und das **Einhalten von Grenzen benötigst Du ein Maß an Konfliktbereitschaft**. Erlaube Dir, einen möglichen Konflikt zu haben und diesen auszuhalten. Und trage dabei nur Deine Verantwortung.

→ Lasse mit dem **Irrglauben los, dass nur Dein Verhalten zu einem Konflikt geführt hat.** Fakt ist: Der andere kann ebenfalls jeden Konflikt im Keim ersticken, falls Du Dich im Ton vergreifen solltest.

→ **Prüfe Deine Angst, dass Du sonst nicht mehr gemocht wirst.** Sie ist erlernt. Du wirst feststellen, dass Dich – paradoxerweise – die Menschen mehr mögen und respektieren werden, als wenn Du es ihnen immer recht machst. Krasses Beispiel: als Schuhabstreifer benutzt werden.

10.7 Segen des Alleinseins

Kannst Du alleine mit Dir sein, ohne Ablenkung, ohne Gefühl der Einsamkeit? War dies nicht oft Grund für Deinen Alkoholkonsum? Dieses Nichts?

Du hast Dich gelangweilt, weil Du nichts zu tun hattest, Du musstest nicht mehr funktionieren, diese innere Leere, nichts mehr zu tun im Außen.

Alleinsein bedeutet für viele einsam sein, wir hatten meist keine Eltern, die uns dies richtig vorgelebt haben, und so haben wir seit unserer Kindheit gelernt, wegzulaufen, uns abzulenken vor dem, was da hochkommt, wenn wir mit uns alleine sind.

Somit benutzen wir andere Menschen, Sport, Arbeit, um uns von uns abzulenken und dadurch ist unser Fokus auf das Außen gerichtet.

Wenn Du Dich mal betrachtest:
Wann lebst Du im außen?
  » Probleme im Job,
  » mit Deiner Partnerschaft,
  » mit Deinen Kindern,
  » Probleme der Welt,
  » beschäftigst Du Dich mit Dingen, die passieren könnten (aber zu **98%** nie eintreten)
  » etc.

Und wann lebst Du nach innen?
  » Wann fühlst Du?
  » Wann bist Du im Herz?
  » Wann im Bauchgefühl, in Deiner Intuition?

➔ **Wenn Du nicht lernst, Dich selbst zu genießen, wirst Du für andere Menschen schnell ungenießbar.**

10.8 Dein eingebauter Detektor

Die meisten Menschen fragen mich immer, wie sie denn in ihr Herz kommen würden und woher sie wissen würden, was richtig und falsch für sie sei. Und die Antwort ist ganz einfach: **Frage Deinen Körper, er ist Dein eingebauter Lügendetektor!** Cool, gell?

Da Körper, Verstand und Psyche alles eins sind, weißt Du, warum oft gesagt wird: „Du hast nichts, das ist nur psychisch." Besonders bei dem Wort „nur" stellen sich mir die Nackenhaare auf, denn das ist schon ein Beweis dafür, dass Dein gegenüber Dich klein macht und nicht ernst nimmt. Und bei „psychisch" genauso, da es so zu einem Unwort missbraucht worden ist.
Ja, sobald der Körper schreit, somit krank ist, eine Verletzung hat, usw., ist Deine Seele inkl. Deiner Psyche verletzt. Dein Körper ist der Spiegel Deiner Seele. Nutze dieses Wissen.

Kennst Du schon die Kinesiologie oder den kinesiologischen Muskeltest?

Kinesiologie:
Die wortgetreue Übersetzung bedeutet Bewegungslehre. „Kinesis" stammt aus dem Griechischen und bedeutet Bewegung und „logos" ist die Lehre. Nach dem Verständnis der Kinesiologie ist es somit die Lehre von der Harmonisierung der Kräfte und Energien im Körper.

Die „bekanntesten" kinesiologischen Muskeltests:

Übung 1:

» *Halte Daumen und Mittelfinger zusammen.*
» *Sage Deinen Namen und versuche danach, Deine Finger öffnen zu lassen, entweder mit der anderen Hand oder durch eine zweite Person.*
» *Die Finger bleiben zusammen.*
» *Sage danach einen falschen Namen.*
» *Versuche jetzt nochmals die Finger öffnen zu lassen.*
» *Und schwupps. Sie werden aufgehen.*

Übung 2:

» *Strecke einen Arm waagrecht aus – seitlich.*
» *Sage Deinen Namen und lasse dabei durch eine zweite Person Deinen Arm nach unten drücken.*
» *Er wird stabil bleiben.*
» *Sage einen anderen Namen und der andere wird es leicht haben, den Arm nach unten zu drücken.*

 **Um es einfach zu sagen: „Die Vorform" ist Dein Bauchgefühl. Deine Intuition.**

Nutze dieses mächtige Tool, denn es ist Dir gottgegeben. Alle Antworten sind in Dir gespeichert.

Anmerkung:

In der spirituellen Bewegung erlebe ich oft, dass viele „nur" nach oben wollen, in die Einheit, in das All-Eins, in die Ruhe etc. Meine Frage ist aber, wozu sind wir dann hier unten und haben diesen Körper? Ist es denn nicht sinnvoll, alle Elemente unseres Seins miteinander zu verbinden? Je nachdem, an was Du alles glaubst.
Daher: Erde Dich gut. Gehe nach unten, fühle die Erde, buddle in der Erde.
Zu meiner kleinen Tochter sagte ich: „Wenn Du Dich wieder komisch fühlst, setze Dich auf den Boden und habe beides – Fuß- und Handsohlen – auf dem Boden. Und lasse alles abfließen." Sie war immer sehr begeistert von dieser Übung.

10.9 Suchtdruck, neuer Umgang

Suchtdruck ist wie Liebeskummer. In der Anfangsphase überhaupt nicht auszuhalten. Es besetzt den ganzen Körper und die Gedanken, Du gehst die Wände hoch. Du weißt nicht wie aushalten. Je mehr Du es schaffst, es auszuhalten, wirst Du spüren, dass der Suchtdruck Dich nicht mehr Deines ganzen Körpers beraubt. Es wird immer weniger. Es werden nur noch einzelne Teile. Lerne zu erkennen, dass der Suchtdruck nur ein Teil Deines Körpers ist – Du hast aber ganz viele andere Anteile in Dir, die Dir helfen können, dem Dämon zu widerstehen, denn es ist Deine Entscheidung.

Lade Deine Batterie wieder auf

Ich habe es lange geschafft, meine Anbindung an meine Kraftenergiequelle zu haben und halten zu können, indem ich mich immer ausgiebig bewegt und Sport gemacht habe, ausreichend Energie für meine sehr unterschiedlichen selbstständigen Jobangebote hatte, mich um meine beiden Mädels kümmern konnte und mit ihnen viel unternommen habe und ihnen auch sehr unterschiedliche Freizeitangebote bieten konnte.

Das Wichtigste überhaupt – trotz aller zahlreicher Verletzungen wie Mobbing, Ausgrenzung, permanentes Schlechtmachen – habe ich den Motor dahinter, die Liebe zu allem, nie verloren.

Um dem Suchtdruck Paroli zu bieten, ist die beste und einfachste Medizin: Lade Deine Liebes-Batterie wieder auf!!!! Ideen hat es hier genügend.

Jeder Schritt zählt
Denke nicht an das Ende – sondern gehe bewusst jeden kleinen einzelnen Schritt.

Denke nicht daran, nie wieder Alkohol trinken zu dürfen. Sondern denke in Tagen oder sogar in Minuten, wie die Anonymen Alkoholiker, die allein in 24 Stunden denken.

So nimmst Du den Druck raus und wirst Dir der Wichtigkeit jeder noch so vermeintlich kleinen Änderung bewusst.

Endgültigkeit (Tod)

Irrglaube aus dem Mangel unseres Denkens. Wir halten es fest und denken, wir können nicht ohne das Suchtmittel. Dies fördert aber den Suchtdruck.

Vertraue, dass Deine Entscheidung richtig ist und dass Du das neue Leben lernst und immer etwas neues Tolles auf Dich wartet.

10.10 Systemischer Therapieansatz

Wir alle leben in unendlich vielen Systemen:
Schule, Familien, Vereine, Wohnorte (Stadt, Land, Bundesland und die dazugehörige Mentalität), Gesellschaft, Beziehungen, Firmen, Freunde, Freundeskreise, Nachbarn, Kindergarten, Sportfreunde, u. v. m.

Du wirst feststellen, dass Du mit anderen wie bei Zahnrädern, die mal ineinander haken oder weniger haken, verbunden bist, denn der andere ist ebenfalls in vielfältige diverse Systeme verbunden und Du wunderst Dich, dass es so viele Probleme unter den Menschen gibt?
Es geht mir jetzt nicht um das Auflösen oder Aufdröseln dieser Verstrickungen, sondern um eine Sensibilisierung für das Verständnis, woher diese Unterschiedlichkeiten der Menschen kommen können.

➜ **Sucht ist immer ein systemisches Problem**, das ganze Umfeld (System), in dem der Mensch lebt, ist krank.

➜ Nochmals: Nicht der Mensch ist **krank**, sondern das **System**. Er ist gewissermaßen der Mops.

➜ Auffällig ist, dass nicht das schwächste Glied in der Kette krank wird, sondern das stärkste: die Revoluzzerin, die Systemsprengerin. Sie übernimmt sogar die ganzen Themen von den Familienmitgliedern und der Ahnen und hält der Familie den Spiegel vor, um so daran zu erinnern. Sich opfern passt in diesem Kontext, da gerade wir Frauen dazu neigen, uns aufzuopfern und gar nicht wissen, für wen eigentlich alles!

➜ Aus den Familienaufstellungen sind die sog. Familiengeheimnisse bekannt, so auch bei der Sucht. Meist ist Sucht schon durch die Generationen hindurch weitergegeben worden. Bei uns allein schon durch die beiden Weltkriege.

➜ Bei hochsensiblen (inkl. aller anderen wie ADHS, Empathen) Menschen können die Eltern und Lehrer meist mit diesen wunderbaren Fähigkeiten der Kinder nicht umgehen, denn sie benötigen andere „Regeln", eine neue Form des Zusammenseins und des Lernens.

Übung zum Klarwerden:

» Mach Dir einmal Gedanken, in wie vielen Systemen Du eingebunden bist:

» Male einen Kreis in die Mitte eines Blattes und schreibe „ich" rein: Und schreibe wie bei einem Mindmap auf, mit wem und wie Du in welchen Systemen verbunden bist.

Weiterführende Übung:

» Schreibe zu den „Systemen" des Mindmaps die jeweiligen Regeln, Normen und gängigen Verhaltensweisen auf.

» Lass diese auf Dich wirken.

» Stelle Gemeinsamkeiten fest.

» Markiere diese, die Dir nicht gut tun, z. B. mit Rot

» Markiere die angenehmen mit Grün.

» Erstelle eine Liste mit Verhaltensweisen, Sätzen, die Du anwenden wirst, wenn „rote Regeln" auf Dich kommen.

» Erstelle einen zweite Liste, in denen Du die Grünanteile verstärkst, also was Du vermehrt machen wirst, damit diese immer mehr in Dein Leben kommen.

10.11 Vergebungsarbeit – Das wichtigste Mittel ever!

Vergebungsarbeit ist das größte Heilelixier! Und somit der Schüssel für Deinen Weg in die Suchtfreiheit.

Gemeinheiten, Grausamkeiten, die Dir andere angetan haben, sind nicht zu billigen oder rechtfertigen. Jedoch das Böse, was Dir der andere angetan hat, ist seine Verantwortung und bleibt dies. Es ist ein böser Akt.
ABER: Das, was Du weiterhin bei Dir behältst, in Deinem Herzen & Körper mit Dir rumträgst (sogar über Jahre oder Jahrzehnte hinweg), vergiftet Dich und macht Dich krank.

→ **Der Akt des Vergebens ist der Schlüssel, um negative Haltungen und Erinnerungen aufzulösen, die auf der bewussten oder unbewussten Ebene bei Dir gespeichert sind.**

Ich sage zu meinen Kindern immer:
Vergeben heißt: Gib etwas her, um etwas anderes zu bekommen. Gib sämtliche schädlichen Emotionen ab und tausche diese in Gefühle wie Frieden, Harmonie und Freiheit.

Es mag Dir anfangs komisch vorkommen und ich kenne alle Sätze, die damit verbunden sind, u. a. „Warum immer ich? Sollen doch die anderen auch mal." Ja, da gebe ich Dir recht. Allerdings verklebst Du Dein System damit, Du leidest, Du trägst diesen schrecklichen Akt des Bösen mit Dir herum. Und Du willst ihn bestimmt loswerden. Fange an – es geht um Dich!

Vergeben ist somit ein starkes Mittel für die emotionale Reinigung Deines Geistes & Verstandes.
Besonders wichtig:

→ Lerne Dir selbst zu vergeben.

→ Und gerade weil Du süchtig warst.

→ Ich wiederhole: Sei dankbar für jeden Schluck, den Du trinken musstest. Und vergib Dir dafür. Du warst eh krank, ob Du jetzt süchtig geworden bist oder Krebs bekommen hättest, was ist der Unterschied? „Krank ist krank" etwas frech formuliert.

➜ Vergib wirklich jedem und alles, so kannst Du den alten „Schmodder" loslassen, befreist Dich & Deine Seele und machst sogar wunderbare Arbeit für die anderen Menschen. Du glaubst gar nicht, wie einige positiv darauf reagieren werden, denn der Ballast zwischen Euch wurde durch Deine Vergebungsarbeit aufgelöst.

Vergebungssätze:

„Ich vergebe mir alles, was ich mir angetan habe. Aus reinem Herzen. Dadurch bin ich frei. Jetzt. Danke. Danke. Danke."

„Ich vergebe Person XY alles, was sie mir angetan hat. Person XY: bitte vergib auch Du mir, was ich Dir angetan habe. Alles ist zwischen uns geklärt. Ab jetzt und für immer. Danke. Danke. Danke."

10.12 Vertrauen

Vertraue Dir und Deiner Intuition

Was kannst Du tun, wenn Dich Deine Unruhe nach Schnaps quält?
Genau dies ist Dein Einstieg in Deine Veränderung: Schaue, was Du fühlst.
Meist stecken hinter Deiner inneren Leere das Thema der Er-füllung, Trauer, Wut oder andere negative Gefühle oder Erlebnisse.

Passt Du Dich an? Gehst Du den Weg des Unbewussten, der Angepassten?
Oder gehst Du Deinen Weg aufrecht und in der Treue zu Deinem Herzen?
Das ist oft kein einfacher Weg, oft gehst Du ihn allein. Und Du brauchst Mut.
ABER: willst Du weiter so leben?

Du hast durch alles Negative, was Dir widerfahren ist, immer mehr an Vertrauen oder Selbstvertrauen verloren. Gieße es einfach jetzt jeden Tag ein bisschen mehr, und nicht mehr mit Alkohol, sondern mit Deiner Liebe zu Dir.
Denn Du kannst nur Dir vertrauen, denn nur Du weißt, was Dir gut tut. Kein anderer!
Und denke daran: Dein Körper ist Dein Gradmesser!
Bei mir stellen sich z. B. die Härchen an den Armen auf, so weiß ich, ob es gut oder schlecht für mich ist.
Lerne Deinen Körper kennen – welche Zeichen sendet er Dir?

➔ **Mitgefühl & Geduld, Liebe & Verständnis werden ab heute Deine neuen Begleiter. Bedingungslos!**

Mit-Gefühl – wo ist Dein Gefühl Dir selbst gegenüber hin?
Übung: Halte Dich selbst in den Armen und wiege Dich, streichle Dich, tu Dir was Gutes – einfach selbst, warte nicht darauf, dass Dich jemand bemitleidet.

Geduld – ja, reichlich... Woher?
Sie ist da, denn schneller geht es nicht, Geduld ist das liebevolle Pendant zur Ungeduld. Alles ist, wie es ist und braucht seine Zeit. Alles geschieht zur richtigen Zeit und löst sich in seinem Tempo.

Liebe Dich von Herzen.

Warum solltest Du das nicht? Räume alle Zweifel nach und nach beiseite. Frag Dich – Warum? Und wenn du haderst, ändere das Warum.

Verständnis oder Erkenntnis – erkenne Dich.

Wer bist Du? Voll und ganz? Lerne Dich selbst zu verstehen. Dann stehe dazu oder ändere es.

Mein ultimativer Tipp (als ich kein Licht mehr sah, hat mir diese Vorstellung geholfen):

➔ Stelle Dir dein Vertrauen wie eine Pflanze vor, die Du genüsslich jeden Tag gießt – egal, wie groß sie im Moment ist.

➔ Jeden Tag ein bisschen mehr gießen. Und gießen.

➔ Und Du kennst Pflanzen, sie wachsen.

➔ So auch Dein Vertrauen in Dich.

10.13 Suchtfreiheit

Du verdienst sie – Deine Gesundheit und Deine Suchtfreiheit

Im Laufe der Zeit haben wir wahren Genuss verlernt, da wir ihn nicht in uns selbst genießen durften. Nur, wer sich selbst nicht genießen kann, wird für andere ungenießbar!!

Warum spreche ich die ganze Zeit von „Suchtfreiheit" und nicht von Abstinenz?

Abstinenz:
Bedeutet für mich, aus dem Verstand, vom Willen her gesteuert. Das bedeutet aber meist Kampf, Widerstand und Du kennst Deinen Suchtkobold gut genug, um zu wissen, dass er um seine Alkohol sehr hart kämpfen kann – mit extrem harten Bandagen.

Suchtfreiheit:
Ist eine Herzensentscheidung, die leicht fällt, die Du gerne wählst. Und die beinhaltet, dass Du eines Tages stärker bist als alle angelernten Muster.
Du kannst selbst entscheiden, ob Du je wieder Alkohol trinkst und ob es Dich dann triggert.
Du entscheidest, wie Du über das Thema Alkohol denkst – Genussmittel, gesund oder Gift für Deinen Körper.
Du hast Dich intensiv mit dem Thema auseinandergesetzt, so dass Du für Dich Expertin geworden bist.

Du kannst Dich entscheiden:
→ bleibst Du in den krankmachenden und -haltenden Gedanken (links)
→ oder entscheidest Du Dich für ein suchtfreies selbstbestimmtes Leben.

Denn bedenke wieder:
Sucht ist (nur) das Symptom.

→ Dein Jenga ist zusammengebrochen. Nun darfst Du es neu füllen. Und zwar mit Dingen, die Dir gut tun, die Dich er-füllen.
→ Sucht ist Dein Schatz, Dein Baby – Deine Antwort zu Dir selbst. Dein Tor zu Deinem Potential, Deiner Erfüllung

Ab heute:

» **Jetzt ist Schluss damit!!!**

» **Raus aus der Sucht – rein in die Liebe.**

» **Raus aus allen krankmachenden Gedanken und Gefühlen**

» **Liebe sie, wie Dich selbst.**

» **Sei dankbar für jeden Tropfen, den Du trinken musstest.**

» **Die Sucht wollte nur, dass Du aufwachst.**

» **Aufwachen – in Dein wahres Selbst, in Dein volles Potential.**

» **Dies alles bedeutet für mich Suchtfreiheit.**

11. Gestalte Dein Leben neu

11.1 Druck raus nehmen - Sätze wie „Du hast...", „Du musst..."

Kleine Übung:

» *Schließe Deine Augen.*

» *Sage Dir Sätze wie:*

» *„Ich muss jetzt gesund werden."*
   „Ich muss aufhören, Alkohol zu trinken."
   „Ich muss mich jetzt darum kümmern..."
   Oder Sätze von außen:
   „Du musst mir jetzt gehorchen, denn ich bin Deine Mama!"
   „Du musst jetzt aufräumen, sonst...."

» *Wie fühlen sich diese Sätze an? Wo spürst Du sie?*

Jetzt formuliere diese Sätze um und spüre sie:

» *„Ich war krank und heile jetzt."*

» *„Ich bin gesund. Ich vertraue mir."*

» *„Ich vertraue und weiß, dass ich in Zukunft suchtfrei lebe."*

» *„Ich vertraue, dass ich weiß, wann die Zeit dazu reif ist, dass ich mich in Liebe darum kümmere..."*

Oder Sätze von außen:

» *„Ich vertraue Dir und allem, was Du tust, denn ich bin Deine Mama!"*

» *„Ich freue mich auf ein schön aufgeräumtes Zimmer, brauchst Du Hilfe?"*

Die oben genannten Sätze erzeugen enormen Druck in Dir, den Du natürlich von klein auf in die Wiege gelegt bekommen hast, damit wurdest Du auch gekonnt in einen Angstzustand gesetzt, um das zu tun, was von Dir erwartet wurde. Die Drohung dahinter: Ich liebe Dich sonst nicht mehr oder ich grenze Dich aus. Wer kennt es noch, die Methode des Liebesentzuges? Obwohl ich es als Kind schon wusste, dass es die „Doofheit" (das muss ich so schreiben) desjenigen war, hat es mich und mein Unterbewusstsein/mein System aufs mächtigste erschüttert und geschwächt.

Wir kennen alle den Spruch – meist von Jugendlichen gesagt – „Müssen tue ich gar nichts, außer sterben. Auch nicht atmen, denn dann sterbe ich ja. (Ok, das ist ein Zusatz von mir)"

→ Und genau daran hältst Du Dich ab heute.

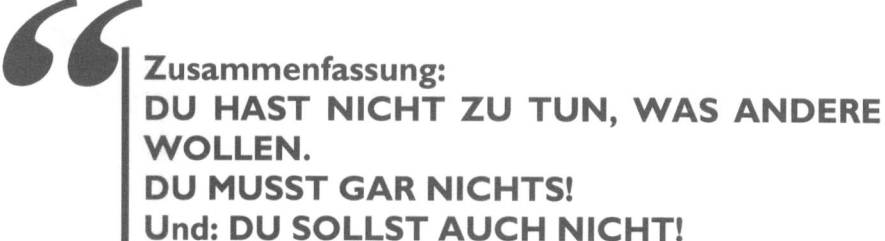

Zusammenfassung:
DU HAST NICHT ZU TUN, WAS ANDERE WOLLEN.
DU MUSST GAR NICHTS!
Und: DU SOLLST AUCH NICHT!

Meine Bitte oder mein Wunsch:
Werde für Dich und alle anderen tollen Menschen auf dieser Welt gesund, denn Du bist eine von ihnen!!!
Lass Dein Licht strahlen, denn Du bist wundervoll und wertvoll.

11.2 Dankbarkeitsübungen

Übung 1:

» *Baue jeden Tag mind. 3x Danke-Sagen ein.*

» *Aber nur, wenn Du es ernst meinst!*

» *Schreibe diese Dankeschöns in Dein Dankbarkeits-Buch.*

» *Falls es Dir anfangs an Gelegenheiten mangeln sollte, dann sei mit jedem kleinen Erfolg zufrieden. Du wirst sehen, es wird sich häufen.*

Übung Nr. 2:

» *Morgens mind. 7 Punkte aufschreiben:*

» *Für was bin ich oder werde ich heute dankbar sein.*

» *Abends ☼ mind. 7 Punkte aufschreiben:*

» *Für was war ich heute dankbar.*

» *Aber setze Dich nicht unter Druck, wenn es nur einmal 5 Punkte werden. Dann überlege, ob Du Dinge wie "ein Dach über dem Kopf", "genügend zu essen" etc. auch anführen möchtest.*

Warum die Zahl 7?
Natürlich immer gerne mehr, begrenze Dich nicht. Die Zahl "7" ist die heilige Zahl.

Ich mache diese Übung oft mit meinen Kindern, wenn sie wieder genervt sind – beim Essen, vor dem Schlafengehen… Das Ergebnis ist frappierend: Schwupps…. sind alle besser gelaunt.

➔ **Und nun bin ich gespannt, wann Du das erste Mal bemerken wirst, dass Du gerade aus heiterem Himmel vor Dankbarkeit & Liebe heulst.**

Übung 3:

» Nimm Dir jeden Morgen und Abend vor, diese extrem effektive und dennoch einfache Übung zu machen:

» Kaufe Dir ein edles, für Dich ansprechendes leeres Buch.

» Kaufe Dir dazu noch einen tollen edlen Stift.

» Schreibe (mit Datum) jeden Morgen und Abend mind. 3 Dinge auf, für die Du dankbar bist.

» Falls es Dir schwer fallen sollte, schreibe dennoch so vermeintlich kleine Dinge wie ein Lächeln, welches Dir Dein Nachbar geschenkt hat, auf.

» Steigere dann die Anzahl, so dass Du auf die heilige Zahl 7 kommst.

11.3 Glücksübungen
Woher kommt Dein Glück?

Hast Du gelernt, dass Glück und Zufriedenheit aus Dir selbst kommen? Oder wurdest Du dahin gehend erzogen, dass Glück von außen kommt? Z. B. durch Erbringung von Leistung, Einkommen, Lob, Erfolgen etc.?
Und auch wenn Du weißt, dass dem nicht so ist, ertappst Du Dich oft dabei, dass Du leidest, weil etwas im Außen nicht so ist, wie Du es gerne hättest.

Was ist die Antwort?
Sie liegt in Deiner Hingabe.
Hingabe in ALLEM, WAS IST... OHNE WERTUNG!!!!

Übung:
Vertiefe Deine Aufmerksamkeit: ❀

» *Daher beobachte Dich heute, wann Du Dein eigenes Glück vom Außen abhängig machst.*
» *Schreibe Dir dann sofort Dinge auf, die Dich glücklich machen und gemacht haben.*
» *Habe diesen Zettel jetzt immer dabei und erweitere diese Liste.*
» *Sobald Du merkst, Du gehst wieder ins Außen und wirst unglücklich, schaue auf diese Liste.*

11.4 Achtsamkeitsübungen

Wir alle sind so oft in unserem Alltag gestresst oder genervt und somit in unserem Leben oft unglücklich. Es fällt uns schwer, etwas für unser Glück zu tun, denn meist wissen wir nicht, wo wir konkret ansetzen sollten.

Aber was hindert uns denn daran, glücklicher und zufriedener zu sein?

Zum einen:
Ist das gewünschte Ziel unkonkret formuliert.

Beispiel: **Nicht:** *„Ich will glücklich sein"* – sondern *„Ich mache mich auf den Weg, Glück in mein Leben einzubauen und dazu mache ich:*
- » *In der 1. Woche: Übung 1*
- » *In der 2. Woche: Übung 1 & 2.*
- » *In der 3. Woche: Übung 1 & 2 und Raufen."*
- » *Übungen siehe unten und weitere Deiner Wahl im Buch*

Zum anderen:
Wir **sehen dabei immer nur das Ergebnis** am Ende des Tunnels – das Ziel, dass wir glücklicher, entspannter und fröhlicher sind und alles mit mehr Liebe und Leichtigkeit leben. Und genau das ist es, was uns behindert. Wir sind (meist) überfordert, die Änderung sofort zu 100% umgesetzt haben zu wollen.

Die Lösung ist: Alles in kleine Schritte einzuteilen.

Dazu habe ich simple, dennoch sehr effektive Übungen zusammengestellt, die Du spielerisch und leicht in Deinen Alltag einbauen kannst, um immer mehr Glück, Leichtigkeit und Liebe in Deinen Alltag zu integrieren.

Übung: Negative Gefühle wahrnehmen & bewusst fühlen

Sobald Du heute merkst, dass ein negatives Gefühl in Dir aufkommt, machst Du folgendes:

» *Akzeptiere es.*
» *Nehme es an.*
» *Fühle es mit Liebe und schaue es an (nicht wieder wegmachen wollen oder ignorieren oder Dich ablenken.)*
» *Ziehe Dich dabei kurz an einen ruhigen Ort zurück.*
» *Bleibe im Fühlen und beobachte, wo dieses Gefühl in Deinem Körper sitzt.*
» *Verstärke dieses Gefühl und warte ab.*
» *Spüre und betrachte es mit all Deiner Hingabe und Liebe.*
» *Beobachte, was es mit Dir macht. FÜHLE ES. Dann ist der erste Schritt der Verwandlung schon gemacht.*

Diese Übung hört sich einfach an... aber Du wirst merken, wie schwer es Dir vielleicht fallen wird, nur das Gefühl dazulassen – ohne Wenn und Aber. Denn wir sind es nicht gewohnt, unsere Gefühle wahrnehmen oder fühlen zu dürfen, ohne sie negativ zu bewerten.

➜ **Bedenke:** Das sind Deine Gefühle – sie gehören zu Dir. Du hast diese erschaffen. Demnach brauchen sie Deine Liebe und Aufmerksamkeit, damit Du diese negative Energie zu für Dich positiver Energie umwandeln kannst.

➜ **Das reicht für den Anfang schon einmal.**

11.5 Affirmationen – Meditationen

Ich habe Dir hier schon einige Anregungen gegeben und im Onlinekurs werden weitere sein.

Was kannst Du jetzt tun? Und wann nutzt Du diese am besten?

➜ Nutze meine aus diesem Buch oder schreibe Dir selbst welche.

➜ **Nimm diese auf Dein Handy auf,** damit Du sie immer anhören kannst.

➜ **Habe sie somit immer dabei.**

➜ **Höre sie oft an,** damit Du beim Kochen, Einkaufen oder wann auch immer Deine Gedanken umprogrammieren lernst. Hört sich doof an? Vielleicht, aber es wirkt! Und macht Dich wieder glücklich!

➜ Selbst die Römer haben Hypnose/Affirmationen über Nacht gemacht, weil sie da am besten lernten. Übrigens: wir auch.

➜ **Höre sie Dir regelmäßig an.** Mind. 30x hintereinander, denn so lange braucht es in der Regel, bis Du eine Gewohnheit geändert hast.

Folglich: falls Du einschlafen solltest – wunderbar. Dann kann Dein Gehirn diese Affirmationen nicht filtern und sie gelangen sofort ins Unterbewusstsein und können sich dort „breit" machen.

11.6 Wege zur Ganzheitlichkeit – Körper, Geist, Seele

Wir bestehen aus dieser Trinität/Dreiheit: unserem Körper, unserem Geist (mental) und unserer Seele. Daher ist es wichtig, uns ganzheitlich zu betrachten.

Was ist für Dich also wichtig zu tun?

Zusammengefasst:

→ **Körper = gehe über Deine Komfortzone**

→ **Geist = werde ruhiger, klarer**

Körper:

→ **Gehe aus Deiner Komfortzone! Power Dich aus. Denn Sport baut Adrenalin ab.** Wusstest Du, dass nicht abgebautes Adrenalin schädlich für den Körper ist und sogar Depressionen auslösen kann? Gut möglich, dass Du zu viel davon im Körper hattest.

→ Bewege Dich, tanze, spaziere, Sport. Yoga, Anti-Aggressionstraining... die Welt der Angebote ist voll.

→ **Nur: MACHE ES!**

Ein paar Anregungen dazu:

→ Durch Bewegen werden die rechte und die linke Gehirnhälfte miteinander verbunden, so kommen wir in unsere Ganzheit, denn beide müssen nun zusammenarbeiten – ohne Wenn und Aber.

→ Dein Körper vergisst nichts! Jede Zelle Deines Körpers kommuniziert mit den anderen Zellen in Deinem Körper. Selbst Du kommunizierst unbewusst ständig mit Deinen Zellen. War Dir das klar?

→ Natürlich kannst Du mit Deinen Zellen sprechen, wie viele mit ihren Blumen. Erkläre ihnen, dass sie gesund und munter sind und Du dabei glücklich wirst. Du denkst, ich bin etwas verrückt? Ja, bin ich. Und ich stehe dazu.

NUR: Deine Zellen hören Dir zu. Und wenn Du den ganzen Tag abwertend über Dich denkst, dann hören sie das auch. Und halten sich daran.

Sprich mit ihnen – so polst Du auch schon Deine negativen Gedanken um.

Geist/Mental:

Ich sehe Deine Aufgabe darin:

→ Werde ruhiger, klarer und somit fokussierter. Dies kannst Du durch Mediationen, Affirmationen oder anderen Vorschlägen hier aus diesem Buch lernen.

→ Lerne Deine Gedanken umprogrammieren, so dass Du aus Deinem Gedankenkarussell der Negativität und Abwertungen aussteigen kannst.

Seele:

→ Sie freut sich, je mehr Du davon umsetzt. Sie wartet auf Dich. Und – Du bist sie.

11.7 Baue Dich neu auf. Jeden Tag ein bisschen mehr. Mittel für Dich

All diese Anregungen sind Mittel für Dich „gegen die Sucht" bzw. für Deine Liebe zu Dir. Denke daran, nicht zu kämpfen, sondern in die Liebe zu gehen, siehe dazu Kapitel 8.1.

→ **Außen: Sorge für eine gesunde Umgebung:**

- o WLAN nachts ausstellen
  (Strahlenbelastung macht krank)
- o Handy oft weglegen
- o Viel in die Natur rausgehen, gerade Wald
- o (positive Wirkung von Wald & Natur schon lange wissenschaftlich erwiesen)
- o Überprüfe Dein soziales Umfeld
- o Kosmetik: Achte ebenso hier auf vegane, „grüne" Kosmetik ohne weitere Schadstoffe, die Deinen schon geschädigten Körper weiter belasten

→ **Die Sucht aushungern lassen, ausfasten sozusagen:**
Schenke ihr keine Beachtung mehr. Du wirst hier zahlreiche Ideen und Möglichkeiten finden, was Du alles tun kannst, Deine Sucht auszuhungern. Denke an die Grauen Herren von Momo, die nur Deine Energie haben wollen und anfangs nervig sind. Dann aber immer schwächer werden, um eines Tages nur noch eine Erinnerung aus der Vergangenheit sind.

→ **Wende Dich Deiner Selbstfürsorge zu, die beste Strategie!**

→ **Aus dem Quantenfeld der Sucht rausgehen:**
Visualisierungsübung:
Stelle Dir dies bildlich vor, arbeite hier mit der Kraft der: Eine riesen schwarze Wolke mit allen Suchtthemen der ganzen Welt, in dem Du Teil bist. Fühle und spüre es. Bleibe im tief atmen in Deinen Bauch. Tritt nun aus dieser Wolke aus. Und trete in die Wolke daneben ein die hell, Gold oder Gelb leuchtend mit voller Kraft, Power, Energie und Liebe sind. Spüre es. Lass diese positiven Eigenschaften in jede Zelle Deines Körpers fließen, durchflute Dich damit.

→ **Fülle Dich mit Liebe, Geborgenheit, Ur-Vertrauen, alle Selbst-themen etc.:**
Gib Dir das selbst, was andere nicht konnten, da sie selbst im Mangel groß geworden sind. Fange an Dich bedingungslos zu lieben. Jeden Tag ein biss-chen mehr – jeden Tag etwas mehr. Fülle die Leere in Dir mit Liebe aus.

→ **Weiter gießen, immer ein bisschen, um den Panzer abzuar-beiten. Und Dich von innen wieder aufzubauen.**

→ **Themen an der Wurzel behandeln:**
Viele gehen von außen ran, Symptombehandlung, aber die Wurzel wurde verletzt. Wenn unser Zahn eine Wurzelbehandlung benötigt, machen wir keine Zahnreinigung.

→ **Therapiemöglichkeiten:**
o Verhaltenstherapie – „geht von oben", demnach von der Verhaltens-änderung nach unten an die Wurzel

o Tiefenanalyse – im Gespräch wird an die Ursache rangegangen

o Geistheilen, Hypnose – die Urtraumen werden aufgelöst und somit alle weiteren damit zusammenhängenden Traumen und Erlebnisse

o Die Kombination macht es – jeder Weg ist individuell
Aber, jeder muss seinen Kanal finden, um an die Ursachen ranzu-kommen, denn dann bist du frei von Sucht.

→ **Suche Dir Etwas, was „wichtiger" ist als Du, dass immer über Dir steht.** Und wenn es nur temporär ist, damit Du erst einmal „absti-nent" bleiben kannst. Etwas, das Dir Kraft gibt.

→ Weitere Sinne

Riechen: Umgebe Dich mit gut duftenden, ätherischen Ölen, die nachweisliche Wirkungen auf Dich und Deine Stimmungen haben *(siehe dazu das Video auf meinem Kanal „Aromatherapie bei Alkoholsucht").*

Hören: Klassische oder Meditationsmusik, Schumannfrequenz etc. beleben Deinen Körper & Geist und helfen gegen die negativen Gedanken & Sorgen.

→ Menschen

Meide negative Menschen oder solche, die Angst um Dich haben oder sich Sorgen machen, das klebt an Dir wie Post-Its. Und somit wird zusätzlich Dein System verklebt.

→ Dinge

Beschäftige Dich mit schönen Dingen – ebenso neuen Dingen. Mache z. B. Deine „100 Dinge-Liste, bevor ich sterbe". Du wirst sehen, jede einzelne Aktion wird Dich weiter aus Deinem Verlangen nach Alkohol bringen.

→ Sorge jeden Tag ein bisschen mehr dafür, dass Du Dinge tust, die Dir gut tun.

Z. B. Lachen ist die beste Medizin und produziert sofort Glückshormone.

Übung 1: Spiegel Lächel-Übung

» *3x atmen etc.*

» *In den Spiegel schauen*

» *Wie oft schaust Du am Tag in den Spiegel und freust Dich wirklich, Dich zu sehen?*

» *Oder geht gleich der antrainierte Kritiker los und sagt: „Du siehst müde aus, Deine Falten, hättest . . ."*

Oder sogar: „Du bist hässlich, wie kann man Dich nur lieben?"

Übung 2:

» *Immer wenn Du in den Spiegel schaust, verweilst Du 30 Sek. und lächelst Dich an.*

» *Versuche Dich dabei auf das Lächeln zu konzentrieren.*

» *Falls die Gedanken negativ werden: sage Dir Affirmationen oder Sprüche, die Dir gut tun, wie „Ich bin klasse, so wie ich bin – ohne Wenn und Aber."*
„Ich bin hübsch."
etc.

Übung 3:

» *Hänge an Deinem Spiegel Smileys auf oder Bilder, dass Du lachen musst.*

» *Lächeln ist schon ein Anfang.*

Übung 4:

» *2min Gesicht zum Lachen verziehen.*

11.8 Zeit

Ich bin in vielen Kapiteln schon darauf eingegangen, aber ZEIT ist eins der Mittel, welches nachhaltig wirkt. Und nicht umsonst haben wir viele Sprüche im Volksmund bezüglich Zeit, z. B. „alles zu seiner Zeit" oder „gut Ding will Weile haben".

Hier nochmals kurz zusammengefasst:

➜ Höre mit Deinem schwarz/weiß Denken oder dem alles oder nichts auf. Der Weg ist das Ziel zu Deiner Heilung. Und es gibt gute Tage und eben schlechte Tage.

➜ Höre auf, Dich unter Druck zu setzen.

➜ Denke in kurzen Zeitabständen: Nicht in Jahren oder Wochen, sondern wie die Anonymen Alkoholiker vorschlagen, in maximal 24 Stunden.

Du setzt Dich massiv unter Druck, wenn Dein Ziel ist, ein Leben lang abstinent zu bleiben. Viel leichter ist es doch, es Dir für 24 Stunden vorzunehmen, dann wieder 24Stunden und dann wieder.

➜ Und falls Du dann doch einen Rückfall haben solltest, dann ist nicht Dein Ziel dahin, sondern eben nur das Ziel der 24 Stunden.

➜ **Starte unperfekt, Hauptsache: Du startest!**

➜ **WICHTIG:** Jeder noch so kleine Erfolg auf Deinem Weg aus der Sucht zählt und ist lobenswert und eine Meisterleistung. Denke immer an die Zeiten in Deiner Sucht, was Du da alles nicht geschafft hast.

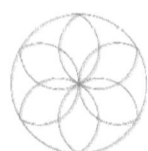

11.9 Ruheoasen, kurze Auszeiten und Dich „auf Null" setzen

Ist Dir klar, welche Hochleistungsarbeit Du tagtäglich leistest?

Alleine schon durch unsere Anpassungsfähigkeit und somit dem ständigen schnellen Wechseln von einem Thema zum nächsten.

Somit immens wichtig:
ERLAUBE DIR ZEIT! NUR für DICH!

Richtwerte:
- 30 – 60 min/Tag
- 2 Tage/Monat – ohne Handy, Kinder, Mann, etc.

Im Alltag: Ruheoasen einbauen

Hier ist es erst einmal wichtig, etwas nur für Dich zu tun, ohne Störung, ohne Gefahr, dass Du gebraucht wirst, ohne Handy, ohne Erreichbarkeit. Einfach nur DU. Sei es: in den Wald gehen, Sport, ein Buch lesen, alles, was DIR gerade gut tut – etwas, Dich nährendes. Und nichts, was Dich ablenkt.

„Dich auf null" setzen – Auszeit von Allem

Diese Phase ist eminent wichtig und wird fast nie genutzt, denn hier gilt es zu schauen, wer Du bist – ohne Familie, ohne Systeme, ohne gewohnte Umgebung, ohne Abläufe – einfach nur Du. Das bedeutet, dass Du immer wieder komplett alleine sein sollst, um Dich zu erden oder Dich auf null zu setzen, nenne es die Reset-Taste drücken.

Denn nur ganz alleine kannst Du Dich finden und Dir die folgenden Fragen stellen:

- » Wer bin ich, ohne meine Rollen (Mutter, Partner, Kind, Beruf)?
- » Wer bin ich, ohne meine Masken? Was siehst Du?
- » Was will ich (eigentlich)?
- » Bin ich mit meinem Leben so, wie es ist, glücklich oder fahre ich noch faule Kompromisse?

→ Nutze diese Zeit, Dein ureigenes Potential wieder zu entdecken, um Dich zu finden und frei zu werden.

→ Und glaube mir: Deine Mitmenschen werden Dich dafür umso mehr lieben.

11.10 Ernährung Grundpfeiler – der Motor für Deinen Körper

Dieses Thema ist immens wichtig auf Deinem Weg in Deine Suchtfreiheit, denn hier liegen viele Suchtfallen verborgen.

Falle Nr. 1: raffinierter Zucker, Gluten, Fastfood, Fertigprodukte, u. a. schwächen die Immunabwehr, machen faul und verkleben den Darm etc.

Aber bitte: keinen Druck – meist reicht es schon, dass Du es weißt und langsam änderst.

Suchtverlagerung auf Rauchen oder Zucker ist teilweise sinnvoller, als zum Alkohol zu greifen.

Eine ausgewogene, gesunde, pflanzliche Ernährung ist immer von Vorteil, denn es sind „Lebens-Mittel", demnach Mittel, die leben. Weitere Informationen zu meinen bevorzugten Ernährungsvorschlägen findest Du hinten.

Ich kann an dieser Stelle nur von mir berichten: Trotz meines Konsums hatte ich dank der gesunden Ernährung und Nahrungsergänzungsmittel gute Blutwerte hatte. Und ich nach jedem Rückfall 2 Tage später wieder joggen konnte. Mir ist jedoch wichtig, Dich in Deiner Eigenverantwortung zu belassen.

Ideen für eine Umstellung auf ein gesünderes Essen

→ Sei es Dir wert, so gut es geht, nicht an Deiner Energiezufuhr, Deinem Motor, zu sparen. Denn Weizen, Gluten etc. machen krank, ebenfalls die Psyche (siehe dazu u. a. Anthony Williams, Rüdiger Dahlke)

→ Ausgewogenes Essen in guter Qualität (Bio) sorgt gut für Dich und Du kannst Deinen Körper heilen und entgiften.

→ Bedenke: Wenn Du Deinem Auto statt Benzin Diesel gibst, geht es sofort kaputt. Unser Körper leider nicht. Er ist so darauf getrimmt, Dich am Überleben zu erhalten, dass er sich an Giftmengen gewöhnen kann, so dass Du nicht gleich merkst, jedoch irgendwann wirst Du krank. So beim Alkohol.

→ „Mahlzeiten sollen dir Energie schenken - anstatt rauben"

→ „ Ernährung ist so viel mehr als nur Nahrungszufuhr. Bewusste und gesunde Ernährung ist eine Form von Respekt und Liebe zu dir selbst."

→ Du bist Deine eigene Schöpferin! Und mit der Ernährung kannst Du Dir einfach, schnell und effektiv Kraft schenken.

→ Besonders nach Rückfällen wichtig: Fülle danach Deine Depots wieder auf, verwende auch pflanzliche Nahrungsergänzungsmittel.

→ Kreiere ein neues ICH! Auch beim gesund Essen.

→ Du wirst sehen, wieviel Spaß und Freude am Zubereiten von leckeren, abwechslungsreichen Gerichten Du haben wirst.

→ Wasser & die Qualität

→ Trinkst Du genügend Wasser? Und wie ist dessen Qualität? Bitte nicht aus Plastik und am besten nicht von weit her importiert, sondern regional.

12. Rückfälle

Du hattest einen Rückfall? Ja und? Bleibe ruhig. Gehe sofort raus aus der Spirale von Schuld & Scham. Du machst Dich sonst wieder kleiner als Du bist und verlierst an Eigenkraft und -liebe.

→ Suche Dir Menschen, die Dir bedingungslos und in Liebe helfen können. Ohne Angst oder Sorgen. Mit denen Du wahrlich reden kannst und die Dir wieder Kraft geben.

Erstelle mit ihnen einen neuen Notfallplan. Sucht zusammen nach der Lücke, warum es zum Rückfall kam. Aber bleibe dabei immer in Deiner Liebe. Vergangen ist vergangen. Das kannst Du nicht mehr ändern.
Mit Selbstvorwürfen und Schuldzuweisungen kannst Du es auch nicht mehr rückgängig machen.

→ Lies mein Buch wieder durch, setze jeden Tag mehr um.
Und vertraue Dir! Vertraue Dir endlich wieder.

→ Mache die oben genannten Übungen für mehr Anerkennung und Dankbarkeit.

Alles braucht seine Zeit. Spontanheilungen sind bei Alkoholsucht möglich (wie bei mir). Aber setze Dich nicht unter Druck. Du hast Deine Themen, die Deine Zeit benötigen, um sie anzuschauen. Und bedenke zusätzlich, dass **Du nicht von heute auf morgen süchtig geworden bist. Wie oben schon beschrieben: Jeden Schritt einzeln – wie Momo – rückwärtsgehen. Und bei jedem Schritt Deinen Erfolg feiern!!!**

→ **Solange Du Angst vor einem Rückfall hast, besteht eine größere Gefahr, dass Du rückfällig wirst.**
Denke daran: Was Du heute denkst, bist Du in Zukunft! Die Macht Deiner Gedanken.

→ **Fokus**
Setze Deinen Fokus nicht auf Deine Angst, rückfällig zu werden, sondern setze ihn auf die Liebe, auf Dein Vertrauen, auf Deinen neuen Weg.

13. Sei im Jetzt

Und die (fast) allerletzten, aber wichtigsten Tipps:

Tipp 1: Frage Dich immer: „Was brauche ich jetzt?"

Folglich nicht: Was brauche ich von anderen, sondern Du von Dir.

➔ **Und vertraue Dir, dass (nur) Du weißt, was Dir gut tut!**

Tipp 2: Fange an, das Brennen in Dir wieder zu entfachen.

Dein Feuer des Lebens, welches in jeder Zelle Deines Körpers zu finden ist. Erinnere Dich an Situationen zurück, wo Du dieses Lebens-Feuer gespürt hast. Schreibe Dir diese Situationen auf, damit Du Dich besser daran erinnern kannst. Oder hänge sie Dir an Dein Vision Board (im Onlinekurs), eine Leinwand mit Dingen, die Du gerne in Deinem Leben haben willst.

Lebe – liebe – lache – berühre & spüre Dich in jeder Zelle Deines Körpers.
Entfache Dein Lebensfeuer wieder – ohne Leistungszwang.
Stelle Dir vor, dass Du jedes Mal, wenn Du an Dir gearbeitet hast, Dein Lebensfeuer größer wird, denn Du wirfst den ganzen „Schmodder" dort hinein.

Tipp 3: Lass es beben.

Aus den Tiefen Deines Herzens – lass es beben, lass es krachen.
Besonders erst recht, wenn Dein Umfeld Dich anfangs auslachen wird, Dich schneiden wird... glaube mir: Sie werden staunen, wenn Du es alleine aus der Sucht schaffst. Und sie werden nicht nur neidisch sein.

➔ Lass die Leute in Deinem Umfeld reden, was sie wollen, das wirst Du eh nie ändern können.

➔ Werde die beste Version von Dir selbst. Denn wenn Du Deine Version lebst, dann bist du mit Deiner Intuition/Deiner Urkraft verbunden.

➔ Das ist es, was uns die Kinder voraushaben.

➔ **Und: In der Natur gibt es keinen Mangel – nur bei uns, den gemachten Mangel.**

Tipp 4: Erkenne die Alkohol-Gehirnwäsche

Stelle Dir folgendes vor: Du würdest in einer Gesellschaft leben, in der es normal ist, dass alle Heroin spritzen würden.

Und so ist es in unserer Zeit mit Alkohol, wir **unterliegen einer Gehirnwäsche**.

Aber: Du weißt es besser. Du hast Dich entschieden.

Bedenke: Du kamst auf die Welt, ohne dass Du etwas leisten musstest.

Allein, dass Du da bist, ist eine Bereicherung für diese Welt. Besonders wenn Du es schaffst, Dich von Deiner Krankheit zu befreien und als Vorbild fungierst.

➔ **Füttere Deine Wurzel von unten, werde von innen gesund, dann geht's leichter und nachhaltiger.**

Werde Dir Deine beste Freundin!

Viel Erfolg! Deine Liv

14. Die 3 kindlichen Vermeidungsverhalten

14.1 Wie entsteht eine kindliche Vermeidungsstrategie?

Eine kindliche Vermeidungsstrategie entwickelt sich als Reaktion auf wiederholte negative Erfahrungen, die Du als Kind gemacht hast, und dient Dir, Deinen emotionalen Schmerz oder unangenehme Situationen zu vermeiden. Je schwerer die Traumen für Dich wiegen, desto eher spaltest Du Persönlichkeitsanteile oder Seelenanteile ab. Das kennen wir oft von Borderlinern, ADHSlern mit ihren Wutausbrüchen oder (besonders bekannt) Schizophrenen. Jedoch haben wir alle abgespaltene Persönlichkeits- oder Seelenanteile. Wenn Du dies weißt, ist es nicht schlimm, denn dann kannst Du daran arbeiten und diese Anteile wieder integrieren.

Relevant sind nicht nur die „schweren großen Traumen" und Deine vielen harten negativen Erfahrungen, sondern oder gerade besonders die ganzen kleinen Mikrotraumen, die Du als Kind erlebt hast. Besonders die weiße Gewalt ist hier zu erwähnen.

Erklärungen:

„schwere großen Traumen" = Gewalt, Schläge, Vergewaltigung, Liebesentzug, Freiheitsentzug, zu früh ins Bett schicken, allein daheim lassen etc.

Mikrotraumen: Stell Dir vor: Deine Mama steht am Herd, hat Stress, weil sie für 20 Personen kocht, Du bist aus der Liebe gefallen als 2jähriges Kind und willst umarmt werden – Deine Ma sagt gestresst „Nein." Du als Kind beziehst dieses Nein auf Dich und kannst es nicht verstehen. Dies kann bei Dir ein Mikrotrauma auslösen, an welches Du Dich nicht erinnerst, die dennoch in Deinem System gespeichert sind.

Kumulation von Mikrotraumen: viele kleine Mikrotraumen ballen sich und auch hier spaltest Du Dinge ab oder gehst in Vermeidungsverhalten, weil es Dir weh tut

Weiße Gewalt = versteckte Gewalt meist verbaler Natur, die schwer sichtbar ist und meistens nur gegen Dich gerichtet ist, wie Sätze „Stell Dich nicht so an.", „Sei doch nicht so.", „Ich meine es doch nur gut." Dabei wird

Dir jedes Mal ein Messer in den Rücken gerammt, und es tut Dir jedes Mal weh, was Dich langfristig zermürbt. Was anfangs noch lustig erscheint, ist wie ein steter Tropfen, der den Stein höhlt. Es ist subtil, für Außenstehende meist nicht greifbar.

Lass uns gemeinsam die verschiedenen Faktoren erkunden, die zur Entstehung einer solchen Strategie beitragen können:

→ **Unsichere Bindung**: Wenn Du keine sichere Bindung zu Deinen primären Bezugspersonen entwickelt hast, neigst Du möglicherweise dazu, Vermeidungsverhalten zu zeigen.

Ich behaupte sogar, dass wir alle keine wirklich sichere Bindung erleben konnten.

Wenn Deine Eltern emotional nicht verfügbar waren oder inkonsistent auf Deine Bedürfnisse reagierten, hast Du gelernt, dass es besser ist, Deine Bedürfnisse und Emotionen zu unterdrücken und Situationen zu vermeiden, die potenziell zu Ablehnung oder Vernachlässigung führen. Gerade in unserer Leistungsgesellschaft sind die Väter emotional meist nicht anwesend. Mütter müssen kompensieren und sind überfordert. Mütter haben sich oft aufgegeben, ihre Wünsche und Bedürfnisse, diese den Karrieren den Männern hintern angestellt, und waren somit auch kein emotionales gutes Vorbild.

→ **Erfahrungen mit Zurückweisung oder Kritik**: Wenn Du wiederholt Ablehnung, Kritik oder Bestrafung erfahren hast, kannst Du begonnen haben, Situationen zu vermeiden, in denen Du glaubst, dass diese negativen Erfahrungen wiederholt werden könnten. Dies kann insbesondere bei übermäßig kritischen oder strengen Eltern oder Lehrern der Fall gewesen sein. Gerade bei narzisstischen Eltern und deren weißer Gewalt vermeiden wir gerne weitere Kritik und passen uns zu sehr an, um überhaupt Liebe zu bekommen.

→ **Modelllernen**: Du hast als Kind Verhaltensweisen von den Erwachsenen um Dich herum beobachtet und gelernt. Wenn Deine Eltern oder andere Bezugspersonen selbst Vermeidungsverhalten anwendeten, um mit Stress oder Konflikten umzugehen, hast Du möglicherweise dieses Verhalten nachgeahmt.

Da wir alle keine guten Vorbilder hatten, die uns gesunde Modelle des Miteinanders vorlebten, lernten wir nur das toxisch-geprägte Verhalten und dessen Vermeidungen.

→ **Traumatische Erlebnisse**: Traumatische Ereignisse wie Missbrauch, Gewalt oder schwere Krankheit führen dazu, dass Du bestimmte Situationen oder Menschen meidest, um Dich vor erneutem Trauma zu schützen.

→ **Überbehütung**: Wenn Deine Eltern übermäßig beschützend waren und Dir nicht erlaubten, Herausforderungen zu bewältigen oder Fehler zu machen, hast Du Angst vor neuen oder unbekannten Situationen entwickelt und begonnen, diese zu vermeiden.

Dies sehen wir heute sehr stark bei den Helikoptereltern und noch stärker bei den Rasenmäher Eltern, die sogar die Ampel umbauen würden, damit dem Kind keine Gefahr entsteht.

→ **Mangelnde Bewältigungsstrategien**: Wenn Du keine effektiven Strategien zur Bewältigung von Stress oder Angst entwickelt hast, greifst Du möglicherweise auf Vermeidungsverhalten zurück, da Du keine anderen Möglichkeiten hast, mit Deinen Gefühlen gesund umzugehen.

→ **Liebesentzug**: Ein probates und weit verbreitetes Mittel, wenn Eltern auf ihre Kinder sauer sind. Dazu gehört auch zu früh ins Bett schicken, alleine aufs Zimmer schicken und nicht den Streit beenden bzw. dem Kind die Hand reichen, alleine lassen oder das Kind schlicht und ergreifend zu ignorieren.

Nein, eine Kinderseele kann dies nicht verstehen und tut es auch nicht. Dies ist für mich das Schlimmste, was man seinem Kind antun kann. Es gibt dafür keinen Grund.

→ **Nicht wahrgenommen werden**: Was für mich Teil von Liebesentzug ist, wenn Eltern ihre Kinder nicht wahrnehmen, z. B. weil sie selbst ADHSler sind und ständig mit sich selbst beschäftigt sind. Unsere kriegstraumatisierten Eltern konnten dies oft nicht, weil sie es selbst nie erfahren haben. Spannend ist jetzt die Überbehütung, die sichtbar ist, wo die Eltern ihre Kinder aber auch nicht wahrnehmen.

→ **Nicht als Seele/Kind gesehen worden sein:** Ebenso ist es schlimm, als Kind nicht als eigenständiges Wesen mit all seinen Vorteilen, Rechten groß werden zu dürfen, sondern in Schubladen gesteckt zu werden. Kinder passen sich an ihre Götter in Weiß, an die Gesellschaft an, und lernen, sich selbst zu verleugnen. Und das über viele Jahre und Jahrzehnte hinweg.

Auswirkungen von Vermeidungsverhalten

Tatsächlich verschaffen Vermeidungsverhalten kurz- wie langfristig Erleichterung, die negativen Auswirkungen von ihnen sind fatal und oft unbekannt. Prüfe liebevoll, ob Du einige dieser Auswirkungen in Deinem eigenen Leben kennst:

➔ **Soziale Isolation:** Vielleicht hast Du Schwierigkeiten, Freundschaften zu schließen oder aufrecht zu erhalten. Vielleicht fühlst Du Dich nicht geliebt, nicht zugehörig, vielleicht hattest Du als Kind das Gefühl, bei den falschen Eltern zu wohnen.

➔ **Angststörungen:** Dein Vermeidungsverhalten verstärkt Deine Ängste und kann zu Angststörungen führen. Jedoch haben wir alle vor etwas Angst, mehr als uns lieb ist: Angst vor Verletzung, Angst vor Ablehnung, Angst vor Ausschluss, Angst vor der Angst. Darauf bin ich schon dezidiert eingegangen.

➔ **Geringes Selbstwertgefühl:** Durch das ständige Vermeiden von Herausforderungen entsteht ein geringes Selbstwertgefühl, da Du nicht lernst, Dir selbst zu vertrauen. Das Gefühl entsteht, dass Du unfähig bist, Probleme oder Herausforderungen zu bewältigen.

➔ **Ständige Zweifel:** Da Du Dich selbst immer verleugnet hast, und Du Dein Potential nicht lebst, zweifelst Du ständig an Dir.

➔ **Akademische Probleme:** Deine Vermeidungsverhalten machen sich in schulischen oder beruflichen Problemen breit, da sie sich wie Hüllen um Dich legen, und Du nicht Dein wahres und volles Potential hast. Du merkst bestimmt, dass es in einem Büro viele große Kinder hat – Erwachsene, die statt Firmenlösungen ihre kleinen verletzten Egos spielen lassen.

➔ **Beziehungsprobleme:** Hier sind sie am meisten sichtbar. Deine Vermeidungsstrategien führen dazu, dass jede Deiner Beziehungen am gleichen Punkt scheitert. Denn Du hast sie nicht erkannt und aufgearbeitet.

➔ **Psychische Probleme:** Abhängigkeiten, die uns nicht bewusst, sind entstehen. Süchte oder weitere Krankheiten sind Folgen, die wir nicht auf unsere Vermeidungsstrategien zurückführen.

Was kannst Du zusätzlich zu meinen vorne genannten Impulsen tun?

→ **Selbstreflexion und Bewusstsein**

1. **Selbstbeobachtung**: Versuch, Situationen zu identifizieren, in denen Du Vermeidungsverhalten zeigst. Notiere, welche Gefühle oder Gedanken in diesen Momenten auftreten. Es kann hilfreich sein, ein Tagebuch zu führen, um Muster zu erkennen.

2. **Auslöser erkennen**: Analysiere, welche Auslöser zu Deinem Vermeidungsverhalten führen. Überlege, ob es bestimmte Personen, Orte oder Aufgaben gibt, mit denen es Dir besonders schwerfällt.

3. **Verändern**: Nachdem Du dies getan hast, erstelle Dir einen umsetzbaren Plan, was Du in Deinem Leben verändern möchtest. Lobe Dich für jeden Erfolg. Jeder Misserfolg gehört dazu. Sei nicht so hart zu Dir.

→ **Kognitive Strategien**

1. **Gedanken hinterfragen**: Stelle Deine negativen Gedanken und Überzeugungen infrage. Frage Dich, ob diese wirklich der Realität entsprechen oder ob sie übertrieben oder irrational sind. Du könntest Dir eine Liste machen und alternative, positivere Gedanken daneben schreiben.

2. **Positive Selbstgespräche**: Entwickle positive und realistische Selbstgespräche, um negative Gedanken zu ersetzen. Übe täglich, Dir selbst Mut zuzusprechen und Deine Stärken zu betonen. Stell Dir dabei vor, Du wärst Deine beste Freundin – zu der bist Du auch liebevoller. Oder stell Dir vor, Du wärst Dein eigener Therapeut, der Dir hilft und zuspricht.

→ **Verhaltensstrategien**

1. **Schrittweise Exposition**: Beginne, Dich den Situationen, die Du vermeidest, schrittweise zu stellen. Fange mit weniger bedrohlichen Szenarien an und steigere Dich langsam. Vielleicht startest Du mit einer Aufgabe, die Dir nur ein wenig unangenehm ist, und arbeitest Dich dann zu schwierigeren Situationen vor. Lass Dir Zeit, lobe Dich und geh es jedes Mal an. Anfangs kann es dauern, da sich Dein Verhalten wie feste Bahnen zementiert hat, aber es wird immer leichter. Dann nimm Dir eine neue Situation vor.

2. **Ziele setzen**: Setze Dir kleine, erreichbare Ziele und belohne Dich für Deine Fortschritte. Jede kleine Errungenschaft ist ein Schritt in die richtige Richtung. Überlege, wie Du Dich belohnen könntest, um Deine Motivation zu stärken. Rückschläge gehören dazu, das Motto lautet: Einmal mehr aufstehen als hinfallen.

→ Emotionsregulation

1. **Achtsamkeit und Meditation**: Praktiziere Achtsamkeit und Meditation, um Deine Emotionen besser zu regulieren und im Moment zu bleiben. Du hast viele Anregungen bekommen, die Du anwenden kannst.
   Mein Liebling ist immer noch der einfachste Rat: Atme so oft Du am Tag kannst, bewusst ein und aus. Und beobachte Dich dabei. Spiele mit Deinem Atem und fülle Dich mit Deinem Odem des Lebens.
   Simpel – aber extrem effektiv.

2. **Entspannungstechniken**: Lerne Entspannungstechniken wie tiefe Atmung, progressive Muskelentspannung oder Yoga, um Stress abzubauen. Finde heraus, welche Methode Dir am meisten hilft, zur Ruhe zu kommen. Vergiss nicht, nicht nur über diese Techniken zu entspannen. Oft fehlt uns laute Musik, uns auszupowern, um Stress abzubauen und dann zu entspannen. Dies merke ich oft bei meinen lieben Klienten, die immer nur entspannen wollen, dabei vergessen, dass Glückshormone über gesunde Anspannung wie Sport produziert werden. Mach am besten beides!

→ Soziale Unterstützung

1. **Freunde und Familie**: Sprich mit vertrauenswürdigen Freunden oder Familienmitgliedern über Deine Schwierigkeiten und bitte um Unterstützung. Es kann sehr entlastend sein, sich jemandem anzuvertrauen.

2. **Selbsthilfe- oder Coachinggruppen**: Schließe Dich einer Gruppe an, um Dich mit anderen auszutauschen, die ähnliche Herausforderungen haben. Besonders ermutigend ist, Dir Erfolgsgeschichten von Menschen anzuhören, die es geschafft haben. Dazu eignen sich Podcasts, YouTube, Videos, Onlinekongresse. Du wirst sehen, wie viele Menschen die gleichen Probleme haben oder hatten.

→ Professionelle Hilfe und Selbsthilfe auf vielen Ebenen

Ich schließe keine Therapieform aus, sondern bin für den Zusammenschluss von vielen Therapieangeboten. Jedoch sehe ich, dass normale Therapie oft nicht ausreichend erfolgreich und extrem zeitaufwendig ist. Therapieplätze sind oft knapp. Viele Wege führen nach Rom: kombiniere viele Ansätze und erfreue Dich an Deiner Genesung.

1. **Therapie**: Suche professionelle Hilfe bei einem Therapeuten, dem Du vertraust und der Dich weiterbringt. Auch sprechen und Dinge aus dem Kopf zu bringen, ist sinnvoll, gerade wenn Du mit Bewusstseinstraining zuarbeitest

2. **Coaching**: Ein Coach kann Dir helfen, Ziele zu setzen und Strategien zu entwickeln, um Vermeidungsverhalten zu überwinden. Er soll Dir helfen, Deine Fortschritte zu verfolgen und motiviert zu bleiben.

3. **Bewusstseinsarbeit**: Hier arbeitest Du nicht nur auf der unbewussten Ebene und bringst diese gestauten Energien ans Licht. Du bekommst Klarheit über Dein tiefsitzendes Vermeidungsverhalten. Diese Arbeit kann sehr schnell gehen und Du bekommst oft sehr schnell Kraft und neue Energie.

4. **Tiefe Traumen**- und Schattenarbeit: Dies ist besonders Teil meiner Arbeit, die von wenigen Trainern so gemacht wird. Denn wir wollen meist unsere Schatten nur weghaben und arbeiten lieber mit Licht und Liebe. Aber auch das ist wieder nur ein Vermeidungsverhalten, denn ohne Schatten kein Licht. Es geht um Annahme, Auflösen und kraftvoll werden.

→ Aufbau von Resilienz, Selbstfürsorge und Selbstschutz

1. **Selbstfürsorge**: Achte ab jetzt noch mehr auf Deine körperliche und emotionale Gesundheit. Ernähre Dich gesund, treibe regelmäßig Sport und sorge für ausreichend Schlaf. Selbstfürsorge ist der Schlüssel zu einem stabilen Wohlbefinden. Setze Grenzen, lerne Selbstliebe, lerne Nein zu sagen und stelle Dich an die erste Stelle.

2. **Neue Fähigkeiten erlernen**: Baue Deine Kompetenzen und Fähigkeiten aus, um Dein Selbstvertrauen zu stärken. Vielleicht gibt es Kurse oder Hobbys, die Du schon immer ausprobieren wolltest. Was wolltest Du als Kind schon immer machen oder was hast Du gerne gemacht? Mach Dir eine Liste und schaue, was Du davon wieder umsetzen willst, z. B. Nähen, Singen, Musik spielen, Jonglieren. Lerne das

Ganze wieder spielerisch zu sehen und setze den Fokus nicht auf weitere Business-Fähigkeiten, sondern die, die Dir abtrainiert wurden. Früher warst Du alles – heute Hausfrau und Mutter. Klingelt es?

3. **Selbstschutz:** Das wichtigste Tool, für mich wichtiger als alles andere: Ohne gesunden Selbstschutz kannst Du keine Selbstliebe oder Selbstfürsorge walten lassen. Bedenke: Du wirst nie so „böse" wie die Toxen, auch wenn Du Grenzen setzt.

Ein Satz, den mir eine weise Therapeutin mitgab: „Frau Wach, ich glaube an das Gute im Menschen. Wenn Sie es schaffen, Person X (Narzisstin) im Zaum zu halten und das negative Verhalten dieser Person verhindern können, dann tun Sie sich beiden etwas Gutes. Denn ich glaube, dass Person X nicht böse handeln will, sondern es aus ihren Mustern tut. Und wenn Sie es in dem Moment nicht schaffen, dann gehen Sie einfach. Und bei einer Quote von 50% sind Sie sehr gut."
→ Was nun nicht bedeuten soll, dass Du wieder die Verantwortung für den Toxen trägst, sondern warum Grenzen wichtig sind und sogar hilfreich.

→ Konkrete Beispiele

1. **Berufliche und private Herausforderungen**: Wenn Du berufliche Aufgaben vermeidest, könntest Du Dir kleinere Teilaufgaben setzen und diese nach und nach abarbeiten, statt die gesamte Aufgabe als überwältigend zu betrachten. Teile große Projekte in überschaubare Schritte auf.

2. **Soziale Situationen**: Wenn Du soziale Situationen vermeidest, beginne damit, Dich in sicheren, wenig bedrohlichen Umgebungen zu engagieren, und erweitere allmählich Dein Engagement. Vielleicht startest Du mit einem kleinen Treffen mit Freunden, bevor Du Dich größeren Gruppen anschließt.

Fühle Dich frei, neue Strategien heraufzuholen und anzuwenden. Gehe proaktiv in die Situationen und schaue, wie Du Deinen Vermeidungsverhalten ein Schnippchen schlagen kannst und kraftvoller und stärker werden wirst. Spüre, wie Du die Kraft hast, Veränderungen in Deinem Leben Dir vorzunehmen, und diese Schritte Dir dabei helfen können.

14.2 Der Empath = Retter

Der "Retter" ist ein Begriff, der oft im Kontext von Beziehungsdynamiken und psychologischen Theorien verwendet wird, insbesondere im Rahmen des Drama-Dreiecks nach Stephen Karpman. Das Drama-Dreieck beschreibt drei Rollen, die Menschen in konflikthaften oder dysfunktionalen Beziehungen einnehmen können: den Verfolger, das Opfer und den Retter (= Empath).

Merkmale des Retters

→ **Übermäßige Hilfsbereitschaft:** Du neigst dazu, ständig anderen helfen zu wollen, oft auch dann, wenn die Hilfe nicht erwünscht oder nötig ist. Du stellst gerne diese Hilfe über Deine eigenen Bedürfnisse und meinst, diese zuerst erfüllen zu müssen. Es kann sein, dass Du denkst, dass der andere ohne Deine Hilfe nicht kann.

→ **Selbstaufopferung:** Du opferst Deine eigenen Bedürfnisse und Wünsche, um anderen zu helfen.

→ **Bedürfnis nach Anerkennung:** Du suchst nach Bestätigung und Anerkennung durch Deine Hilfeleistungen, dadurch bleibst Du allerdings im Außen.

→ **Kontrolle und Macht:** Durch das Retten und Helfen anderer entwickelt sich ein Gefühl von Kontrolle und Überlegenheit, was Dir dann wiederum Anerkennung und Wichtigkeit gibt.

→ **Vermeidung eigener Probleme:** Du konzentrierst Dich auf die Probleme anderer, um von Deinen eigenen Problemen abzulenken.

Einige Ursachen des Retterverhaltens

→ **Frühkindliche Prägungen**: Du hast in Deiner Kindheit gelernt, dass Du durch Helfen und Selbstaufopferung Liebe und Anerkennung bekommst.

→ **Geringes Selbstwertgefühl**: Du suchst nach externen Quellen der Anerkennung und Bestätigung, weil Du ein geringes Selbstwertgefühl ausgebildet hast.

→ **Angst vor Zurückweisung**: Du hast Angst, abgelehnt oder nicht gebraucht zu werden, und versuchst, durch Hilfsbereitschaft Deine Position in Beziehungen zu sichern.

→ **Kulturelle und gesellschaftliche Einflüsse:** Gesellschaftliche Normen und Erwartungen spielen ebenfalls eine Rolle, insbesondere in Kulturen, die Selbstaufopferung und Altruismus stark betonen, wozu das Christentum für mich zählt. Jesus, der sich für uns geopfert hat. Prüfe mal, wie sehr diese Erwartungen in Sätzen Deiner Eltern versteckt waren, dass Du helfen sollst. Es fängt schon bei der Grenzüberschreitung von Küssen an die Großeltern an, die Du geben musstest, weil die Großmutter es wollte.

Auswirkungen des Retterverhaltens

→ **Burnout:** Der ständige Versuch, anderen zu helfen, führt zu emotionaler und physischer Erschöpfung.

→ **Dysfunktionale Beziehungen:** Dein Retterverhalten kann Beziehungen aus dem Gleichgewicht bringen und eine ungesunde Abhängigkeit fördern. Du suchst Dir gerne Partner aus, denen Du helfen kannst.

→ **Verlust der eigenen Identität:** Durch die Fokussierung auf die Bedürfnisse anderer vernachlässigst Du Deine eigenen Bedürfnisse und Wünsche und verlierst Deine Identität.

→ **Rollenverfestigung:** Dein Verhalten kann dazu führen, dass sich die Retterrolle in Beziehungen verfestigt und schwer zu ändern ist. D. h. wenn Du aussteigen möchtest, kann es sein, dass Dein Partner Dich nicht aus dieser Rolle entbinden möchte, da er davon profitiert. Oder Deine Eltern, die sich gerne helfen lassen.

Einige weitere Wege, um das Retterverhalten zu überwinden

1. **Selbstbewusstsein entwickeln:** Erkenne Deine eigenen Bedürfnisse und Wünsche und lerne, diese zu priorisieren. Schreibe diese auf und setze sie immer mehr in den Vordergrund. Du wirst erstaunt sein, wie wenig Du Deine Bedürfnisse wirklich kennst.

2. **Grenzen setzen:** Lerne, gesunde Grenzen zu setzen und "Nein" zu sagen, ohne Dich schuldig zu fühlen. Schuld wurde Dir antrainiert und ist ein Konstrukt der Kirche. Gerade Empathen haben Probleme, Grenzen zu setzen, weil sie denken, genauso zu werden wie die anderen. Das ist nicht der Fall.

3. **Selbstfürsorge**: Praktiziere Selbstfürsorge und nimm Dir Zeit für Dich selbst. Immer, wenn Du anderen helfen willst, Dir Probleme von anderen anhörst, frage Deinen Körper, ob er das wirklich will. Und warum Du das gerade tust. Mache Dir bewusst, dass Du gerade übergriffig sein kannst und anderen Rat gibst, obwohl sie diesen nicht wollen. Du nimmst ihnen ihre Kompetenz, sich um sich selbst zu kümmern.

4. **Kommunikation verbessern**: Verfeinere Deine Kommunikationsfähigkeit, so dass diese klar und offen Deine Bedürfnisse und Erwartungen wiedergeben.

5. **Anerkennung von anderen Quellen**: Finde Wege, Selbstwert und Anerkennung durch andere Quellen als das Retten und Helfen anderer zu erhalten, z. B. durch Hobbys, persönliche Erfolge und besonders aus Dir selbst heraus.

Du wirst sehen, durch die liebevolle Auflösung Deines Retterverhaltens, durch die Fokussierung auf Deine eigenen Bedürfnisse wirst Du ausgeglichener, lebendiger und gesündere Beziehungen in Dein Leben ziehen.

14.3 Das Opfer

Wir alle werden in unserem Leben ab und an zum Opfer, da wir in Situationen kommen, wo wir uns hilflos, ohnmächtig und ausgeliefert fühlen. Jedoch gibt es Menschen, die andauernd das Gefühl haben, dass sie keine Kontrolle über ihre Situation haben. Tatsächlich ist es in unserer Gesellschaft normal und angesehen, Opfer zu sein, und es gibt sogar richtige Battles, wer noch etwas Schlimmeres erlebt hat als der andere. Ja, auch das zählt zum Opfer.

Es gibt viele „Formen" von Opfern:

➜ **Aufopfern**: Sie opfern sich auf, z. B. in der Firma, aber keiner sieht es, Frauen, die ihre Eltern pflegen und dabei selbst körperlich und psychisch kaputt gehen. Daher müssen sie ständig drüber sprechen und sich damit in den Mittelpunkt setzen.

➜ **Permanente Schuldzuweisungen:** Immer sind die anderen Schuld, sie sind immer die Opfer. Typische Sätze oder Merkmale: keiner sieht es, immer werden sie verlassen, sie werden betrogen.

➜ **Ständiges Kreiseln:** Die Mütter, die immer um ihre Kinder kreisen, deren Köpfe ständig bei ihrem Kind sind und immer gestresst sind, wie ja das Kind sie brauchen würde.

➜ **Nicht loslassen können, kein Ende finden:** Sogar noch nach 10 Jahren jammern die Opfer über das Verhalten der anderen. Selbstreflektion ist keine Option.

Lass uns gemeinsam erkunden, wie diese Rolle entsteht und was Du tun kannst, um Dich daraus zu befreien.

Wie entsteht die Opferrolle? Einige Beispiele

1. **Frühkindliche Erfahrungen**: Wenn Du in Deiner Kindheit oft das Gefühl hattest, dass Deine Bedürfnisse nicht erfüllt wurden oder Du ungerecht behandelt wurdest, zementiert sich das Gefühl der Hilflosigkeit in Dir. Du lernst, dass es keinen Sinn hat, sich zu wehren, weil Deine Bemühungen sowieso nichts ändern.

2. **Negative Glaubenssätze**: Glaubenssätze wie „Ich kann nichts ändern", „Es passiert immer nur mir", „Die anderen sind schuld", „Ich werde nicht gesehen" entwickeln sich. Diese Überzeugungen halten Dich in der Opferrolle fest und verhindern, dass Du proaktive Schritte unternimmst.

3. **Umfeld und Beziehungen**: Dein Umfeld spielt eine große Rolle. Wenn Du von Menschen umgeben bist, die Dich in Deiner Opferrolle bestätigen oder selbst solche Verhaltensweisen zeigen, kann das Dein eigenes Verhalten verstärken.

4. **Erlernte Hilflosigkeit**: Durch wiederholte negative Erfahrungen erlernst Du Deine Hilflosigkeit. Das bedeutet, dass Du glaubst, dass Du keinen Einfluss auf Deine Situation hast, selbst wenn Du tatsächlich die Macht hättest, etwas zu ändern.

5. **Permanentes Wiederholen**: Durch das ständige Lernen als Kind, nichts ändern zu können, wird diese Rolle perfekt gebaut.

Auswirkungen der Opferrolle

Es ist wichtig, die Auswirkungen der Opferrolle auf Dein Leben zu erkennen:

→ **Geringes Selbstwertgefühl**: Wenn Du Dich als Opfer siehst, leidet Dein Selbstwertgefühl. Du fühlst Dich machtlos und wertlos.

→ **Depression und Angst**: Die ständige Überzeugung, dass Du nichts ändern kannst, kann zu Depressionen und Angstzuständen führen.

→ **Beziehungsprobleme**: Deine Beziehungen leiden darunter, weil Du erwartest, dass andere Dich retten oder ständig Verständnis zeigen, ohne dass Du selbst Verantwortung übernimmst.

→ Du hast es bestimmt schon erlebt, dass Opfer sich sogar an ihrer Opferrolle festbeißen, damit sie nichts ändern müssen.

→ **Mangelnde Erfüllung**: Opfer sind nie erfüllt, sie sind ständig im Mangel und suchen durch ihr Jammern Aufmerksamkeit und Bestätigung. Sie fühlen sich oft von den Umständen überwältigt und leben in der selbsterfüllenden Prophezeiung.

Weitere Schritte, um aus der Opferrolle auszubrechen

1. **Selbstreflexion**: Nimm Dir Zeit, um zu reflektieren, in welchen Situationen Du Dich wie ein Opfer fühlst. Was sind die Auslöser? Welche Gedanken gehen Dir durch den Kopf? Welche Vorteile hast Du, Opfer zu sein? Schreibe Deine Beobachtungen auf.

2. **Negative Glaubenssätze hinterfragen**: Erkenne und hinterfrage Deine negativen Glaubenssätze. Frage Dich: „Ist das wirklich wahr? Gibt es Beweise, die das Gegenteil zeigen?" Ersetze diese Glaubenssätze durch positive und realistische Überzeugungen.

3. **Verantwortung übernehmen**: Beginne, Verantwortung für Dein Leben und Deine Entscheidungen zu übernehmen. Erkenne, dass Du die Macht hast, Veränderungen vorzunehmen, auch wenn sie klein sind.

4. **Setze Dir Ziele**: Setze Dir erreichbare Ziele und arbeite Schritt für Schritt darauf hin. Belohne Dich für jeden Fortschritt, den Du machst, egal wie klein er ist.

5. **Stärke Dein Selbstwertgefühl**: Arbeite an Deinem Selbstwertgefühl, indem Du Dich auf Deine Stärken und Erfolge konzentrierst. Führe ein Erfolgstagebuch, in dem Du täglich Deine Erfolge festhältst.

6. **Suche Unterstützung**: Sprich mit vertrauenswürdigen Freunden oder Familienmitgliedern über Deine Gefühle. Hole Dir professionelle Hilfe.

7. **Neue Bewältigungsstrategien erlernen**: Lerne effektive Strategien zur Bewältigung von Stress und Herausforderungen. Achtsamkeit, Meditation und Entspannungstechniken helfen Dir, Dich besser zu fühlen und klarer zu denken. Dazu habe ich Dir vieles in den vorderen Kapiteln zur Verfügung gestellt.

Du hast immer die Möglichkeit, Dich aus diesem Muster zu befreien und Dein Leben zu verändern. Das ist sogar besonders wichtig. Unternimm kleine Schritte und lerne, an Dich zu glauben, damit Du ein erfülltes und selbstbestimmtes Leben führen wirst.

14.4 Der Täter

Es gibt mehr Täterformen als wir denken, da wir in einer Tätergesellschaft großgeworden sind: bekannt sind Soziopathen oder Psychopathen. Borderliner, Histrioniker, aber auch ADHSler greifen an, um andere zu verletzten, um nicht selbst verletzt zu werden. Besonders Narzissmus und toxisches Verhalten sind verbreiteter als wir denken. Bei den Narzissten gibt es sehr viele Unterformen, so dass es oft schwerfällt, das Gegenüber als Narzissten zu erkennen. Dazu zählt auch das toxische Verhalten, welches in unserer Gesellschaft normal geworden ist.

Diese Rolle beleuchte ich aus zwei Perspektiven:
Du bist Täter

Wenn Du feststellst, dass Du Dich in die Rolle des Täters findest, ist es wichtig, Dein Verhalten zu erkennen und zu verstehen. Die Rolle des Täters kann sich in verschiedenen Formen zeigen, wie z.B. durch aggressives Verhalten, Manipulation oder Mobbing. Dieses Verhalten finden wir bei z. B. ADHSlern, die an sich nicht böse sind, aber dieses Täterverhalten anwenden, wenn sie sich wehren müssen.

Gemeinsam können wir herausfinden, wie diese Rolle entsteht und was Du tun kannst, um Dein Verhalten zu ändern.

Wie entsteht die Täterrolle?

1. **Frühkindliche Erfahrungen**: Wenn Du als Kind Gewalt oder Missbrauch erlebt hast, kannst Du dieses Verhalten als Bewältigungsmechanismus übernehmen. Du hast gelernt, dass Macht und Kontrolle über andere Dir ein Gefühl der Sicherheit geben. Wenn Du von Deinen Eltern nicht wahrgenommen wurdest, wenn Deine Eltern psychisch krank waren, süchtig, und Du um Anerkennung und Liebe kämpfen musstest. Besonders weiße Gewalt ist hier zu nennen, die in unserer Gesellschaft oft nicht bekannt ist und als normal gilt, die jedoch einen sehr großen Schaden bei Dir verursacht hat.

2. **Modelllernen**: Du hast Verhaltensweisen von Erwachsenen oder älteren Geschwistern übernommen, die selbst Täterverhalten zeigen. Wenn Du gesehen hast, dass diese Verhaltensweisen zu positiven Ergebnissen führen, könntest Du sie nachahmen. Da wir in einer Tätergesellschaft leben, wird dieses Verhalten sogar positiv bestärkt. Wir erleben gerade im Business sehr häufig, dass erfolgreiche Menschen Narzissten sind.

3. **Mangelnde Empathie**: Wenn Du Schwierigkeiten hast, die Gefühle und Perspektiven anderer zu verstehen oder zu respektieren, gehst Du über deren Grenzen und bist somit rücksichtslos oder verletzend.

4. **Unbewältigter Stress oder Frustration**: Wenn Du unter starkem Stress stehst oder Frustration empfindest, kannst Du dazu neigen, diese Emotionen an anderen auszulassen.

5. **Geringes Selbstwertgefühl**: Ein geringes Selbstwertgefühl führt dazu, dass Du durch Kontrolle oder Erniedrigung anderer Dich besser fühlst.

6. **Angriff, um Dich zu schützen**: Du wirst merken, dass Du angreifst, um etwas von Dir abzuwenden. Nach dem Motto: „Angriff ist die beste Verteidigung."

Auswirkungen der Täterrolle

Es ist wichtig zu erkennen, wie Dein Verhalten als Täter sowohl Dich selbst als auch andere beeinflusst:

➡ **Beschädigte Beziehungen**: Dein Verhalten beschädigt Deine Beziehungen zu Freunden, Familie und Kollegen ernsthaft, auch wenn wir dieses Verhalten aus unserer Kindheit, Gesellschaft kennen, ist es toxisches vergiftetes Verhalten.

➡ **Schuld und Scham**: Du entwickelst langfristig Schuld- und Schamgefühle, die Dein Selbstwertgefühl immer mehr untergraben, denn Du weißt au Deinem Herzen, dass dies weder Dir noch anderen guttut.

➡ **Isolation oder Abwenden**: Dein Verhalten führt dazu, dass sich andere von Dir abwenden und Du Dich isoliert fühlst.

➡ **Rechtliche Konsequenzen**: Aggressives oder gewalttätiges Verhalten kann rechtliche Konsequenzen haben, die Dein Leben erheblich beeinträchtigen können.

Weitere Schritte, um aus der Täterrolle auszubrechen (siehe vorne genannte Impulse)

1. **Selbstreflexion**: Nimm Dir Zeit, um Dein Verhalten zu reflektieren. In welchen Situationen verhältst Du Dich wie ein Täter? Was löst dieses Verhalten aus? Woher kommt dieses Verhalten? Wie war Deine Kindheit? Führe ein Tagebuch, um Muster zu erkennen.

2. **Verantwortung übernehmen**: Erkenne und akzeptiere, dass Dein Verhalten anderen Schaden zufügt. Übernimm Verantwortung für Deine Handlungen und die Auswirkungen, die sie auf andere haben. Fang an, Dich ernsthaft zu entschuldigen, neue Wege und Lösungen anzubieten, wie Du in Zukunft reagieren möchtest. Führe darüber Buch und optimiere Dich.

3. **Empathie entwickeln**: Arbeite daran, Deine Empathie für andere zu stärken. Versuche, Dich in die Lage derjenigen zu versetzen, die Du verletzt hast. Wie fühlen sie sich? Was denken sie? Wie geht es ihnen damit? Waren sie überhaupt der Auslöser?

4. **Alternative Bewältigungsstrategien**: Lerne, mit Stress und Frustration auf gesunde Weise umzugehen. Techniken wie tiefes Atmen, Meditation und körperliche Bewegung helfen, Deine Emotionen zu regulieren.

5. **Weitere professionelle Hilfe suchen**: Ein Therapeut oder Coach kann Dir helfen, die Ursachen Deines Verhaltens zu verstehen und Strategien zu entwickeln, um es zu ändern.

6. **Kommunikationsfähigkeiten verbessern**: Lerne, Deine Bedürfnisse und Gefühle auf konstruktive Weise auszudrücken. Übe gewaltfreie Kommunikation, um Konflikte ohne Aggression zu lösen.

7. **Selbstwertgefühl stärken**: Arbeite daran, Dein Selbstwertgefühl zu stärken, ohne andere zu kontrollieren oder zu verletzen. Konzentriere Dich auf Deine Stärken und Erfolge.

Konkrete Beispiele

1. **Berufliche Herausforderungen**: Wenn Du am Arbeitsplatz aggressiv bist, versuche, in stressigen Situationen ruhig zu bleiben. Suche nach konstruktiven Wegen, um Konflikte zu lösen, z.B. durch offenes Gespräch und Zusammenarbeit.

2. **Soziale Situationen**: Wenn Du in sozialen Situationen dazu neigst, andere zu dominieren oder zu manipulieren, übe Dich in Zurückhaltung und höre aktiv zu. Respektiere die Meinungen und Gefühle anderer.

WICHTIG: Auch wenn Du andere damit verletzt hast, kann ich Dir bestätigen und Mut machen, wenn Du ernsthaft an Dir arbeitest, Demut für Dein Verhalten lernst, anerkennst, was Du anderen damit angetan hast und Dich dann entschuldigst, werden Wunder geschehen. Nicht alle Menschen werden Dir verzeihen – aber einige mehr als Du denkst. Und die neuen Menschen, die in Dein Leben kommen, kennen dann nur die neue Persönlichkeit. Du hast die Fähigkeit, Dein Verhalten zu ändern und Dich aus der Rolle des Täters zu befreien.

Übernimm Verantwortung, lerne Demut, baue Dich auf und überwinde diese Rolle, um gesunde und respektvolle Beziehungen aufzubauen und ein erfülltes Leben zu führen.

Der andere ist Täter: die wichtigsten sind Partner oder Elternteil

Narzissten oder toxische Menschen erkennen nicht, dass sie Täter sind und ändern nichts an ihrem Verhalten, aus mehreren Gründen:

1. **Mangel an Selbstreflexion**: Narzissten machen andere für ihre Probleme verantwortlich und sehen sich als Opfer. Sie hinterfragen ihr Verhalten nicht. Es sind immer die anderen schuld und verantwortlich. Narzissten sind oft von ihrer Hauptpersönlichkeit distanziert und haben Schutzmauern oder "Computerprogramme" entwickelt, um emotionalen Schmerz zu vermeiden. Diese Mechanismen helfen ihnen, sich vor einer tiefen Selbstreflexion zu schützen und ihr Selbstbild aufrechtzuerhalten.

2. **Übertriebene Selbstwahrnehmung**: Narzissten haben ein überhöhtes Selbstwertgefühl und glauben immer im Recht zu sein. Kritik und Fehler bedrohen ihr Selbstbild. Daher projizieren sie dies auf andere.

3. **Manipulation und Kontrolle**: Narzissten haben ein starkes Bedürfnis nach Kontrolle über andere. Sie nutzen Manipulationstaktiken, um ihre

Ziele zu erreichen, und halten ihr Verhalten für gerechtfertigt, um ihre Macht zu erhalten.

4. **Egozentrik und Empathiemangel**: Narzissten zeigen wenig Empathie und betrachten die Welt aus ihrer eigenen Perspektive. Sie verstehen oder respektieren die Gefühle und Bedürfnisse anderer kaum. Sie können Empathie ein- und ausschalten, je nach Art ihres Narzissmus. Einige können oberflächliche Empathie zeigen, wenn es ihren eigenen Interessen dient, während andere fast vollständig unfähig sind, sich in andere hineinzuversetzen. So erlebst Du auf der einen Seite einen sehr empathischen Partner, der im nächsten Moment völlig kalt und distanziert Dir Vorwürfe um die Ohren haut und sich im absoluten Recht sieht.

5. **Verleugnung und Selbstschutz**: Um ihr Selbstbild zu wahren, rationalisieren oder leugnen Narzissten schädliches Verhalten. Sie überzeugen sich selbst, dass ihre Handlungen gerechtfertigt sind oder dass sie das Opfer sind.

6. **Verdrehen in der Argumentation, immer recht haben**: Sie verdrehen alles in ihren Argumentationen, und ihnen ist es völlig egal, was sie gestern oder vor 5min gesagt haben. Hauptsache, sie gewinnen die Diskussion.

7. **Angst vor Veränderung**: Selbstreflexion und Bereitschaft zur Veränderung erfordern Mut. Narzissten meiden diese Herausforderung aus Angst, ihre Kontrolle oder Dominanz zu verlieren.

8. **Unbewusstes Verhalten**: Manche narzisstischen oder toxischen Verhaltensweisen sind tief verwurzelt und unbewusst. Die Person ist sich nicht bewusst, wie sehr ihr Verhalten andere beeinflusst oder verletzt.

9. **Opfer auslaugen, Energievampire**: Narzissten sind von ihrer Hauptpersönlichkeit entfernt, sie sind innerlich leer und füllen sich mit der Energie ihrer Opfer, besonders aus deren negativen Gefühlen, wenn es dem anderen schlecht geht, geht es dem Narzissten gut.

10. **Destabilisierung der Opfer**: Durch die verschiedensten Manipulationstechniken, in denen sie Meister sind, destabilisieren sie ihre Opfer, so dass es sein kann, dass die Opfer ihrer eigenen Wahrnehmung nicht mehr trauen.

11. **Isolation des Opfers:** Ein weiteres probates Mittel ist, dass sie ihre Opfer aus dem sozialen Umfeld isolieren, um sie besser manipulieren zu können, und, damit die Opfer keine

Aufgrund ihres mangelnden Einblicks und ihrer tief verwurzelten Überzeugungen werden Narzissten nicht bereit sein, ihr Verhalten zu ändern. Daher ist es wichtig, klare und feste Grenzen zu setzen, um sich selbst zu schützen. Stell es Dir so vor: Du bist der Löwendompteur in einer Manege. Löwen sind von sich aus Raubtiere – und sie beißen Dich, wenn Du schwächer bist als sie. So auch bei einem Narzissten: Jede Art von Schwäche ist eine Einladung für einen Angriff.

Je nach Schwere des Narzissmus kommst Du nie zu ihnen durch. In solchen Fällen ist der beste Schutz, sich von der Beziehung zu distanzieren und persönliche Grenzen zu wahren.

Mein persönlicher Rat:
Nimm die Beine in die Hand und renne. Narzisstisches oder toxisches Verhalten laugt Dich aus, macht Dich mürbe – auch wenn Du denkst, dass Du damit klar kommst, dass es Dir nichts ausmacht. Das ist schon die erste Falle.

Die zweite Falle ist, *zu denken, dass sich der Toxe wegen Dir ändert, dass Du ihn nur noch mehr lieben musst, damit er bei Dir bleibt. Oder ihm noch mehr Chancen gibst, weil er sich ändern wird. Nein, Deine Hoffnung ist sein Lebenselixier!*
Ich kenne bisher keinen Narzissten, bei dem man landet, der wirklich aus der Tiefe seines Herzens etwas ändern will. Sie tun so, als ob sie etwas ändern, dabei spielen sie es Dir nur vor, damit Du bleibst.

15. Weitere Süchte

15.1 Emotionale Abhängigkeit

Wir sind alle emotional abhängig, auch wenn uns das meist nicht bewusst ist. Daher ist es besonders wichtig, Dich diesem Thema mit Liebe und proaktiv zu stellen. Deine emotionale Abhängigkeit wirkt sich **negativ auf all Deine Lebensbereiche aus.**

Ich habe dazu ein wunderbares Webinar gehalten, welches Du kostenfrei anschauen kannst unter *https://aufge-wacht.de/webinar-emotionale-abhaengigkeit/.* *Auch auf meinem YouTube Kanal oder in meinem Blog findest Du dazu mehr Infos.*

Bevor wir starten, noch ein wichtiger Hinweis:
Es gibt eine Studie, die belegt, dass für unser Glück gesunde Beziehungen die Grundvoraussetzung sind. Wenn wir unser Leben und die Welt anschauen, wissen wir, warum wir so viel Streit, Missgunst und Krieg haben: wir hatten alle keine gesunden nährenden, auf unseren Bedürfnissen basierten Beziehungen in unserer Kindheit, keine gesunde Erziehung oder gute Vorbilder.

Was ist das überhaupt?

Emotionale Abhängigkeit beschreibt einen psychischen Zustand, in dem eine Person ihr Wohlbefinden und Selbstwertgefühl stark von einer anderen Person abhängig macht. Es geht darum, dass man das Gefühl hat, ohne die Bestätigung, Anerkennung oder Zuneigung dieser anderen Person nicht glücklich oder zufrieden sein zu können.

Aus einem Interview von Gerald Hüter, Deutschlands bekanntester Hirnforscher:
„Solange ich meine Grundbedürfnisse nur ersatzweise gestillt habe, durch Einkaufen, durch Fußball gucken, durch Karriere machen oder Geld verdienen und solange ich meine Grundbedürfnisse nur ersatzweise stille, bleibe ich im tiefsten Inneren ein Bedürftiger. Und als solcher bin ich dann einer, der immer was von anderen haben will. Bedürftige wollen immer was von anderen haben. Die wollen Zuwendung haben, die wollen Einfluss haben, die wollen Macht haben. Anerkennung brauchen heutzutage sehr viele, immer sollen die anderen sie anerkennen und wertschätzen. Das ist alles

Ausdruck von Bedürftigkeit, leider. Und wenn ich jetzt kein Bedürftiger mehr wäre, bräuchte ich das alles nicht mehr. Und wenn ich das alles nicht mehr brauche, dass ich immer was von anderen haben will, dann wäre der Zeitpunkt..."

Wie kommt es dazu? Einige Gründe

Emotionale Abhängigkeit entsteht in der Kindheit. Viele von uns wurden nicht bedürfnisorientiert oder bindungsorientiert erzogen. Wir haben nicht die bedingungslose Liebe von unseren „Göttern in Weiß" – unseren Eltern und später der Gesellschaft – erfahren. Stattdessen wurden wir in Schubladen gesteckt, damit wir lernen, zu funktionieren. Schule und Kindergarten waren oft nicht darauf ausgerichtet, unsere Individualität und unsere Entwicklungsreife zu berücksichtigen.

Wir leben in einer toxisch-narzisstischen Gesellschaft, die nicht bedingungslose Liebe lehrt und anwendet, sondern genau das Gegenteil. Als Kinder sind wir bis zum 12. Lebensjahr abhängig von unseren „Göttern in Weiß", was wirklich eine sehr lange Zeit ist. In dieser Zeit lernen wir, nicht auf unser Bauchgefühl zu hören, sondern auf diese Autoritätspersonen.

Während dieser prägenden Jahre erleben wir oft Mikrotraumen und „weiße Gewalt" – subtile, oft unsichtbare Formen von Missbrauch und Vernachlässigung. Diese Erfahrungen prägen unser Selbstbild und unser Gefühl der Sicherheit in Beziehungen. Wir lernen, dass unsere Bedürfnisse weniger wichtig sind als die Erwartungen und Anforderungen unserer Eltern und der Gesellschaft. Dies kann zu einem tief verwurzelten Gefühl der Unsicherheit und einem Mangel an Selbstvertrauen führen, was wiederum die Grundlage für emotionale Abhängigkeit im Erwachsenenalter legt.

1. **Die Suche nach Erfüllung:** Wir Menschen haben ein grundlegendes Bedürfnis nach Anerkennung, Zugehörigkeit, Liebe, Bestätigung, Zärtlichkeiten und Sexualität. Diese Bedürfnisse sind tief in uns verankert und spielen eine zentrale Rolle in unserem emotionalen und psychischen Wohlbefinden. Wir sehnen uns nach einem Partner, der uns glücklich macht, weil wir glauben, dass wir allein nicht in der Lage sind, diese Erfüllung zu finden. Wir schaffen das nicht aus uns alleine heraus.

Ein Beispiel: Wir suchen nach dem perfekten Job, nach der idealen Herausforderung, in der Hoffnung, dass diese uns die gewünschte Bestätigung und Zufriedenheit bringen. Doch oft bleiben wir in diesem unaufhörlichen Suchen stecken und finden nie wirklich das, was wir uns erhoffen.

Anmerkung: Ich spreche hier nicht von dem natürlichen, gesunden Austausch von Zärtlichkeiten oder Sexualität.

2. **Fehlende emotionale Erfüllung in der Kindheit:** Wer in der Kindheit keine ausreichende emotionale Unterstützung und Zuwendung erhalten hat, sucht diese oft im Erwachsenenalter bei anderen. Sie hoffen, die Lücken zu füllen, die durch mangelnde elterliche Fürsorge entstanden sind.

3. **Der Umgang mit negativen Gefühlen:** Ein weiterer Aspekt der emotionalen Abhängigkeit ist die Unfähigkeit, mit negativen Gefühlen alleine zurechtzukommen. Menschen, die emotional abhängig sind, haben oft Schwierigkeiten, ihre eigenen negativen Emotionen zu verarbeiten und zu bewältigen. Sie sind auf die Unterstützung und den Trost anderer angewiesen, um sich besser zu fühlen. Dies kann zu einer starken Abhängigkeit von der Präsenz und dem Wohlwollen anderer führen, da sie ohne diese Unterstützung das Gefühl haben, ihre negativen Emotionen nicht bewältigen zu können.

4. **Ungeklärte persönliche Bedürfnisse:** Wenn Menschen ihre eigenen emotionalen Bedürfnisse nicht klar erkennen oder nicht wissen, wie sie diese selbst erfüllen können, suchen sie oft nach Erfüllung dieser Bedürfnisse durch andere. Das kann zu einer Abhängigkeit führen, da sie glauben, dass nur andere ihre emotionalen Bedürfnisse befriedigen können.

5. **Übermäßige Idealisierung von Beziehungen:** Manche Menschen haben unrealistische Erwartungen an Beziehungen und glauben, dass ihr Partner sie vollständig glücklich machen und alle ihre emotionalen Bedürfnisse erfüllen muss. Diese übermäßige Idealisierung kann zu einer Abhängigkeit führen, da sie sich stark auf ihren Partner verlassen, um sich gut zu fühlen.

6. **Verlustangst:** Menschen, die Angst haben, verlassen oder abgelehnt zu werden, können emotionale Abhängigkeit entwickeln. Diese Angst kann aus früheren Erfahrungen von Verlust oder Verlassen werden stammen und führt dazu, dass sie sich stark an andere klammern.

7. **Alle Urängste,** die wir in uns haben, verstärken unsere emotionale Abhängigkeit, Solange Du Dir dieser Urängste nicht bewusst bist, triggern sie Deine Abhängigkeit.

Nach dem Modell von Varda Hasselmann, Frank Schmolke gibt es 7 Urängste des Menschen mit verschiedenen Ausprägungen.

- o Selbstverleugnung = Angst vor Verlust
- o Selbstsabotage = Angst vor Erfolg
- o Märtyrertum = Angst vor Wertlosigkeit
- o Starrsinn = Angst vor Veränderung
- o Gier = Die Angst vor Mangel
- o Hochmut = Angst vor Verletzung
- o Ungeduld = Angst etwas zu versäumen

Abschließende Bemerkung

Es ist wichtig zu betonen, dass es einen natürlichen und gesunden Austausch
von Zärtlichkeiten und Sexualität gibt, der nicht mit emotionaler Abhängigkeit
gleichzusetzen ist. In einer gesunden Beziehung teilen Partner gegenseitige Zuneigung und Unterstützung, ohne dass einer von beiden emotional abhängig
ist. Emotionale Abhängigkeit hingegen ist durch ein Ungleichgewicht und ein
übermäßiges Bedürfnis nach Bestätigung und Unterstützung gekennzeichnet,
dass das eigene Wohlbefinden und die eigene Identität stark beeinträchtigen
können.

Warum wirkt es sich negativ auf alle Bereiche aus?

Emotionale Abhängigkeit hat weitreichende negative Auswirkungen auf ver-
schiedenste Lebensbereiche. Hier sind einige der Hauptgründe:

➔ **Beziehungen:** In Beziehungen führt emotionale Abhängigkeit zu einem
Ungleichgewicht, da eine Person ständig die Bestätigung und Unterstützung der anderen sucht. Überforderung und Erschöpfung kann die Reaktion des Partners sein. Die abhängige Person fühlt sich möglicherweise
unsicher und hat Angst vor Ablehnung oder Verlassen werden, was zu
Eifersucht, Kontrolle und übermäßigem Klammern führen kann.

➔ **Selbstwertgefühl:** Da das Selbstwertgefühl stark von der Bestätigung
durch andere abhängt, kann es bei fehlender Anerkennung leicht zu einem

Zusammenbruch des Selbstwerts kommen. Dies führt zu einem Teufelskreis, in dem die Person immer mehr Bestätigung von außen sucht und dabei immer unsicherer wird.

→ **Beruf und Karriere:** Emotional abhängige Menschen haben Schwierigkeiten, ihre eigenen Fähigkeiten und Talente anzuerkennen. Sie sind stark auf die Anerkennung und das Lob von Kollegen und Vorgesetzten angewiesen. Berufliche Unsicherheit und mangelndes Selbstvertrauen sind die Folgen, was die berufliche Entwicklung und Karrierechancen einschränkt.

→ **Persönliches Wachstum:** Emotionale Abhängigkeit hindert Menschen, sich selbst zu entdecken und ihre eigenen Stärken und Schwächen zu erkennen. Sie investieren ihre Energie in die Bestätigung durch andere, anstatt an ihrer persönlichen Entwicklung und Selbstverwirklichung zu arbeiten. Persönliches Wachstum und Erfüllung werden stark eingeschränkt.

→ **Psychische Gesundheit:** Die ständige Abhängigkeit von der Bestätigung und Anerkennung anderer führt zu psychischen Belastungen wie Angstzuständen, Depressionen und Stress. Das Gefühl, nicht gut genug zu sein oder ständig Angst vor Ablehnung zu haben sind weitere Folgen.

Fazit

Ich kann das Thema der emotionalen Abhängigkeit nur teilweise anreißen, denn es ist ein komplexes Phänomen, das tief in unserer Erziehung und gesellschaftlichen Prägung verwurzelt ist. Sie hat fatale negative Auswirkungen auf unsere Beziehungen, unser Selbstwertgefühl, unsere berufliche Entwicklung und unsere psychische Gesundheit. Es ist wichtig, sich dieser Abhängigkeit bewusst zu werden und daran zu arbeiten, unabhängiger und selbstbewusster zu werden, um wahrhaftig authentisch zu werden. Es geht nicht darum, alles aufzulösen zu müssen, sondern sich immer mehr bewusst zu werden, emotionale Abhängigkeit ist die Basis von ganz vielen weiteren, in den nächsten Kapiteln genannten, Süchten.

Was kannst Du noch tun? (weitere Impulse vorne im Buch)

1. **Urwunden heilen:** Arbeite daran, Deine tiefen emotionalen Wunden aus Deiner Kindheit zu erkennen und zu heilen. Dies kann sich schwer anfühlen und Dir Angst machen, ich kann Dir sagen: es lohnt sich. Denn unter diesen Wunden wirst Du Deine eigenen Urwunden finden, die sich in allen Lebensbereichen bemerkbar machen.

2. **Eigenmacht lernen:** Entwickle ein starkes Gefühl der Eigenmacht und Unabhängigkeit. Lerne, Deine eigenen Entscheidungen zu treffen und Verantwortung für Dein eigenes Wohlbefinden zu übernehmen. Gerade wenn Du süchtig oder abhängig bist, ist dies der Schlüssel zu Deiner Heilung.

3. **Selbstliebe und Selbstschutz:** Übe Selbstliebe, indem Du Dir selbst gegenüber mitfühlend und verständnisvoll bist. Setze klare Grenzen, besonders gegenüber toxischen und narzisstischen Personen, um Dich selbst zu schützen. Dazu habe ich Dir in vielen Kapiteln viele Übungen und Anregungen mitgegeben.

4. **Grenzen setzen:** Lerne, gesunde Grenzen zu setzen und diese konsequent zu wahren. Dies hilft, Deine emotionale und psychische Gesundheit zu schützen. Und auch, Dir selbst treu zu bleiben und allen zu signalisieren, dass Du Dir die wichtigste Person bist und es wert bist, dass man Dich achtet.

5. **Deine Ur-Liebe finden:** Finde die tiefe, bedingungslose Liebe in Dir selbst. Diese Liebe ist unabhängig von äußeren Umständen und gibt Dir ein starkes Fundament für ein erfülltes Leben.

6. **Anbindung und Sehnsucht stillen:** Schaffe Verbindungen zu Menschen, die Dich bedingungslos akzeptieren und unterstützen. Lerne, Deine Sehnsucht nach Zugehörigkeit und Anerkennung auf gesunde Weise zu stillen, indem du sie in Dir selbst findest.

7. **Verlustängste und Bindungsängste auflösen:** Arbeite daran, Ängste vor Verlust und Bindung zu erkennen und zu überwinden. Dies fällt anfangs schwer, wird immer leichter und die Erfolge lassen sich sehen. Danach denkst Du Dir, warum Du dies nicht schon früher angegangen bist.

8. **Traumabonding auflösen:** Erkenne und löse traumatische Bindungen, die aus negativen Kindheitserfahrungen resultieren, gerade durch narzisstische oder toxische Elternteile. Siehe dazu nächstes Kapitel.

9. **Deine eigenen Bedürfnisse erkennen und einfordern:** Deine eigenen Bedürfnisse wurden als Kind tief verschüttet und ignoriert, so dass es

uns schwerfällt, diese zu finden und zu äußern. Deine eigenen Gefühle sind der Weg zu Deinen Bedürfnissen. Nimm Dir dazu gerne die „Gefühlsgiraffe" von der Gewaltfreien Kommunikation.

Ein extrem wichtiger Aspekt, daher habe ich diesen als extra Punkt:

Was ist Traumabonding und warum wiederholen wir dieses für uns negative Verhalten?

Traumabonding, auch als Traumabindung bekannt, beschreibt die emotionale Bindung, die Du in einer missbräuchlichen Beziehung entwickeln kannst, meist in Deiner Kindheit durch die Eltern oder einen Elternteil. Diese Bindung entsteht durch den wiederholten Zyklus von Missbrauch und anschließender Zuneigung oder Entschuldigung, wodurch Du eine starke emotionale und psychologische Abhängigkeit von diesem Menschen entwickelst. Es ist wie Zuckerbrot und Peitsche, und Du hoffst nach jeder Entschuldigung oder positivem Verhalten, dass dieser Mensch sich ändert oder sieht, dass Du Dich geändert hast und dass danach alles gut wird. Dieses kindliche Urhoffnung ist die Grundlage für viele weitere toxische Partner, in allen Lebensbereichen.

Wir saugen dieses negative Verhalten wie Muttermilch auf und denken, dass dies ein normales Verhalten ist. Wir finden viele Ausreden – so auch schon Deine Eltern. Diese negativen Ketten bzw. Bänder in ihrer wahren fatalen Tiefe und Auswirkungen zu sehen, habe ich erst im Laufe meiner langjährigen Arbeit als Bewusstseinstrainerin gesehen.

Um es Dir deutlich zu machen, ziehe ich hier ein paar Parallelen zwischen Traumabonding und Sucht:

1. **Intensive emotionale Höhen und Tiefen:**
   - **Traumabonding:** Du erlebst extreme emotionale Schwankungen durch Phasen von Missbrauch, gefolgt von Momenten der Zuneigung oder Versöhnung. Diese Zyklen verstärken Deine emotionale Bindung und Abhängigkeit, gerade in Deinen ersten zwölf Jahren.
   - **Sucht:** Ähnlich wie bei einer Sucht erlebst Du intensive Hochs (durch den Konsum der Suchtmittel) und Tiefs (durch Entzug oder das Fehlen des Suchtmittels).

2. **Chemische Reaktionen im Gehirn:**
   - **Traumabonding:** Während der Phasen der Zuneigung oder Versöhnung schüttet Dein Gehirn Endorphine und Dopamin aus, die Glücksgefühle erzeugen. Dies ähnelt den chemischen Reaktionen, die durch Drogenkonsum ausgelöst werden. Erinnere Dich an die zahlreichen Momente, wo Du als Kind die Hoffnung hattest, dass jetzt wieder alles gut wird und Mama Dich bedingungslos liebt? Und dann kam nach drei Monaten wieder eine Abwertung oder Liebesentzug. Und das Spiel ging von vorne los.
   - Gerade Hollywood gaukelt uns toxische Beziehungen als normal vor, die dieses Schema bedienen.
   - **Sucht:** Suchtmittel wie Drogen oder Alkohol lösen die Ausschüttung von Dopamin und anderen Neurotransmittern aus, die zu einem intensiven Glücksgefühl führen, das Du wiederhaben möchtest.

3. **Zwanghaftes Verhaltensmuster:**
   - **Traumabonding:** Trotz des Wissens um den Schaden, den die Beziehung verursacht, fühlst Du Dich gezwungen, in der Beziehung zu bleiben. Die Angst vor dem Verlust des Partners und die Sehnsucht nach den "guten Zeiten" halten Dich gefangen. Als Kind konntest Du nicht gehen und bist in die kindliche Hoffnung gegangen, welches Du nun auf diesen Partner projizierst.
   - **Sucht:** Trotz des Bewusstseins über die negativen Konsequenzen des Suchtverhaltens (wie gesundheitliche Schäden oder soziale Isolation) fühlst Du Dich gezwungen, weiterhin die Suchtmittel zu konsumieren.

4. **Entzugserscheinungen und Rückfälle:**
   - **Traumabonding:** Beim Versuch, die Beziehung zu verlassen, kannst Du intensive emotionale und körperliche Entzugserscheinungen erleben, ähnlich wie bei einer Drogensucht. Diese Entzugserscheinungen führen meist zu Rückfällen, bei denen Du in die missbräuchliche Beziehung zurückkehrst.
   - **Sucht:** Beim Versuch, mit dem Suchtmittel aufzuhören, erlebst Du ebenfalls Entzugserscheinungen, die oft so intensiv sind, dass sie zu Rückfällen führen.

5. **Isolierung und Scham:**
   - **Traumabonding:** Du fühlst Dich oft isoliert und schämst Dich für Deine Situation, was es Dir schwer macht, Hilfe zu suchen oder die Beziehung zu beenden. Dadurch verlierst Du an Kraft und bleibst erst recht in dieser negativen Beziehung – statt sie zu beenden. Wie schon mit Deinen Eltern/Elternteil.
   - **Sucht:** Menschen mit Suchtproblemen isolieren sich oft und schämen sich für ihr Verhalten, was die Suche nach Unterstützung erschwert.

Diese Parallelen verdeutlichen, warum Traumabonding so schwer zu durchbrechen ist und warum es wichtig ist, dieses Thema zu beleuchten. Ich kann auch dieses Thema nur anreißen, denn es wäre ein weiteres Buch.

15.2 Liebessucht, Anerkennungssucht
Was ist das überhaupt?

Liebessucht und Anerkennungssucht beschreiben Zustände, in denen eine Person stark von der Zuneigung und Bestätigung anderer abhängig ist, um sich selbst gut zu fühlen. Bei Liebessucht geht es um die unersättliche Suche nach romantischer Liebe, während Anerkennungssucht das ständige Verlangen nach Bestätigung und Anerkennung in verschiedenen Lebensbereichen betrifft.

➜ **Liebessucht = das unstillbare Bedürfnis nach Liebe**

Menschen mit Liebessucht empfinden ein tiefes, drängendes Bedürfnis nach romantischer Zuneigung. Ohne einen Partner fühlen sie sich unvollständig oder wertlos. Diese Suche nach Liebe kann so intensiv sein, dass sie die Lebensqualität und die Fähigkeit, gesunde Beziehungen zu führen, beeinträchtigt.

Beispiel: Eine Person wechselt ständig von einer Beziehung zur nächsten, in der Hoffnung, dass der nächste Partner ihre emotionalen Bedürfnisse endlich erfüllt. Sie kann kaum allein sein und fühlt sich ohne Beziehung leer und verloren.

➜ **Anerkennungssucht = der unersättliche Durst nach Bestätigung**

Anerkennungssucht zeigt sich durch das ständige Bedürfnis, von anderen gelobt und anerkannt zu werden. Menschen, die unter Anerkennungssucht leiden, haben Schwierigkeiten, ihren eigenen Wert zu erkennen und sind stark auf die Anerkennung und das Lob anderer angewiesen.

Beispiel: Eine Person sucht ständig nach Anerkennung im Beruf und strebt danach, von Kollegen und Vorgesetzten gelobt zu werden. Ohne diese Bestätigung fühlt sie sich unsicher und unzufrieden.

Wie kommt es dazu?

Liebessucht und Anerkennungssucht haben viele Ursachen, die Anfänge wurzeln in Deiner Kindheit. Hier sind einige Faktoren, die dazu beitragen können:

➜ **Mangelnde elterliche Aufmerksamkeit:** Wenn Du als Kind nicht die notwendige Aufmerksamkeit und Zuneigung von Deinen Eltern erhalten hast, suchst Du später oft in Deinen Beziehungen nach dieser fehlenden Bestätigung (siehe auch Traumabonding).

Beispiel:

Du kennst bestimmt jemanden, der immer im Mittelpunkt stehen will und erst dann Ruhe gibt, wenn er diese bekommt, und dann wieder anfängt. Dieser Mensch ist innerlich leer, spürt sich wenig und braucht daher ständig Zufuhr an Bestätigung. Ist das Deine Aufgabe, ihm ständig Bestätigung zu geben? Warum machst Du es in Deiner Beziehung?

➔ **Negative Erfahrungen**: Traumatische Erfahrungen in Deiner Kindheit, wie ein narzisstisches Elternteil, Liebesentzug oder Vernachlässigung, können dazu führen, dass Du nach ständiger Bestätigung suchst, um Deine Wunden zu heilen.

➔ **Gesellschaftliche Einflüsse**: Unsere Gesellschaft legt großen Wert auf äußeren Erfolg und Anerkennung. Dieser Druck kann Dich dazu bringen, Deinen Selbstwert ausschließlich durch die Bestätigung anderer zu definieren.

➔ **Fehlende emotionale Unterstützung**: Wenn Du in Deiner Kindheit keine emotionale Unterstützung erhalten hast, entwickelst Du oft eine starke Abhängigkeit von der Bestätigung und Zuneigung anderer.

➔ **Perfektionistische Tendenzen**: Wenn Du perfektionistische Neigungen hast, bist Du oft besonders anfällig für Anerkennungssucht, da Du ständig danach strebst, die Erwartungen anderer zu erfüllen.

➔ **Deine Andersartigkeit**: Um Deine Einzig- und Andersartigkeit gesellschaftsfähig zu machen, haben Deine Eltern Dich erzogen, damit Du wirst, wie alle anderen. Auch Deine Lehrer und die anderen Vorbilder. So hast Du gelernt, Dich anzustrengen, jemand anderes zu werden, hast Dich immer wieder selbst verleugnet und brauchst daher Bestätigung, dass dieses Verhalten der Norm entspricht.

Warum wirkt es sich negativ auf alle Bereiche aus?

Liebessucht und Anerkennungssucht können viele negative Auswirkungen auf Dein Leben haben. Hier sind fünf Aspekte:

➜ **Selbstwertgefühl:** Wenn Du auf die Bestätigung anderer angewiesen bist, hast Du ein geringes Selbstwertgefühl. Dein Selbstwert hängt davon ab, wie andere Dich sehen, was Dich verletzlich und unsicher macht.

➜ **Selbstaufopferung und Selbstverletzung:** Du opferst Dich auf, um Menschen zu helfen, die sich weigern, sich um sich selbst zu kümmern. Oft opferst Du Dich sogar für die auf, die Deine Hilfe gar nicht wollen und dann fühlst Du Dich ungerecht behandelt, wenn sie Dir nicht wenigstens ein wenig dankbar sind. Du bist nicht in der Lage freundlich und bestimmt zu sagen, dass Du nicht zur Verfügung stehst, da dir die Fähigkeit fehlt, Ablehnung oder das Unverständnis des anderen zu ertragen. Du willst den anderen nicht verletzen, hast aber gleichzeitig keine Scheu, Dich selbst zu verletzen.

➜ **Unrealistische Erwartungen:** Liebessüchtige und anerkennungssüchtige Menschen haben oft unrealistische Erwartungen an ihre Partner und Mitmenschen. Dies führt zu Enttäuschungen und Konflikten, da niemand in der Lage ist, diese hohen Erwartungen zu erfüllen.

➜ **Verlust der Authentizität:** Um die Anerkennung anderer zu gewinnen, verstellst Du Dich und gibst vor, jemand zu sein, der Du nicht bist. Dies führt zu einem Verlust Deiner eigenen Authentizität und zu einem inneren Gefühl der Leere.

➜ **Stress und Burnout:** Der ständige Druck, die Erwartungen anderer zu erfüllen, setzt Dich unter chronischen Stress (dies kann zu einem Burnout führen). Dieser Druck beeinträchtigt unterbewusst massiv Deine physische und psychische Gesundheit, was sich oft erst nach Jahren zeigt.

➜ **Beziehungsschwierigkeiten:** Wenn Du ständig nach Liebe und Anerkennung suchst, hast Du Schwierigkeiten, stabile und gesunde Beziehungen zu führen. Deine Partner fühlen sich möglicherweise überfordert und eingeengt, was logischerweise zu Spannungen und Trennungen führen kann, die oft subtil und unterbewusst zwischen Euch stehen.

Was kannst Du noch alles tun? (zusätzlich zu meinen vorne genannten Impulsen)

Um Liebessucht und Anerkennungssucht zu überwinden und ein gesünderes, selbstbewussteres Leben zu führen, können folgende Schritte hilfreich sein:

1. **Selbstreflexion**: Nimm Dir Zeit, um Deine eigenen Bedürfnisse und Wünsche zu erkennen. Reflektiere darüber, warum Du nach Anerkennung und Liebe suchst, und versuche, die tiefer liegenden Ursachen zu verstehen.

2. **Selbstakzeptanz üben**: Lerne, Dich selbst zu akzeptieren und zu lieben, unabhängig von der Meinung anderer. Übe positive Selbstgespräche und erinnere Dich regelmäßig an Deine eigenen Stärken und Erfolge.

3. **Gesunde Beziehungen aufbauen**: Investiere in Beziehungen, die auf gegenseitigem Respekt und Unterstützung basieren. Vermeide toxische Beziehungen, die Deine Abhängigkeit von externer Bestätigung verstärken. Gehe in Deine Vergangenheit und suche die Ursachen für Dein Verhalten, z. B. eine narzisstische Mutter.

4. **Eigene Interessen verfolgen**: Finde und verfolge Hobbys und Interessen, die Dir Freude bereiten. Dies ist wichtig, um ein erfülltes Leben zu führen und Deinen Selbstwert unabhängig von anderen zu stärken.

5. **Professionelle Hilfe suchen**: Arbeite an Deinen Schatten, Traumen und Blockaden. Gerade bei dieser oft unbemerkten Sucht ist es wichtig, jemanden zu finden, der sich damit auskennt und Dir liebevoll hilft, diese klar zu erkennen und mit Dir aufarbeitet.

6. **Emotionale Unabhängigkeit entwickeln**: Arbeite daran, emotional unabhängiger zu werden. Lerne, Deine eigenen Bedürfnisse zu erfüllen und Dich selbst zu halten und zu lieben.

Durch diese Schritte und die weiteren in diesem Buch lernst Du, Liebes- und Anerkennungssucht zu überwinden, gesündere Beziehungen zu führen und ein erfüllteres, selbstbestimmteres Leben zu führen.

Ganz kurze Zusammenfassung:

1. **Nimm Deine eigenen Bedürfnisse wieder wahr.**
2. **Triff kraftvolle Entscheidungen.**
3. **Nimm Dich selbst wahr und höre Dir zu. Dann tun dies auch andere. Umgib Dich nur mit Menschen, die dies auch tun.**
4. **Übe, NEIN zu sagen.**
5. **Sage, was Du brauchst.**
6. **Lerne mit Ablehnung und Zurückweisung umzugehen.**

15.3 People pleasing – Sucht, es allen recht machen zu wollen

Das sogenannte "People-Pleasing" oder auch die Neigung, es allen recht machen zu wollen, ist ein Verhaltensmuster, bei dem Du Dich oft bemühst, anderen zu gefallen, selbst wenn das auf Kosten Deiner eigenen Bedürfnisse und Deines Wohlbefindens geht. Dieses Verhalten wird meist durch das Bedürfnis nach Anerkennung, Akzeptanz und dem Vermeiden von Konflikten oder Zurückweisung angetrieben. Obwohl es grundsätzlich positiv ist, rücksichtsvoll und hilfsbereit zu sein, hat chronisches People-Pleasing mehrere negative Konsequenzen.

Merkmale von People pleasing

→ **Schwierigkeiten, Nein zu sagen**: Du findest es schwer, Anfragen abzulehnen, selbst wenn sie unpraktisch oder unvernünftig sind. Statt Nein zu sagen, gibst Du nach und erfüllst die Bedürfnisse anderer.

→ **Suche nach Anerkennung**: Du suchst ständig nach Bestätigung und Anerkennung von anderen, um Dich wertgeschätzt, akzeptiert und richtig zu fühlen. Durch Dein Gefallen-Wollen versuchst Du, Deine innere Leere und Dein nicht dazuzugehören zu übertünchen.

→ **Vermeiden von Konflikten**: Du gehst große Anstrengungen ein, um Meinungsverschiedenheiten oder Konflikte zu vermeiden, und unterdrückst Deine eigenen Standpunkte und Wünsche. Du hast sogar Angst vor Konflikten und Streit.

→ **Überengagement**: Du nimmst zu viele Verantwortungen auf Dich oder stimmst Dingen zu, für die Du keine Zeit hast, was zu Stress und Burnout führt. Z. B. wenn Du noch einen Kuchen für die Schule backst, statt dass Du in die Sauna gehst.

→ **Vernachlässigung der Selbstfürsorge**: Dein Fokus auf die Bedürfnisse anderer führt dazu, dass Du Deine eigene physische, emotionale und mentale Gesundheit vernachlässigst.

→ **Geringes Selbstwertgefühl**: Dein Selbstwertgefühl ist an externe Bestätigung gebunden, die Du Dir nicht selbst geben kannst. Deine Gefühle der Unzulänglichkeit und Dein geringes Selbstwertgefühl führen zu weiteren Vermeidungen Deiner Bedürfnisse und Du willst noch mehr Menschen gefallen. Der Kreislauf geht weiter.

Ursachen von People pleasing

→ **Erziehung und soziale Prägung:** Wenn Du in einer Umgebung aufgewachsen bist, in der moralisches Verhalten und Altruismus stark betont wurden, führt dies zu einem übermäßigen Bedürfnis, diesen Werten gerecht zu werden.

→ **Kulturelle und gesellschaftliche Einflüsse:** In vielen Kulturen wird besonderer Wert auf Harmonie und die Bedürfnisse der Gemeinschaft gelegt. Dies führt dazu, dass Du Dein eigenes Wohl zugunsten des Wohlbefindens anderer opferst.

→ **Frühere Erfahrungen:** Negative Erfahrungen, wie Ablehnung oder Kritik in der Vergangenheit, bringen Dich dazu, alles zu tun, um zukünftige Zurückweisungen zu vermeiden.

→ **Persönlichkeit:** Manche Menschen haben von Natur aus eine eher fürsorgliche und einfühlsame Persönlichkeit, was sie anfälliger für People-Pleasing macht. Gerade hochsensible oder sensitive Menschen sind hiervon besonders betroffen.

→ **Angst vor Konflikten:** Die Angst vor Konfrontationen, Konflikten oder negative Reaktionen treiben Dich dazu, alles zu tun, um Spannungen oder Streitigkeiten zu vermeiden.

→ **Geringes Selbstwertgefühl:** Wenn Dein Selbstwertgefühl niedrig ist, glaubst Du, dass Deine eigenen Bedürfnisse und Wünsche weniger wichtig sind als die der anderen.

→ **Perfektionismus:** Der Drang, alles perfekt machen zu wollen, führt dazu, dass Du versuchst, es allen recht zu machen, um Kritik zu vermeiden und Anerkennung zu erhalten.

→ **Abhängigkeit von externer Bestätigung:** Wenn Du Deinen Selbstwert hauptsächlich aus der Bestätigung und Anerkennung anderer ziehst, neigst Du dazu, deren Bedürfnisse über Deine eigenen zu stellen.

Auswirkungen des People pleasings

→ **Vernachlässigung eigener Bedürfnisse:** Durch das ständige Bemühen, anderen zu gefallen, vernachlässigst Du Deine eigenen physischen, emotionalen und mentalen Bedürfnisse. Das kann langfristig zu chronischer Erschöpfung, Angstzuständen und Depressionen führen. Auch andere Krankheiten können Ursachen von diesem Verhalten sein.

→ **Ungesunde Beziehungen:** Deine Neigung, es allen recht machen zu wollen, führt dazu, dass Du in Beziehungen gerätst, in denen Deine Gutmütigkeit ausgenutzt wird. Dies kann zu einem Ungleichgewicht führen, bei dem Du Dich frustriert und nicht wertgeschätzt fühlst.

→ **Stress und Burnout:** Der ständige Druck, Anerkennung zu erlangen und Konflikte zu vermeiden, führt zu Stress und Burnout. Dies kann zu Schlafproblemen, Erschöpfung und verminderter Leistungsfähigkeit führen.

→ **Verlust der Authentizität:** Dein Bestreben, den Erwartungen anderer gerecht zu werden, lässt Dich Deine eigene Identität und Authentizität verlieren. Dadurch könntest Du Dich entfremdet und unzufrieden fühlen, da Du nicht nach Deinen eigenen Überzeugungen lebst.

→ **Verlust der Identität:** Da Du immer im außen bist und auf der Suche, anderen zu gefallen, verlierst Du jeden Tag mehr Deine eigenen wunderbare Identität, was Dich innerlich noch leerer macht und noch mehr den Kreislauf schürt, anderen gefallen zu wollen, um Dich zu fühlen.

Was kannst Du noch tun (zusätzlich zu den vorne genannten Impulsen)

1. **Stärke dein Selbstbewusstsein:** Reflektiere über Dich selbst und akzeptiere Dich so, wie Du bist. Dadurch entwickelst Du ein gesünderes Selbstwertgefühl und lernst, Deine eigenen Bedürfnisse und Wünsche zu respektieren.

2. **Setze klare Prioritäten:** Lerne, Prioritäten zu setzen und konzentriere Dich auf das, was Dir wirklich wichtig ist. Dadurch vermeidest Du, Dich zu sehr um die Meinung anderer zu kümmern. Stelle Dich in den Mittelpunkt Deines Lebens. Ein bildliches Beispiel: Du bist das Mobile in Deinem Leben – wenn Du Dich drehst, dann drehen die anderen mit.

3. **Verbessere Deine Kommunikation:** Arbeite an einer klaren und authentischen Kommunikation. Das hilft Dir, Deine eigenen Grenzen und Bedürfnisse klar zu kommunizieren, ohne dabei andere zu vernachlässigen oder zu verärgern. Du kannst dazu gerne die "Gefühlsgiraffe" der Gewaltfreien Kommunikation nutzen, die Du im Internet finden kannst. Diese bietet eine wunderbare Grundlage, mit der ich auch arbeite.

4. **Setze gesunde Grenzen:** Indem Du lernst, gesunde Grenzen zu setzen und Nein zu sagen, kannst Du vermeiden, Deine eigenen Bedürfnisse ständig hinten anzustellen und Überlastung zu vermeiden.

5. **Kümmere Dich um Dich selbst:** Nimm Dir bewusst Zeit für Dich selbst, um Deine physischen und emotionalen Bedürfnisse zu erfüllen. Das hilft Dir dabei, Erschöpfung und Stress abzubauen.

6. **Reflektiere über Dich selbst:** Durch Selbstreflexion kannst Du Deine eigenen Motive und Verhaltensmuster besser verstehen und gegebenenfalls anpassen, um authentischer zu leben.

15.4 Gutmenschtum – Sucht nach „ein guter Mensch zu sein"

Die Sucht nach Gutmenschentum, oft auch als übertriebener Altruismus oder pathologischer Altruismus bezeichnet, ist ein Verhaltensmuster, bei dem Du ein starkes Bedürfnis verspürst, als guter Mensch wahrgenommen zu werden und stets moralisch einwandfrei zu handeln. Während es grundsätzlich positiv ist, gut und moralisch zu handeln, hat diese Sucht negative Auswirkungen auf Dein eigenes Leben und Wohlbefinden.

Merkmale der Sucht nach Gutmenschentum

➔ **Übermäßige Hilfsbereitschaft**: Du verspürst einen zwanghaften Drang, anderen zu helfen, selbst wenn es auf Kosten Deiner eigenen Bedürfnisse geht.

➔ **Selbstaufopferung**: Du neigst dazu, Deine eigenen Wünsche und Ziele zu opfern, um anderen zu gefallen oder ihnen zu helfen.

➔ **Suche nach Anerkennung**: Dein Selbstwertgefühl ist stark davon abhängig, dass andere Dich als guten und moralischen Menschen wahrnehmen.

➔ **Vermeidung von Konflikten**: Du tust alles, um Konflikte und Konfrontationen zu vermeiden, auch wenn dies bedeutet, Deine eigenen Überzeugungen und Werte zu kompromittieren.

➔ **Übermäßige Schuldgefühle**: Du fühlst Dich schnell schuldig, wenn Du glaubst, nicht genug für andere getan zu haben oder wenn Du Deine eigenen Bedürfnisse priorisierst.

➔ **Perfektionismus**: Du strebst danach, moralisch perfekt zu sein und hast hohe Erwartungen an Dich selbst und Dein Verhalten. Du willst besser sein als die anderen. Diese Erwartungen stellst Du nicht an Deine Mitmenschen.

➔ **Eigene Bedürfnisse**: Du wirst Deine eigenen Bedürfnisse nicht kennen und stellst die Bedürfnisse, das Gutsein, an erste Stelle.

➔ **Keine Grenzen setzen können**: Du tust Dir schwer, Deine eigenen Bedürfnisse zu kennen und Grenzen nach außen zu setzen, aus der Angst, sonst nicht ein guter Mensch zu sein.

Ursachen der Sucht nach Gutmenschentum

→ **Erziehung und soziale Prägung:** Wenn Du in einer Umgebung aufgewachsen bist, in der moralisches Verhalten und Altruismus stark betont wurden, führt dies zu einem übermäßigen Bedürfnis, diesen Werten gerecht zu werden.

→ **Gesellschaftliche Prägung:** In unserer christlich geprägten Gesellschaft werden wir mit Angst und Schuld erzogen. Diese sind tief in uns verankert und fördern Deinen Wunsch, ein guter Mensch sein zu wollen. Sätze wie „Jesus ist für Dich am Kreuz gestorben" scheinen für Dich weit weg zu sein, jedoch ist dies die Basis Deiner Erziehung: Du bist schuld, du musst gut sein. Spüre da rein.

→ **Geringes Selbstwertgefühl:** Ein niedriges Selbstwertgefühl treibt Dich dazu, Bestätigung und Wertschätzung durch moralisch einwandfreies Verhalten zu suchen.

→ **Angst vor Zurückweisung:** Die Angst, von anderen abgelehnt oder kritisiert zu werden, bringt Dich dazu, alles zu tun, um als guter Mensch wahrgenommen zu werden.

→ Kulturelle Einflüsse: Kulturelle Normen erhöhen den Druck, stets moralisch und altruistisch zu handeln. Gerade die Literatur und besonders die Hollywoodfilme sind voll davon.

→ **Frühere Erfahrungen:** Negative Erfahrungen oder Traumata führen zu einem übermäßigen Bedürfnis, anderen zu gefallen und als moralisch einwandfrei wahrgenommen zu werden.

Einige Auswirkungen der Sucht nach Gutmenschtum

1. **Vernachlässigung eigener Bedürfnisse**: Du vernachlässigst Deine eigenen physischen, emotionalen und mentalen Bedürfnisse, was Dich unter ständigen Stress setzt und zu Erschöpfung führt.

2. **Ungesunde Beziehungen**: Ungesunde Beziehungen sind die logische Konsequenz, in denen Deine Gutmütigkeit ausgenutzt wird, was wiederum zu Ungleichgewicht und Abhängigkeit führt und Dich in diesem Kreislauf hält.

3. **Kraftlosigkeit, Burnout**: Die ständige Bemühung, anderen zu helfen und moralisch perfekt zu sein, führt zum Verlust Deiner Kraft, dann zu ständiger Erschöpfung und kann zum Burnout führen.

4. **Verlust der Authentizität**: Wenn Du ständig versuchst, den Erwartungen anderer gerecht zu werden, verletzt Du Deine eigene Identität und Authentizität.

Was kannst Du noch tun (zusätzlich zu den vorne im Buch genannten Impulsen)

1. **Selbstreflexion**: Nimm Dir Zeit, um Deine Motive und Verhaltensmuster zu hinterfragen. Warum fühlst Du Dich verpflichtet, immer gut und altruistisch zu handeln? Bedenke, dass dies von Dir erwartet wurde. Und Du musst nichts tun, um geliebt zu werden.

2. **Tagebuch führen**: Schreibe auf, wie Du Dich wann fühlst, wann Du wieder ein guter Mensch sein wolltest und Dich nicht abgrenzen konntest. Und nun schreibe Lösungen dazu, die Du in Zukunft lernst anzuwenden.

3. **Grenzen setzen**: Lerne, gesunde Grenzen zu setzen und nein zu sagen, wenn es notwendig ist.

4. **Selbstfürsorge**: Priorisiere Deine eigenen Bedürfnisse und achte auf Deine physische und emotionale Gesundheit.

5. **Selbstliebe & Selbstschutz**: Dies sind die wichtigsten Tools, um diesem Teufelskreis zu entkommen.

15.5 Co-Abhängigkeit zu einem Süchtigen
Was ist Co-Abhängigkeit?

Co-Abhängigkeit beschreibt ein ungesundes Beziehungsdynamik, in der eine Person übermäßig auf die Bedürfnisse und Probleme eines süchtigen Partners oder Familienmitglieds fixiert ist. Diese Person stellt ihre eigenen Bedürfnisse zurück, um dem Süchtigen zu helfen oder dessen Verhalten zu kontrollieren. Co-Abhängige opfern oft ihre eigene Identität und ihr Wohlbefinden, um die Sucht des anderen zu managen oder zu kaschieren.

Co-Abhängigkeit kann sich im engen Zusammenleben mit einem uneinsichtigen Suchtkranken entwickeln. Du versuchst, dem Betroffenen unbedingt zu helfen und übernimmst die Verantwortung für alles, was der Kranke suchtbedingt nicht mehr hinbekommt. Dieses Verhalten führt oft dazu, dass die Suchterkrankung unnötig lange aufrechterhalten wird, und Du selbst kannst körperlich und psychisch erkranken. Kinder suchtkranker Eltern haben ein erhöhtes Risiko, selbst psychische Erkrankungen zu entwickeln.

Wie entwickelt sich Co-Abhängigkeit?

Co-Abhängigkeit entwickelt sich oft in Familien oder Beziehungen, in denen Sucht eine Rolle spielt. Hier sind einige Faktoren, die zur Entwicklung von Co-Abhängigkeit beitragen können:

➔ **Familiäre Prägung:** Du als Kind, das in einem süchtigen Umfeld aufwächst, lernst früh, Dich um den Süchtigen zu kümmern und dessen Bedürfnisse zu priorisieren. Dieses Verhalten wird oft ins Erwachsenenalter übernommen.

➔ **Emotionale Vernachlässigung:** Menschen, die in ihrer Kindheit emotionale Vernachlässigung erlebt haben, neigen dazu, ihre eigenen Bedürfnisse zu vernachlässigen und sich stattdessen auf die Bedürfnisse anderer zu konzentrieren.

➔ **Kontrollbedürfnis:** Du als Co-Abhängige versuchst oft, die Situation zu kontrollieren, um die negativen Auswirkungen der Sucht zu minimieren. Du glaubst, dass Du durch Dein Verhalten den Süchtigen ändern oder retten kannst.

→ **Geringes Selbstwertgefühl:** Wenn Du ein geringes Selbstwertgefühl hast, fühlst Du Dich oft nur wertvoll, wenn Du anderen hilfst und gebraucht wirst. Du definierst Deinen Wert über Deine Fähigkeit, für andere da zu sein.

→ **Vermeidung eigener Probleme:** Durch die Konzentration auf die Probleme des Süchtigen vermeidest Du oft, Dich mit Deinen eigenen Problemen und Gefühlen auseinanderzusetzen.

Warum ist Co-Abhängigkeit schädlich?

Co-Abhängigkeit hat weitreichende negative Auswirkungen auf Dein Leben und die Beziehung zum Süchtigen. Hier sind einige der Hauptgründe:

→ **Vernachlässigung eigener Bedürfnisse:** Du vernachlässigst Deine eigenen physischen, emotionalen und mentalen Bedürfnisse. Dies führt zu Stress, Erschöpfung und gesundheitlichen Problemen.

→ **Förderung der Sucht:** Durch das ständige Kümmern und Vertuschen förderst Du ungewollt die Sucht des anderen, da Du den Süchtigen vor den natürlichen Konsequenzen seines Verhaltens schützt.

→ **Übernahme seiner Verantwortung und Halten in seiner Sucht:** Durch Dein Helfen, Dein Kümmern nimmst Du ihm Teile seiner Verantwortung weg und hältst ihn

→ damit in seiner Sucht gefangen. Hart - aber ehrlich und heilsam.

→ **Emotionale Erschöpfung:** Co-Abhängigkeit führt zu emotionaler Erschöpfung, da Du ständig versuchst, die Situation zu kontrollieren und den Süchtigen zu unterstützen, ohne dabei auf Dich selbst zu achten.

→ **Verlust der eigenen Identität:** Du verlierst oft Deine eigene Identität und Deinen Lebenssinn, da Du Deine gesamte Energie und Aufmerksamkeit auf den Süchtigen richtest. Es ist Dir wichtiger, dass es gesund wird, anstatt dass Du gesund bleibst. Durch den Fokus auf den anderen wirst auch Du krank, denn er will oder kann meist nicht gesund werden – und es ist NICHT Deine Aufgabe, dass der andere gesund wird.

→ **Ungesunde Beziehungsmuster:** Co-Abhängigkeit schafft und verstärkt ungesunde Beziehungsmuster, die es beiden Partnern erschweren, gesunde, unabhängige und erfüllende Beziehungen zu führen.

Deine Vorteile, wenn der andere süchtig ist

➔ Ich werde nicht verlassen.

➔ Ich werde gebraucht.

➔ Ich muss mich selbst nicht spüren.

➔ Der Fokus kann beim anderen liegen und ich muss mich nicht mit meinen eigenen Themen beschäftigen.

➔ Ich brauche meiner Trennungsangst/ Verlustangst nicht begegnen.

➔ Ich muss meine Schuldgefühle/ meine Angst nicht fühlen

➔ Ich werde von anderen in den Himmel gelobt, wie lieb ich bin, wie stark und wie viel ich aushalte.

➔ Es fühlt sich vertraut und nach „Zuhause" an.

➔ Ich bin wichtig und „unersetzbar".

Wie kann man Co-Abhängigkeit überwinden?

Mach Dir klar: Du bist süchtig genauso wie Dein Partner. Du brauchst ihn! Ja, das sind harte Worte, aber ist es so. Anstatt den Fokus auf Dich zu setzen, setzt Du ihn auf Deinen Partner, auf seine Probleme, auf seine Gesundung. Dadurch bleibst Du süchtig und lenkst von Deinen Problemen ab. Du bist im außen statt innen bei Dir und gehst aktiv über Deine Grenzen und verletzt Dich selbst.

Hier sind einige weitere Schritte, die Dir helfen, zusätzlich zu den vorne genannten Impulsen und Übungen im Buch:

1. **Selbstbewusstsein entwickeln:** Erkenne und akzeptiere, dass Du co-abhängig bist. Dies macht Dich selbstbewusster, denn Du bist nicht mehr das Opfer, sondern wirst handlungsaktiver. Das ist der erste Schritt zur Veränderung.

2. **Eigene Bedürfnisse an erste Stelle setzen:** Setze endlich Deine eigenen Bedürfnisse an erste Stelle. Lerne sie zu erkennen und immer mehr umzusetzen. Dazu zählen Selbstfürsorge, Hobbys und neue Aktivitäten, die Dir Freude bereiten und Dich erfüllen.

3. **Grenzen setzen:** Setze klare und gesunde Grenzen gegenüber dem Süchtigen. Lerne, "Nein" zu sagen und Dich nicht für die Sucht des anderen verantwortlich zu fühlen. Gehe davon aus, dass Du bisher zu wenig auf Deine eigenen Grenzen gehört hast und immer wieder verziehen und an den Süchtigen und seine Heilung geglaubt hast.

4. **Professionelle Hilfe suchen:** Hol Dir Hilfe, denn Du bist nicht allein. Lerne Techniken, Dir selbst zu helfen. Selbsthilfegruppen können helfen, da Du siehst, dass es anderen genauso geht wie Dir.

   Gehe selbst in Therapie und arbeite an Deinen Schatten, Deinen Traumen und lerne, Dich selbst zu füllen, ohne dass Du andere oder deren Suchst brauchst.

5. **Selbstwertgefühl stärken:** Aktiviere Dein Selbstwertgefühl, indem Du positive Selbstgespräche führst, Deine eigenen Erfolge anerkennst und Dir selbst mit Mitgefühl begegnest. Dazu habe ich Dir ganz viele wunderbar magische Übungen und Ratschläge zusammengetragen.

6. **Loslassen:** Akzeptiere, dass Du die Sucht des anderen nicht kontrollieren oder heilen kannst. Lerne, loszulassen und die Verantwortung für das Leben des Süchtigen an ihn zurückzugeben.

7. **Neue Beziehungsmuster entwickeln:** Traue Dich, nach neuen gesunden Beziehungen zu suchen, die auf gegenseitigem Respekt und Unterstützung basieren.

8. **Lerne Gleichmut und ein tiefes Loslassen:** Dies sind schwere Tugenden, die Dich nachhaltig frei von allen Süchten und Abhängigkeiten machen. Dies geht über Akzeptanz, Themen aufarbeiten und dann ist Loslassen und Gleichmut die logische Konsequenz, wie im Buch beschrieben.

9. **Radikale Klarheit und Ehrlichkeit:** Wir sind absolut unklar in allem. Dazu brauchst Du Mut, dann kommt Deine Eigenmacht zurück und Du wirst wieder lebendiger und hast mehr Lebenskraft.

15.6 Co-Abhängigkeit von narzisstischen oder toxischen Partnern/Elternteilen:

Co-Abhängigkeit entsteht, wenn Du Dich in einer Beziehung mit einem narzisstischen oder toxischen Partner/Elternteil befindest und Deine eigenen Bedürfnisse und Grenzen vernachlässigst, das kann bis hin zur sozialen Isolation und Verlust Deiner eigenen Wahrnehmung führen. Toxen saugen Dich aus, rauben Dir Deine komplette Energie, denn es sind Energievampire: sie brauchen Deine emotionale Zufuhr, besonders die Deiner negativen Gefühle. Sie erheben sich durch Dein Leiden durch Deine Versuche, es ihm Recht zu machen, Dich ihm und seiner Bedürfnisse anzupassen. Das Resultat: Es ist nie genug! Und sie verdrehen alles, was ihnen recht ist, nur um zu gewinnen.

WICHTIG:

Ich gehe bei diesem mir wichtigen Thema dezidierter ein, jedoch ist dieses Thema so vielfältig, dass ich es nur anreißen kann. Ich fokussiere mich auf den Narzissmus, da er am allgegenwärtigsten ist. Vieles davon kannst Du auf die anderen Toxen übertragen.

Was ist Narzissmus – kurz erklärt:

Narziss ist eine Figur aus der griechischen Mythologie, bekannt für seine außergewöhnliche Schönheit und seine tragische Selbstverliebtheit. Er ist innerlich leer und verliebt sich in sein Spiegelbild. Er benötigt den Spiegel im Außen (Partner), um sich selbst wahrzunehmen.

Narzissten denken nur an sich selbst, sie können sich nicht in die Lage anderer versetzen und sind wahre Meister der Manipulation.

Da wir schon in unserer Kindheit komplett narzisstisch oder toxisch getrimmt worden sind, erkennen wir diese komplexe Dynamik und deren krasse Auswirkungen nicht. Viele entschuldigen das „Arschlochverhalten" ihrer Toxen und zeigen besonders viel Verständnis und denken, mit noch mehr Liebe und Anpassung wird er sich ändern.

Nein! Ein Toxe will sich nicht ändern. Und somit wird er es nicht tun.

Beachte: Du verliebst Dich immer! in die Hauptpersönlichkeit, in den guten Kern des Menschen. Daher glaubst Du, dass er sich durch die Liebe von und zu Dir ändern wird. Jedoch hat er so viele Hüllen um sich rum, so viele Programme, die das nicht zulassen und Dir schaden, damit Du ihm nicht schadest.

Die Devise von Narzissten: „Ich verletze, damit ich nicht verletzt werde." Bei Borderliner ist die Devise: „Ich hasse Dich – bitte verlass mich nicht."

Strategien narzisstischer Partner:

1. **Love Bombing:** Zu Beginn der Beziehung überschüttet Dich der Narzisst mit übermäßiger Zuneigung, Komplimenten und Aufmerksamkeit. Diese Phase des "Love Bombing" dient dazu, Dich emotional an ihn zu binden und eine starke Abhängigkeit zu schaffen. Sobald Du emotional investiert bist, beginnt der Narzisst, diese Zuneigung zu entziehen, was Dich verwirrt und verzweifelt macht. Dies passiert meist langsam, und wenn Du ihn darauf ansprichst, wird er ausweichen und anfangen, Dir die Schuld zu geben.

2. **Gaslighting:** Narzissten manipulieren Deine Wahrnehmung der Realität, indem sie wiederholt lügen, Fakten verdrehen und Deine Erinnerungen infrage stellen. Diese Taktik, bekannt als Gaslighting, lässt Dich an Deinem Verstand zweifeln und macht Dich zunehmend unsicher und abhängig von ihrer Interpretation der Realität.

3. **Triangulation:** Narzissten nutzen oft Dritte, um Konflikte zu erzeugen und ihre Kontrolle zu verstärken. Sie vergleichen Dich mit anderen oder bringen andere Menschen in die Beziehung, um Eifersucht, Unsicherheit und Rivalität zu schüren. Dies dient dazu, Dich zu destabilisieren und Deinen Selbstwert zu untergraben, während der Narzisst die Machtposition behält.

4. **Flying Monkeys:** Narzissten und toxische Menschen nutzen "Flying Monkeys", also Mithelfer, die ihnen dabei helfen, Dich zu manipulieren und zu kontrollieren. Diese Mithelfer können Freunde, Familie oder Kollegen sein, die unbewusst oder bewusst das toxische Verhalten unterstützen.

5. **Isolation:** Narzissten und toxische Partner isolieren Dich von Freunden und Familie, um ihre Kontrolle zu verstärken. Sie manipulieren Situationen so, dass Du Dich alleine fühlst und ihnen noch mehr ausgeliefert bist.

6. **Manipulation und Kontrolle**: Narzissten und toxische Menschen sind geschickt darin, Dein Selbstwertgefühl zu untergraben, Dich zu manipulieren und emotional zu kontrollieren. Sie verwenden verschiedene Taktiken wie Gaslighting, Schuldzuweisungen und Lügen, um Dich zu destabilisieren.

7. **Projektion**: Narzissten projizieren ihre eigenen negativen Eigenschaften und Verhaltensweisen auf Dich. Sie beschuldigen Dich für Dinge, die sie selbst tun, und lassen Dich für ihre eigenen Fehler und Unsicherheiten verantwortlich fühlen. Diese Taktik dient dazu, Dich zu verunsichern und ihre eigene Verantwortung zu vermeiden. Sie sind Weltmeister in der Schuldumkehr.

8. **Intermittent Reinforcement**: Narzissten setzen unregelmäßige Belohnungen und Bestrafungen ein, um Dich emotional abhängig zu machen. Durch unvorhersehbare Zuwendung und Entzug schaffen sie ein emotionales Auf und Ab, das Dich ständig in der Hoffnung hält, ihre Zuneigung wiederzugewinnen. Diese Methode verstärkt Deine Abhängigkeit und Unsicherheit.

9. **Diskussionen**: Diskutiere nie mit einem Narzissten, denn eine Wand versteht mehr. Harte Tatsache, ich weiß, es ist aber so. Narzissten manipulieren und verdrehen die Realität, was zu endlosen, frustrierenden Diskussionen führt, in denen Du Dich ständig rechtfertigen musst. Sie wollen keine konstruktive Kommunikation führen und sind an keinem Konsens oder Kompromiss interessiert. Sie wollen nur gewinnen und ihre Macht demonstrieren. Wenn sie einlenken, dann nur, weil sie Zeit gewinnen wollen oder Dir etwas vormachen wollen.

10. **Veränderung ihres Verhaltens oder in Therapie gehen**: Das werden sie nie tun! Und wenn sie es tun, nur, damit Du denkst, dass sie etwas ändern. Narzissten oder Toxen sind zu sehr von ihrer Hauptpersönlichkeit entfernt, als dass sie sich reflektieren können und somit auch nicht wollen. Das merkst Du: Du hast nie das Gefühl, an sie ranzukommen oder dass sie etwas verstehen.

11. **Narzissten und Gefühle & Empathie**: Fast alle Narzissten und Toxen, die ich kenne, haben Gefühle und fühlen diese ab und an, wie weit und tief, hängt vom Fall ab. D. h. aber nicht, dass sie etwas ändern, sondern meist, dass sie jedes Mal aggressiver und gemeiner zu Dir werden. Sie sind perfekt darin, Empathie ein- und auszuschalten, was es Dir schwer macht, ihr Spiel zu durchschauen.

Wichtige Tatsache

Narzissten und Toxen glauben wirklich daran, dass der neue Partner ihre Erfüllung ist. Daher erhöhen sie diesen am Anfang. Bitte verwechsle dies nicht mit wahrer Liebe. Ich bin der Meinung, dass die meisten Narzissten und Toxen in ihrer Hauptpersönlichkeit lieben können, was im Laufe der Zeit immer weniger zum Vorschein kommt.

Typen von Narzissten und einige kurze Merkmale

Beim Typus Narzisst denken die meisten an die grandiosen Narzissten, denen man es ihr Verhalten sehr schnell anmerken kann. Meiner Erfahrung nach sind gerade verdeckte Narzissten sehr weit verbreitet. Es lohnt sich, diese verschiedenen Formen kurz zu erklären.

1. **Grandioser Narzisst**:
   o **Selbstbild**: Überlegenheitsgefühl, Glaube an eigene Einzigartigkeit und Großartigkeit
   o **Verhalten**: Arroganz, Prahlerei, Anspruchsdenken
   o **Interaktion**: Sucht Bewunderung, nutzt andere für eigene Ziele aus, zeigt wenig Empathie

2. **Verdeckter (oder vulnerabler) Narzisst**:
   o **Selbstbild:** Gefühl von Minderwertigkeit und Scham, verdeckte Grandiosität
   o **Verhalten:** Sensibel für Kritik, introvertiert, oft ganz normal und gerade in Streitigkeiten bricht es aus
   o **Interaktion:** Sucht subtile Bestätigung, manipulative Opferrolle, verdeckte Feindseligkeit

3. **Maligner Narzisst**:
   o **Selbstbild:** Extreme Grandiosität, kombiniert mit Antisozialität und Paranoia
   o **Verhalten:** Aggressiv, sadistisch, kontrollierend
   o **Interaktion:** Ausbeuterisch, gewalttätig, nutzt Manipulation und Einschüchterung

4. **Kommunaler Narzisst**:
   o **Selbstbild:** Sieht sich als moralisch überlegen und gemeinnützig
   o **Verhalten:** Engagiert sich übertrieben für gemeinnützige Zwecke, um Bewunderung zu erlangen

- o **Interaktion:** Sucht Anerkennung für Altruismus, erwartet Dankbarkeit und Bewunderung

5. **Somatischer Narzisst:**
   - o **Selbstbild:** Übermäßige Fixierung auf körperliche Erscheinung und Attraktivität
   - o **Verhalten:** Eitelkeit, Promiskuität, ständige Suche nach sexueller Bestätigung
   - o **Interaktion:** Nutzt körperliche Attraktivität zur Manipulation und Dominanz

6. **Geistiger (oder intellektueller) Narzisst:**
   - o **Selbstbild:** Glaube an eigene intellektuelle Überlegenheit
   - o **Verhalten:** Arroganz, Belehrung, Neigung zu Debatten
   - o **Interaktion:** Nutzt Wissen zur Dominanz, wenig Empathie für andere Sichtweisen

7. **Histrionische Persönlichkeitsstörung = ähnlich Narzissmus**
   - o **Selbstbild:** Recht auf Anerkennung, Aufmerksamkeit und im Mittelpunkt stehen
   - o **Verhalten:** egozentrische Dramaqueen, Stimmungsschwankungen, geringe Frustrationstoleranzgrenze
   - o **Interaktion:** Manipuliert durch Überhöhung und Theatralik der eigenen Gefühle

Diese Typen zeigen, wie vielfältig narzisstische Persönlichkeitsmerkmale auftreten können und wie unterschiedlich sich diese in Verhalten und Interaktionen äußern.

Hier sind erweiterte Argumente und viele weitere Schritte, um diese Herausforderung mit narzisstischen oder toxischen Partnern/Elternteilen zu bewältigen: (die anderen findest Du vorne im Buch)

→ **Selbstreflexion und Selbstbewusstsein:** Selbstreflexion ist der erste Schritt zur Veränderung. Erkenne und akzeptiere, dass Du in einer Co-abhängigen Beziehung mit einem narzisstischen oder toxischen Partner bist. Reflektiere über Deine eigenen Bedürfnisse, Gefühle und Grenzen. Frage Dich selbst, warum Du Dich in dieser Beziehung befindest und welche Rolle Dein eigenes Verhalten dabei spielt.

Selbstbewusstsein kannst Du lernen und aufbauen. Da wir aus toxischen Strukturen kommen, haben wir dies meist nicht gelernt. Toxen/Narzissten können dies sehr gut „spielen", sind aus ihrer Persönlichkeit heraus nicht selbstbewusst, sie scheinen selbstbewusst und stark. Das können wir von ihnen lernen und ist auch das einzige Mittel, was gegen das Verhalten von Toxen hilft.

Erweiterte Argumente: Co-abhängige Verhaltensweisen sind das Ergebnis früherer Erfahrungen in (nicht nur in dysfunktionalen) Familien oder Beziehungen, wo Bedürfnisse nicht angemessen erfüllt wurden. Narzisstische Partner nutzen Manipulation und emotionale Kontrolle, um ihre Bedürfnisse durchzusetzen, was die Co-abhängige Person weiterhin in die Rolle des Helfers oder Opfers drängt. Wir haben gelernt, die Bedürfnisse der anderen als wichtiger zu erachten als unsere eigenen. Wer erinnert sich nicht, z. B. der Oma einen Kuss geben zu müssen, obwohl Du es nicht wolltest? Solche vielen kleinen Dinge sind es, bei denen Deine Grenzen und Bedürfnisse überschritten worden sind. Viele glauben auch, wenn sie den anderen noch mehr lieben und verzeihen, dann wird er sich ändern. Doch: Je mehr es getan wird, desto schlimmer wird das Ausmaß.

→ **Grenzen setzen und Durchsetzungsvermögen entwickeln:** Setze klare und gesunde Grenzen gegenüber Deinem Partner. Lerne, "Nein" zu sagen und Deine eigenen Bedürfnisse zu priorisieren und an erste Stelle zu setzen. Narzisstische Partner respektieren die Bedürfnisse anderer ungern oder selten, außer, Du setzt absolut klare Grenzen und wahrst Deine eigene Integrität und Authentizität. Das erfordert anfangs Training, Mut und Kraft sowie das Aushalten der toxischen Gegenwehr.

Erweiterte Argumente: Co-abhängige haben Schwierigkeiten, Grenzen zu setzen, aus Angst vor der Reaktion des Partners oder aus einem tief verwurzelten Bedürfnis, gemocht und akzeptiert zu werden. Diese Unfähigkeit des Nicht-Grenzen-Setzens führt zu einem Zyklus der Überforderung und des emotionalen Missbrauchs seitens des narzisstischen Partners. Und je mehr Du nachgibst, desto mehr wird der Missbrauch.

→ **Selbstfürsorge und Priorisierung:** Kümmere Dich um Dich. Dann kümmere Dich um Dich. Und dann wieder um Dich. Du stehst an erster Stelle. Dann kümmere Dich um Deine Kinder, dann um Deinen Beruf, Deine Freunde. Und kümmere oder kreise nicht um den toxischen Partner, der absolut Deine Energie benötigt. Päpple Deine physische, emotionale und mentale Gesundheit auf. Triff Freunde, suche Unterstützung durch Freunde, Familie oder professionelle Hilfe, um Deine Ressourcen aufzubauen und Dein Wohlbefinden zu stärken.

Erweiterte Argumente: Co-abhängige Personen vernachlässigen ihre eigenen Bedürfnisse und Gesundheit, während sie sich um die Bedürfnisse des Partners kümmern. Dies führt zu Erschöpfung, Burnout und einer absoluten Verschlechterung der physischen und psychischen Gesundheit. Besonders das Aushalten der unerwarteten toxischen Angriffe, die Spiele von Zuckerbrot und Peitsche, laugen Dich extrem aus, was Dir in dem Moment nicht klar ist. Stelle es Dir wie ein Spinnennetz vor: Die Spinne spinnt Dich langsam ein und saugt Dich aus. Langsam, nachhaltig und durch Deine Hintertür.

→ **Loslassen und Akzeptanz:** Akzeptiere, dass Du Deinen Partner nicht ändern oder retten kannst. Lerne, loszulassen und die Verantwortung für das Verhalten Deines Partners zurückzunehmen und komplett an ihn abzugeben. Narzisstische Partner wälzen ihre Verantwortung auf andere ab und stellen sich selbst als Opfer dar. Indem Du loslässt, befreist Du Dich von dieser Bürde und gibst Dir die Möglichkeit, Dich auf Deine eigene Heilung zu konzentrieren.

Erweiterte Argumente: Co-abhängige Personen glauben fälschlicherweise, dass sie die Macht haben, ihren Partner zu ändern oder die Beziehung zu reparieren. Diese Illusion führt zu einer fortgesetzten Investition in eine dysfunktionale Dynamik, die sie letztendlich selbst schädigt und immer weiter in die Abhängigkeit führt, hält und süchtig nach diesem Partner macht.

→ **Professionelle Hilfe und Unterstützung:** Suche auf jeden Fall Unterstützung. Den schnellsten Weg, den ich kenne und empfehle: Bewusstseinsarbeit und lerne es zeitgleich selbst. In diesem Buch habe ich Dir schon viele Impulse mitgegeben, die vielen Menschen geholfen haben. Ich kann Dir von meiner Arbeit berichten, wie schnell und effektiv ich Menschen bei diesen Themen helfen konnte und durfte. Nimm gerne Hilfe von einem klassischen Therapeuten oder einer Selbsthilfegruppe an. Es geht darum, Deine eigenen Muster zu verstehen, Dein Selbstwertgefühl zu stärken und gesunde Beziehungsgewohnheiten zu entwickeln. Gemeinschaft und professionelle Hilfe sind entscheidend, um aus der Co-abhängigen Dynamik auszubrechen und ein erfülltes, selbstbestimmtes Leben aufzubauen.

Erweiterte Argumente: Bewusstseinsarbeit, Therapeuten und Selbsthilfegruppen bieten Dir einen sicheren Raum, Deine Erfahrungen zu teilen und Unterstützung von Gleichgesinnten zu erhalten. Diese Unterstützung hilft Dir dabei, Deine Isolation zu durchbrechen und neue Perspektiven auf die eigene Situation zu gewinnen.

→ **Resilienz: Werde immun gegen ihre Angriffe:** Resilienz hilft Dir, Dich von toxischen Partnern nicht entmutigen zu lassen. Du entwickelst eine innere Stärke, die Dich vor ihren negativen Einflüssen schützt. So kannst Du Deine Energie auf positive Dinge konzentrieren und bleibst emotional und mental gesund.

Erweiterte Argumente: Resilienz hilft Dir, die emotionale und psychische Stabilität zu entwickeln, die notwendig ist, um toxische Partner zu überwinden. Wenn Du resilient bist, kannst Du Dich von den negativen Kommentaren und Manipulationsversuchen eines toxischen Partners erholen und wirst nicht so leicht aus der Fassung gebracht. Dies gibt Dir die Kraft, Dich auf Deine eigenen Ziele und Werte zu konzentrieren, anstatt

Dich von den destruktiven Einflüssen Deines Partners ablenken zu lassen. Resilienz bedeutet auch, dass Du die Fähigkeit entwickelst, gesunde Grenzen zu setzen und Dich zu schützen, was essentiell ist, um in einer toxischen Beziehung nicht unterzugehen.

➜ **Lerne Gleichmut und ein tiefes Loslassen:** Dies sind schwere Tugenden, die Dich nachhaltig frei von allen Süchten und Abhängigkeiten machen. Dies geht über Akzeptanz, Themen aufarbeiten und dann ist Loslassen und Gleichmut die logische Konsequenz, wie im Buch beschrieben.

Erweiterte Argumente: Gleichmut und tiefes Loslassen ermöglichen es Dir, in einer toxischen Beziehung innerlich ruhig und ausgeglichen zu bleiben. Gleichmut hilft Dir, auf die Provokationen und Manipulationen Deines toxischen Partners nicht impulsiv oder emotional zu reagieren. Stattdessen kannst Du mit Klarheit und Ruhe auf Situationen eingehen, was oft deeskalierend wirkt und Dir erlaubt, Deine Entscheidungen überlegt zu treffen. Durch tiefes Loslassen befreist Du Dich von den emotionalen Verstrickungen und Abhängigkeiten, die toxische Partner oft nutzen, um Dich zu kontrollieren. Dies führt zu einer nachhaltigen inneren Freiheit und Unabhängigkeit, die Dir hilft, Dich aus der toxischen Dynamik zu lösen und Dein eigenes Wohlbefinden zu priorisieren.

➜ **Radikale Klarheit und Ehrlichkeit:** Sei radikal klar und ehrlich mit Dir selbst und Deinem toxischen Partner. Diese Ehrlichkeit erfordert Mut, aber sie gibt Dir Deine Eigenmacht zurück. Mit Klarheit und Ehrlichkeit wirst Du lebendiger und stärkst Deine Lebenskraft, da Du authentisch und in Übereinstimmung mit Deinen wahren Werten lebst.

Erweiterte Argumente: Radikale Klarheit und Ehrlichkeit sind besonders wichtig, wenn Du Dich mit einem toxischen Partner auseinandersetzt. Klarheit bedeutet, dass Du die Muster und Verhaltensweisen Deines Partners erkennst und benennst, anstatt sie zu ignorieren oder zu entschuldigen. Diese Klarheit gibt Dir die Grundlage, um realistische Entscheidungen zu treffen und Deine Grenzen zu wahren. Ehrlichkeit erfordert, dass Du offen über Deine Gefühle, Bedürfnisse und Grenzen sprichst, auch wenn dies unangenehm oder konfrontativ ist. Diese Ehrlichkeit ist entscheidend, um Dich selbst zu schützen und Deine Eigenmacht zurückzugewinnen. Sie erlaubt Dir, authentisch zu leben und Dich nicht länger von den toxischen Einflüssen Deines Partners manipulieren zu lassen. Wenn Du klar und ehrlich bist, schaffst Du die Voraussetzungen für eine gesündere Beziehung oder die Kraft, Dich aus einer ungesunden Beziehung zu befreien.

In einer Beziehung mit einem toxischen Partner zu bleiben, bringt mehr Nachteile als Vorteile. Dennoch gibt es Situationen und Gründe, warum wir in solchen Beziehungen verharren.

Hier sind einige der vermeintlichen "Vorteile":

1. **Vertrautheit und Stabilität**: Ein Gefühl der Vertrautheit und Routine gibt Dir ein trügerisches Gefühl von Sicherheit. Wir bleiben in toxischen Beziehungen, weil das Bekannte weniger beängstigend erscheint als das Unbekannte.

2. **Gesellschaftlicher Druck und Erwartungen**: Gesellschaftliche Normen und Erwartungen, insbesondere in Bezug auf Ehe und langfristige Partnerschaften, drängen uns, in einer Beziehung zu bleiben, selbst wenn sie ungesund ist.

3. **Finanzielle Abhängigkeit**: Finanzielle Faktoren werden als ein Hauptgrund genannt, warum viele in toxischen Beziehungen bleiben. Eine gemeinsame finanzielle Lage oder Abhängigkeit von den Ressourcen des Partners macht es schwierig, die Beziehung zu verlassen.

4. **Kinder und Familie**: Wenn Kinder involviert sind, bleiben viele in toxischen Beziehungen, um ein Gefühl von Familie und Stabilität für die Kinder zu bewahren, obwohl dies nach hinten losgeht – sowohl für Dich als Partner und Deine Kinder. Sätze wie u. a. „Ich will ihnen den Vater nicht wegnehmen." wird oft genannt.

5. **Hoffnung auf Veränderung**: Viele bleiben in toxischen Beziehungen in der Hoffnung, dass sich ihr Partner ändern wird oder dass die Beziehung sich verbessern könnte. Das kindliche Prinzip von Zuckerbrot und Peitsche wird wiederholt. Auch negative Aufmerksamkeit ist Aufmerksamkeit, was gerne verwechselt wird.

6. **Emotionale Abhängigkeit**: Emotionale Bindungen und Abhängigkeiten ist der Grund, warum Du diese toxische Beziehung nicht ver-

lässt. Die unechten Gefühle von Liebe oder Zuneigung sind stark genug, um die vielfältigen negativen Aspekte der Beziehung zu überdecken.

7. **Mangel an Selbstwertgefühl**: Menschen mit geringem Selbstwertgefühl glauben, dass sie nichts Besseres verdienen. Krasser ist die Tatsache, dass sie denken, ohne ihren Partner nicht glücklich sein zu können.

Es ist wichtig zu betonen, dass die vermeintlichen Vorteile oft illusorisch sind und langfristig zu größerem emotionalem, mentalem und manchmal physischem Schaden führen können. Unterstützung durch Freunde, Familie oder professionelle Beratungsdienste kann helfen, die richtige Entscheidung zu treffen und gegebenenfalls den Weg aus einer toxischen Beziehung zu finden.

Hier sind einige weitere Schritte, die Dir helfen, zusätzlich zu den vorderen im Buch:

- **Neues soziales Netzwerk aufbauen**: Überwinde die Abhängigkeit von einem toxischen Partner, indem Du Zeit mit unterstützenden Freunden, Familie oder Gleichgesinnten verbringst. Gesunde Beziehungen stärken Deine emotionale Resilienz und schaffen ein positives Umfeld.

- **Persönliche Stärken und Interessen wiederentdecken**: Konzentriere Dich auf Deine eigenen Stärken und Interessen. Verfolge Deine Leidenschaften, um Dein Selbstbewusstsein und Selbstwertgefühl unabhängig von der Anerkennung anderer zu stärken.

- **Innere Leere ausfüllen**: Finde Wege, um Deine emotionale Leere und Abhängigkeit zu füllen.

- **Achtsamkeit und Selbstakzeptanz üben**: Verbinde Dich mit Deinen Gefühlen und Bedürfnissen durch Achtsamkeitsübungen. Akzeptiere Dich selbst mit all Deinen Stärken und Schwächen.

- **Selbstständigkeit und Unabhängigkeit entwickeln**: Stärke Deine Unabhängigkeit, indem Du eigenständige Entscheidungen triffst und Verantwortung für Dein Leben übernimmst. Setze klare Ziele und arbeite aktiv daran, sie zu erreichen.

- **Grenzen setzen**: Lerne, klare Grenzen zu setzen und Nein zu sagen, um Deine Bedürfnisse zu schützen.

- **Neue Formen der Diskussion**: Mit Toxen oder Narzissten musst Du Deine Kommunikation verändern. Bei Borderlinern solltest Du anders diskutieren als bei Narzissten. Beachte: Du solltest, wenn Du es magst. Ich mache dies automatisch in meiner Rolle aus Bewusstseinstrainerin, privat mach ich dies meistens nicht mehr. Da entscheide ich mich für mich.

- **Love it – leave it – change it**:
  Du hast 3 Möglichkeiten:
  1. Die Situation mit dem Toxen zu lieben, woran Du zugrunde gehen wirst.
  2. Dich zu verändern, was Du schon tust, aber nie reichen wird.
  3. Dann kannst Du nur noch gehen und Dich für Dich selbst entscheiden.

> *WICHTIGES: Ein Toxe ist ein wilder Löwe, der zwar im Käfig zahm erscheint, aber wenn Du die Oberhand abgibst und keine Kraft hast, wird er Dich fressen, weil es seiner Natur entspricht. Er ist ein Raubtier, den Du domptieren musst.*

> *Je näher man den Toxen kommt, desto mehr bricht ihre Krankheit aus. Ganz wichtig: Daher sind sie für fremde Menschen extrem charismatisch und sympathisch und schwer zu verstehen, dass sie so anders sein können.*

Was kannst Du von Toxen oder Narzissten lernen

Ja, Du hast richtig gehört: was kannst Du von diesen Menschen und diesen Beziehungen für Dich lernen? Stell es Dir so vor: für jede Erfahrung in Deinem Leben benötigst Du Sparringspartner wie beim Boxtraining: so Dein toxischer Partner. Er lehrt Dich die vielen wunderbar magischen Dinge wie Selbstliebe, Selbstschutz, Deine Bedürfnisse kennenlernen, Grenzen setzen und noch vieles mehr. Was er Dich besonders lehrt: Wie es nach außen geht, wie Du Dich selbst gerne verhalten würdest, z. B. Nein zu sagen oder Dinge nicht an sich ranlassen.

Hier sind einige Dinge, die Du von toxischen Partnern lernen kannst:

➜ **Selbstwert erkennen und stärken**: Toxische Partner untergraben oft Dein Selbstwertgefühl. Erkenne und schütze Deinen eigenen Wert. **Beispiel**: Wenn Dein Partner Dich ständig kritisiert, lerne, diese Kritik als Reflexion ihrer eigenen Unsicherheiten zu sehen, nicht Deiner. *Zusatz*: Durch die ständige Abwertung erkennst Du, dass Dein Wert nicht von der Meinung anderer abhängt.

➜ **Grenzen setzen und respektieren**: Setze klare Grenzen und bestehe darauf, dass sie respektiert werden. **Beispiel**: Bestehe darauf, dass Dein Partner Deine Privatsphäre respektiert, z.B. indem er nicht ungefragt in Deinem Handy schnüffelt. *Zusatz*: Das Einhalten Deiner eigenen Regeln stärkt Dein Selbstbewusstsein und Deinen Respekt vor Dir selbst.

➜ **Warnsignale und rote Fahnen erkennen**: Lerne, frühe Anzeichen toxischen Verhaltens wie Kontrollverhalten und emotionale Manipulation zu erkennen. **Beispiel**: Wenn Dein Partner ständig wissen will, wo Du bist und was Du tust, erkenne das als Kontrollverhalten. *Zusatz*: Diese Erkenntnis hilft Dir, frühzeitig Maßnahmen zu ergreifen und Dich zu schützen.

→ **Die Bedeutung von Selbstfürsorge**: Kümmere Dich um Dich selbst und fokussiere Dich auf Deine Gesundheit und Dein Wohlbefinden.
Beispiel: Nimm Dir regelmäßig Zeit für Hobbys und Entspannung, um emotional aufzutanken.
Zusatz: Du lernst, dass Du zuerst für Dich selbst sorgen musst, um auch anderen helfen zu können.

→ **Vertrauen auf Intuition und innere Stimme**: Höre auf Deine Intuition und vertraue Deinen Gefühlen.
Beispiel: Wenn Du ein schlechtes Bauchgefühl hast, nimm es ernst und ziehe Konsequenzen daraus.
Zusatz: Diese Selbstwahrnehmung schützt Dich vor zukünftigen negativen Erfahrungen.

→ **Den Weg zu Dir selbst finden**: Geh Schritt für Schritt, wie Momo.
Beispiel: Reflektiere regelmäßig über Deine Bedürfnisse und Ziele.
Zusatz: Durch die kontinuierliche Selbstreflexion wirst Du Dir Deiner Wünsche und Stärken bewusster.

→ **Keine Kompromisse eingehen**: Sei standhaft und bleibe Dir selbst treu.
Beispiel: Wenn Du einen Traum oder ein Ziel hast, lasse Dich nicht davon abbringen, auch wenn Dein Partner das nicht unterstützt.
Zusatz: Du lernst, dass Deine Träume und Ziele wichtig sind und es wert sind, dafür einzustehen.

→ **Neue Kommunikationsformen und Tools**: Lerne effektive Kommunikationstechniken.
Beispiel: Nutze „Ich-Botschaften", um Deine Gefühle und Bedürfnisse klar auszudrücken.
Zusatz: Dies verbessert Deine Fähigkeit, Konflikte zu lösen und Missverständnisse zu vermeiden.

→ **Authentizität und Wahrhaftigkeit**: Sei ehrlich und echt in Deinen Beziehungen.
Beispiel: Teile Deine wahren Gedanken und Gefühle offen mit, auch wenn es unangenehm ist.
Zusatz: Dies fördert tiefere und ehrlichere Verbindungen zu anderen Menschen.

→ **Empathie für Dich selbst:** Sei mitfühlend und verständnisvoll Dir selbst gegenüber.
Beispiel: Akzeptiere und vergib Dir selbst für Fehler und Schwächen.
Zusatz: Du lernst, dass Selbstliebe und Selbstakzeptanz grundlegende Elemente eines erfüllten Lebens sind. Auch, dass Du an erster Stelle stehst – niemand sonst.

Diese Lektionen sind extrem bis äußerst schmerzhaft, leider wertvoll für Deine persönliche Entwicklung und für das Eingehen neuer gesunder, respektvoller und unterstützender Beziehungen.

Viele weitere Schritte für Selbstliebe und Selbstschutz findest Du vorne im Buch.

15.7 Ist es meine Dualseele, ein karmischer oder toxischer Partner?

Der Begriff der Dualseele kommt immer mehr auf und leider verwechseln viele wunderbare Menschen einen karmischen und/oder toxischen Partner mit ihrer Dualseele. Was was ist – und wie Du was erkennst, lese weiter:

Mit allen drei Partnern gibt es extrem viele emotionale und heftige Herausforderungen in Deinem Leben. Sie sind große Sparringspartner für Dich. Nach meinem Verständnis gibt es nur eine Dualseele, mehrere karmische und viele toxische Partner. Wenn Du diese Prozesse mit diesen Partnern nicht gehst und in Deinen Wert kommst, bleibt toxisches Verhalten Deiner Mitmenschen in Deinem Leben.

Es ist wichtig, die Rolle und Aufgabe der Partner zu unterscheiden, damit Du lernen und loslassen kannst. Seit längerer Zeit ist es Mode, seiner Dualseele zu begegnen und alles Negative, Toxische auf den Dualseelenprozess zu setzen, demjenigen alles zu verzeihen und zu warten, zu warten und wieder warten. Es gibt kein Weiterkommen und diejenigen bleiben in der Schleife.
Es ist eklatant wichtig, dass es bei allen drei Partnern um den Weg zu Dir geht, zu Deiner Selbstliebe und Deinem Selbstwert. Nur bei der Dualseele gibt es am Ende des Weges Unterschiede.

Definition Dualseele

In der Spiritualität sind Dualseelen eine Seele, die als zwei Personen auf die Erde geht, um u. a. die Dualität zu überwinden und um die größtmögliche Lernerfahrung für die Seele und beider Personen zu bringen. Dies ist ein Meisterweg und extrem schmerzhaft, aus dem es kein Entrinnen gibt. Normalerweise gehen beide Anteile als Mann und Frau runter: größte Dualität. Diese beiden Seelenteile sind wie Tag und Nacht, Yin und Yang. Gleich – und dennoch anfangs in der größten Reibung.

Ich habe selbst den Dualseelenprozess hinter mir und weiß um diesen heftigen extremen Weg Deiner Meisterschaft: der Weg zu Dir!

Hier sind einige charakteristische Merkmale einer Dualseelenbeziehung:

1. **Tiefe emotionale und spirituelle Verbundenheit:** Dualseelen haben eine extrem tiefe emotionale und spirituelle Verbundenheit. Das tiefe wahre Gefühl von Ankommen, von Heimat und endlich den Menschen gefunden zu haben, auf den man sein Leben lang gewartet hat, werden Dir begegnen. Deine Sehnsucht (Sucht nach diesem Menschen) wird gestartet. Dieses Gefühl kannst Du niemandem erklären, der es nicht selbst erlebt hat oder um Dualseelen weiß.

2. **Spiegelung und Selbstentwicklung:** Dualseelen spiegeln einander all ihre tiefsten Ängste, Wunden und ungelösten Probleme wider (selbst aus allen früheren Inkarnationen, wenn Du daran glaubst). Jedes noch so kleine Schnipselchen wird zu Tage gebracht, bis Du es gelöst hast. Diese Spiegelung bietet beiden die Möglichkeit, maximales persönliches Wachstum und Selbstentwicklung zu durchlaufen, welche durch extreme Herausforderungen und Konflikte entstehen.

3. **Intensive Anziehung und Dynamik:** Dualseelenbeziehungen sind gekennzeichnet von der starken und magnetischen Anziehungskraft beider Partner. Diese Anziehung findet auf allen Ebenen statt, denn beide Seelen kennen sich schon lange und waren auch oft schon gemeinsam auf der Erde. Du merkst es emotional und körperlich sehr intensiv. Es geht über Deine rationalen Erklärungen hinaus.

4. **Sexualität zwischen Dualseelen:** Diese Energie wird Dich überraschen, es ist mehr als je zuvor. Nicht nur tiefe Verbundenheit und besonderem geführten Seelensex, sondern explosiver – was es zuvor noch nie gab.

5. **Spirituelle Vollständigkeit:** Der Dualseelenprozess ist der Meisterweg zu Deiner spirituellen Vollständigkeit. Du triffst auf Deine bessere Hälfte, auf Dein Pendant, und musst lernen, diesen besonderen Menschen loszulassen, um Dich selbst zu finden. Deine größten Ängste und Wunden werden getriggert. Es geht im ersten Moment darum, Dich als eigenen Seelenteil zu heilen, der andere heilt seinen Seelenteil und erst dann kann es in die glückliche harmonische Einheit und Beziehung gehen.

6. **Harmonie und Konflikte:** Dualseelenbeziehungen sind anfangs magisch, wahnsinnig anziehend und harmonisch, bis es zu den großen heftigen Konflikten kommt. Diese Zeitspanne kann ein paar Wochen bis hin zu ein paar

Monaten dauern. Auf der einen Seite erlebst Du diese intensive Verbundenheit inklusive emotionaler Harmonie, auf der anderen Seite heftigste und herausfordernde Konflikte und Missverständnisse. Es bringt beide in ihren Prozess und dauert so lange, bis jeder seinen Part geheilt hat.

7. **Transformation und Heilung:** Du gehst in Deine Meisterschaft. Jeder Stein in Deinem Leben wird umgedreht, Dein bisheriges Leben wird komplett auf den Kopf gestellt, nichts bleibt beim Alten, alles musst Du (wieder einmal) betrachten, transformieren und heilen. Sogar Themen/Gefühle, die Du in diesem Leben nicht kanntest, wie z. B. Obsession oder Gier. Das tiefe Cruisen durch Deine Urwunden und Verletzungen ist der Sinn, damit beide Seelen sich heilen: absolute persönliche und spirituelle Entwicklung.

8. **Unerschütterliche Verbindung:** Beide Partner fügen sich das größte Leid zu, was Du Dir vorstellen kannst, dennoch ist dieses Band an Zugehörigkeit und tiefem Verständnis für den anderen Partner da, so dass beide sich immer wieder vergeben. So soll es auch sein, denn beide spüren, dass sie von einer fremden „Führung" geführt werden, dass es etwas außerhalb ihres Egos, ihres Verstandes gibt. Diese Verbindung und Dynamik verstehen nur Menschen, die den Dualseelenprozess kennen oder selbst schon durchlebt haben. Somit erwarte bitte kein Verständnis von Freunden oder Therapeuten.

Rollen im Dualseelenprozess

Ich arbeite gerne mit diesen beiden Begriffen. Beide Rollen haben spezifische Eigenschaften und Aufgaben:

Rolle 1: Die Loslasserin (meistens Frauen)

Die Loslasserin ist in der Regel die Frau, die emotional offener und empfänglicher ist. Oft schon spirituell und im Bewusstsein offener oder weiter. Diese Person ist tief in ihren Gefühlen verwurzelt und sehnt sich nach einer engen und intensiven Verbindung mit dem Gefühlsklärer. Die Loslasserin geht voran, erkennt den Gefühlsklärer meist sehr schnell und will sich schneller und intensiver auf die Beziehung einlassen.

Einige typische Merkmale der Loslasserin sind:

- **Emotionalität:** Sie ist sehr emotional und kann ihre Gefühle stark ausdrücken.

- **Sehnsucht:** Diese Person verspürt eine tiefe Sehnsucht nach der Vereinigung mit dem Gefühlsklärer und leidet unter der Trennung oder den Konflikten in der Beziehung.

- **Geduld und Hingabe:** Sie zeigt große Geduld und Hingabe in der Beziehung und ist bereit, viel zu investieren, um die Verbindung zu stärken. Sie ist sich des Prozesses meist bewusst.

- **Schmerz und Wachstum:** Durch die Herausforderungen in der Beziehung erfährt die Loslasserin intensiven emotionalen Schmerz. Sie versteht die Rückzüge, die Ängste des Gefühlsklärers nicht. Sie ist süchtig nach dem anderen, ist 24/7 mit dem anderen beschäftigt, was als Schutz gedacht ist, damit sie nicht aus dem Prozess aussteigen kann.

- **Prozess:** Die Loslasserin geht im Prozess voran, sie führt den Prozess. Je schneller sie durchgeht, je kürzer geht der Prozess für beide (meistens).

Rolle 2: Der Gefühlsklärer

Der Gefühlsklärer ist der Partner, der rational und analytisch veranlagt ist. Er ist stark im Außen, in der alten Welt verhaftet. Diese Person hat Schwierigkeiten, ihre Gefühle zu erkennen und auszudrücken. Der Gefühlsklärer zieht sich zurück, da die Beziehung zu intensiv oder überwältigend ist.

Einige typische Merkmale des Gefühlsklärers sind:

- **Rationalität:** Er betrachtet Dinge rational und logisch, anstatt emotional zu reagieren. Er definiert sich über das Außen, über sein Ego und wahrt alte Werte.

- **Distanz:** Diese Person schafft emotionale und physische Distanz, um mit den heftigen Gefühlen und Herausforderungen der Beziehung umzugehen. Er flüchtet vor diesen intensiven Empfindungen, vor dieser Verbindung, nach der er sich innerlich schon immer gesehnt hat. Aufgrund von Ängsten und Verletzungen kann er sich schwer darauf einlassen. Er kann sich nicht vorstellen, einfach bedingungslos geliebt zu werden.

- **Selbstschutz:** Der Gefühlsklärer schützt sich vor Verletzungen, indem er seine Gefühle unterdrückt, verbirgt, sich ablenkt und im alten Leben verhaftet bleiben will. Er verweigert Veränderungen gerne massiv.

- **Innere Arbeit:** Obwohl der Gefühlsklärer nach außen hin lange distanziert wirkt, findet im Inneren ein intensiver Prozess der Selbstreflexion und des Wachstums statt.

- **Prozess:** Er ist sich anfangs nicht bewusst, was hier passiert und kann sich sehr gut ablenken und leidet am Anfang nicht. Er hat eventuell neue Beziehungen, spürt die Liebe zur Loslasserin, aber sie ist für ihn da. Immer wieder taucht sie in seinem Leben auf und er wundert sich, warum er so stark für diese Frau fühlt und sie nie aus seinen Gedanken bekommt – egal, was er tut. Das macht in wütend und er versucht noch mehr, sich abzulenken. Er arbeitet gegen den Prozess, was sein Leben komplett aus der Bahn werfen kann, bis hin, dass er alles an die Wand fährt. Dann erst fängt er an, alles zu überdenken und an sich zu arbeiten. Wichtig zu erwähnen, dass das erst am Ende des Prozesses der Loslasserin passiert.

Wichtiges im Dualseelenprozess

➡ **Sparringspartner:** In einer Dualseelenbeziehung agieren die Partner oft als Sparringspartner füreinander. Sie fordern sich gegenseitig heraus, um persönliches Wachstum und Heilung zu fördern. Durch diese dynamische Interaktion lernen beide Partner, ihre inneren Blockaden zu überwinden und ihre emotionalen Wunden zu heilen.

➡ **5 – 7 Phasen des Prozesses:** Der Dualseelenprozess durchläuft typischerweise 5 bis 7 Phasen (je nach Konzept), die sowohl für den Loslasser als auch für den Gefühlsklärer unterschiedliche Herausforderungen und Lektionen mit sich bringen. Diese Phasen umfassen meist:

- **Erkennen und Anziehung:** Intensive emotionale und spirituelle Anziehungskraft.

- **Verbindung und Verliebtheit:** Starke emotionale Bindung und das Gefühl, endlich angekommen zu sein.

- **Konflikte und Testen:** Erste Herausforderungen und Missverständnisse treten auf.

- **Lauf und Verfolgung**: Der Gefühlsklärer zieht sich zurück, während der Loslasser versucht, die Verbindung zu halten.
- **Trennung und Heilung**: Notwendige Phasen der Trennung zur individuellen Heilung und Selbstfindung.
- **Selbstreflexion und Wachstum**: In jeder Phase arbeiten beide Partner an sich selbst und ihren inneren Themen. Die Loslasserin geht voran. Der Gefühlsklärer macht dies mehr am Ende des Prozesses und anders als die Loslasserin.
- **Wiedervereinigung und Harmonie**: Bei erfolgreicher Integration der Lektionen kann eine tiefe spirituelle Harmonie erreicht werden.

➜ **Trennungen sind notwendig:** Perioden der Trennung und Entfremdung sind notwendig, um individuelle Heilung und Selbstständigkeit zu fördern. Diese Trennungen sind wichtig, damit beide ihre eigenen Wunden heilen und innerlich wachsen können, bevor sie sich eventuell vereinen können.

➜ **Union ist nicht das Ziel – verschiedene Konzepte:** Es gibt unterschiedliche Konzepte, was das endgültige Ziel einer Dualseelenbeziehung ist. Während einige glauben, dass die physische Vereinigung das ultimative Ziel ist, sehen andere die spirituelle Entwicklung und das persönliche Wachstum als wichtiger an. Viele entscheiden sich danach auf für die Zwillingsseele und leben genauso glücklich. Dies hängt von Euch und Euren Seelen ab und ist individuell, sowie Euer Dualseelenprozess auch.

➜ **Schwierigkeit des Verständnisses:** Union aus der Seele, Trennung als Mensch: Es ist schwer zu verstehen, dass Dualseelen auf der Seelenebene vereint sind, auch wenn sie als Menschen getrennt sind. Diese Dualität ist verwirrend und verlangt ein tiefes Verständnis und Akzeptanz der spirituellen Dynamik.

➜ **Keine Anhaftungen oder Kompromisse mehr:** Nach dem Durchlaufen des Dualseelenprozesses gibt es für Dich keine Anhaftungen oder Kompromisse mehr. Du hast gelernt, Dir selbst treu zu bleiben, Dich an erste Stelle zu setzen, und hast so lange in diesem Prozess gelitten, bis Du eine tiefe innere Harmonie und Unabhängigkeit erreicht hast, die Du nicht mehr aufgeben wirst.

➜ **Gleichmut und inneres Finden:** Am Ende wirst Du komplett anders sein. Wahre Demut, ein magischer Gleichmut und Dein inneres Finden lassen Dich strahlen, lassen Dich ein neues Leben erschaffen, welches Du

Dir immer gewünscht hast: mit dem optimalen Partner an Deiner Seite. Du bist so klar, dass es nicht wichtig ist, ob Du mit Deiner Dualseele oder einem anderen Partner zusammen bist.

WICHTIG: Euer Dualseelenprozess ist in fixe Phasen aufgeteilt, die für jedoch jedes Paar anders laufen können. Da es verschiedene Konzepte und Wege gibt, nimm Dir die Meinung, die zu Dir passt. Ich arbeite auch hier nicht mit fixen Konzepten, sondern bin individuell offen. Denn mein Dualseelenprozess war anders als der meiner Freundin.

Co-Abhängigkeit und Anhaftung in Dualseelenbeziehungen

In Dualseelenbeziehungen ist Co-Abhängigkeit und Anhaftung sofort vorhanden, die beide tief emotional und spirituell verbunden sind. Beide sind eins, spüren und fühlen den anderen und die Entwicklung hängt zusammen. Bei der Loslasserin gleich zu Anfang, der Gefühlsklärer spürt dies bewusst erst später im Prozess.

Sie zeigt sich durch eine nicht zu überwindend scheinende emotionale Abhängigkeit von der anderen Person. Diese Bindung geht über gesunde Liebe und Partnerschaft hinaus und kann zu einem obsessiven Verhalten führen, bei dem eine Person ihre eigene Identität und ihr Wohlbefinden zugunsten des Partners opfert. Es entsteht ein ständiges Streben nach Harmonie und spiritueller Vereinigung, welches dazu führt, die eigenen Bedürfnisse zu vernachlässigen.

Warum ist diese Dynamik besonders förderlich und sogar wichtig?

→ **Erlangen der eigenen Identität:** Du merkst, dass Du gar nicht allein auf Erden warst, sondern dass Dir immer diese andere Hälfte gefehlt hat. Daher wirst Du (gerade als Loslasserin) sofort Deine Dualseele erkennen. Die Aufgabe ist es, Euch beide radikal als Mensch, als eigenständige Identität aufzubauen, Seelenanteile zurückzuholen, vergangene Leben aufzuarbeiten und die Co-Abhängigkeit endlich zu beenden.

→ **Emotionale Stabilität erlangen:** Die intensiven emotionalen Höhen und Tiefen destabilisieren, da beide stark von den Reaktionen und dem

Verhalten des anderen beeinflusst werden. Aufgabe ist es, sich nicht mehr vom anderen triggern zu lassen.

➜ **Selbstfürsorge und zum Mittelpunkt werden:** Absolute gesunde Fokussierung auf Dich selbst und erkennen, dass Du der Mittelpunkt in Deinem Leben bist – niemand anders mehr. Auch wenn die Liebe zur Dualseele unermesslich erscheint und Dein Herz blutet.

➜ **Zyklische Muster durchstehen:** Dualseelenbeziehungen haben Zyklen von intensiver Nähe gefolgt von heftigsten Konflikten und Trennung, was Hoffnung und Verzweiflung triggert. Dies gilt es durchzustehen.

➜ **Intensive Emotionen verändern:** Das Urbedürfnis nach dieser Einheit fördert die Sucht nach der emotionalen Bestätigung und Nähe des Partners. Dies ist mit starken emotionalen Höhen und Tiefen verbunden.

➜ **Suche nach Vollständigkeit:** Diese tief in Dir verankerte Suche nach Deiner Dualseele und somit Eurer Vollständigkeit führt zu einem übermäßigen Fokus auf den Partner, welches die Grenzen der gesunden Selbstliebe überschreitet.

➜ **Grenzen setzen:** Gerade im Dualseelenprozess ist Grenzen setzen das Thema Nummer eins. Meist von der Loslasserin, die dies nicht gesund kann. Der Gefühlsklärer hat die Aufgabe, die Grenzen der Loslasserin so lange zu überschreiten, bis sie es gelernt hat. Der Gefühlsklärer wird auch lernen, gesunde neue Grenzen zu setzen, die nicht nach seinem alten Schema von Flucht oder Verdecken sind.

Was kannst Du noch tun, um Co-Abhängigkeit in Dualseelenbeziehungen zu überwinden

Es ist das gleiche wie bei den anderen Abhängigkeiten und wie vorne im Buch geschrieben. Das Wichtigste ist:

- Diese Co-Abhängigkeit dient Dir, um in Deinem Prozess zu bleiben.
- Du musst die höchste Meisterschaft lernen, diesen Menschen loszulassen, radikal zu Dir selbst zu finden und in die Seeleneinheit kommen.

15.8 Karmische Partner = extrem toxische und heftige Beziehungen

Karmische Partner sind Menschen, mit denen wir eine tiefe, oft herausfordernde Verbindung haben, die auf karmischen (spirituellen) Ebenen wurzelt. Wir fühlen uns magisch verbunden, kennen uns schon lange und verwechseln karmische Partner gerne mit unsere Dualseele, was fatal ist. Diese Beziehungen enthalten viele schwere Lernaufgaben, ähnlich zur Dualseele, und verändern uns tiefgreifend.

Einige Charakteristika von Karmischen Partnerschaften

→ **Karmische Verbindung und Lektionen:** Sind Seelen, zu denen Du Dich magisch angezogen fühlst, und Du spürst eine gemeinsame Geschichte, die über dieses Leben hinausgeht. Diese Partnerschaften sind dazu bestimmt, ungelöste Probleme, Lektionen und Karma aus vergangenen Inkarnationen zu lösen und zu heilen. Wenn Du nicht an Reinkarnation glaubst, sind es heftige Sparringspartner, damit Du heilen kannst.

→ **Intensive Anziehung und Herausforderungen:** Karmische Partner ziehen sich extrem stark an. Diese Beziehung ist durch intensive Herausforderungen gekennzeichnet, wie heftigste Konflikte, Missverständnisse, Abhängigkeiten bis hin zur Obsession, verbaler und körperlicher Gewalt, die Dir dienen, radikal Deinen Selbstwert und Deine Selbstliebe zu lernen

→ **Spiegelung und Selbstreflexion:** Wie bei Dualseelenbeziehungen spiegeln sich karmische Partner ihre tiefsten Ängste, Unsicherheiten und ungelösten Themen wider.

→ **Transformation und persönliche Entwicklung:** Eine karmische Partnerschaft fördert Deine persönliche Transformation und Entwicklung. Indem beide die Herausforderungen der Beziehung überwinden und ihre individuellen Lektionen lernen, fördern sie ihre spirituelle Reife und Selbstheilung.

→ **Heilung und Freisetzung:** Der Zweck einer karmischen Partnerschaft besteht darin, alte Wunden zu heilen, Karma auszugleichen und letztendlich zur Freisetzung von alten Bindungen beizutragen.

Aspekte von Karmischen Partnerschaften

→ **Karmisches Karma und Lektionen:** Diese Partnerschaften sind oft durch ungelöste karmische Muster und Lektionen geprägt, die aufgelöst werden müssen, um spirituelle Weiterentwicklung zu ermöglichen.

→ **Herausforderungen und Konflikte:** Karmische Beziehungen können durch intensive emotionale Höhen und Tiefen sowie durch Konflikte gekennzeichnet sein, die auf unbewusste Dynamiken und vergangene Erfahrungen zurückzuführen sind.

→ **Wachstum und Selbstreflexion:** Die Beziehung zu einem karmischen Partner bietet die Möglichkeit für tiefe Selbstreflexion, persönliches Wachstum und die Integration von verdrängten Emotionen und Mustern.

→ **Erlernen von Lektionen:** Karmische Partnerschaften geben beiden Partnern die Möglichkeit, wichtige spirituelle und persönliche Lektionen zu lernen und sich weiterzuentwickeln.

→ **Abschluss und spirituelle Weiterentwicklung:** Nachdem die Lektionen gelernt und das Karma ausgeglichen wurden, kann eine karmische Partnerschaft zur Freisetzung und spirituellen Weiterentwicklung führen, sowohl individuell als auch gemeinsam.

Woran erkenne ich den Unterschied Dualseele, toxischer oder karmischer Partner

Das spannende ist, dass es am Anfang Deines Weges egal ist, ob es Deine Dualseele oder ein toxischer oder karmischer Partner ist, denn: Es geht immer um die gleichen Lernfelder. Beim Toxen wird das Ziel sein, diesen am Ende aus Deinem Leben zu haben, bei der Dualseele wird dies nicht möglich sein, denn Du kannst Deine Dualseele nicht vergessen, nicht loslassen. Ob Ihr zusammenkommt, hängt von vielen Faktoren ab, das ist Dir am Ende des Prozesses aber nicht mehr wichtig.

Für mich gibt es eine Dualseele, mehrere karmische Partner und viele Toxen. Fazit: Es ist egal, welcher Partner es ist und ob Du ihn erkennst. Die Lernaufgaben sind anfangs die gleichen. Deine Dualseele: Du wirst es wissen – glaube mir.

Nun ein paar Unterschiede, auch wenn die Lernaufgaben gleich sind

→ Toxische Beziehungen fühlen sich heftig und besonders an. Auch wenn sie Dir etwas Besonders vorspielen und Du denkst, dass er der Eine wäre, weißt Du, dass etwas nicht stimmt, denn sonst würde er Dich nicht mies und fies behandeln. Du wirst feststellen, dass Du schon viele toxische Beziehungen in Deinem Leben hattest, die gerne mit jedem Partner heftiger wurden.

→ Bei karmischen Partnern hast du das Gefühl, sie schon lange zu kennen und eine ganz besondere Bindung zu haben (über diese Inkarnation hinaus). Das hast du bei rein toxischen Beziehungen manchmal auch, aber wenn du ehrlich bist, fehlt etwas. Karmische Partner sind intensiver, wie ein Band, das man nicht trennen kann. Genau das ist dann die Aufgabe: dies zu lösen, da das Karma abgearbeitet werden muss. Natürlich sind karmische Partner ebenfalls toxische Partner, daher ist es gleich, ob es ein toxischer oder karmischer Partner ist. Nur gibt es mehr toxische als karmische Partner, da Toxen auch in anderen Konstellationen wie Chef oder Angestellter vorkommen.

→ Dualseelen – dieses Gefühl ist einzigartig und gibt es nur ein Mal. Das schlägt ein wie eine Bombe und lässt Dich nicht mehr los. Die Loslasserin weiß es normalerweise zuerst, der Gefühlsklärer braucht länger, bis es in seinem Verstand ankommt. Deine Dualseele kannst Du nicht loslassen oder vergessen, da Ihr Euch ein Bewusstsein teilt. Du darfst lernen, damit umzugehen und eine neue Stufe der Liebe zu lernen.

→ Da die Lernaufgaben die gleichen sind, ist es wirklich egal, um was es sich für einen Partner handelt. Nur bei der Dualseele unterscheidet sich das Gefühl am Ende, da sie zu Dir gehört: wie ich sagte, das Bild mit der Steuererklärung, die immer da ist und einen wenig stört.

15.9 Mediensucht

Wir sind (fast) alle mediensüchtig, weil wir ständig an und mit Medien arbeiten und gerne zu viel Zeit in z. B. WhatsApp verbringen, statt uns direkt zu treffen. Bei Jugendlichen ist dies sehr stark sichtbar: statt Party zu machen, stehen sie in der Disco und machen Fotos.

Mediensucht beschreibt eine übermäßige und zwanghafte Nutzung von digitalen Medien, wie z. B. sozialen Medien, Videospielen, Online-Shopping und anderen Online-Plattformen. Oft sind wir uns nicht bewusst, dass wir schon mediensüchtig sind, weil wir es als normal erachten, ständig unsere Nachrichten zu checken.

Ursache und Auswirkungen von Mediensucht

→ **Übermäßige Nutzung:** Der Übergang zwischen einer gesunden Nutzung und Abhängigkeit ist fließend. **Da gibt es einen ganz einfachen Test:** Lege Dein Handy weg und prüfe, ab wann Du unruhig wirst und meinst, Deine Nachrichten checken zu müssen.

→ **Zwanghaftes Verhalten:** Selbst bei „sanften Formen der Mediensucht" ist das Verhalten da, immer wieder zu Deinen digitalen Geräten zurückzukehren, um Befriedigung oder Ablenkung zu suchen. Jedes Mal wartest Du auf etwas – und entweder wirst Du belohnt oder versuchst es später nochmals.

→ **Entzugssymptome:** Ähnlich wie bei anderen Süchten hast Du Entzugssymptome, wenn Du versuchst, Deine Nutzung zu reduzieren oder aufzuhören. Dazu gehören Reizbarkeit, Angstzustände, Depressionen und das Gefühl der Unruhe.

→ **Einfluss auf die Gesundheit:** Kinder, die viel fernschauen oder die Medien nutzen, bringen nicht mehr die gleiche Leistung, können sich weniger konzentrieren und vieles mehr. Auch wenn wir darauf geschult sind, verdummen viele Menschen, weil sie ihre Gehirnareale nicht mehr alle nutzen. Weitere körperliche oder psychische Probleme können sein: Schlafstörungen, Augenbelastung, Rückenschmerzen durch sitzende Tätigkeiten, Gewichtszunahme aufgrund von Bewegungsmangel sowie Angstzustände und Depressionen.

Was kannst Du noch tun (zusätzlich zu den vorne genannten Impulsen)

1. **Bewusstsein und Selbstreflexion:** Individuen sollten sich bewusst machen, wie viel Zeit sie täglich mit digitalen Medien verbringen und welche Auswirkungen dies auf ihr Leben haben kann. Selbstreflexion hilft dabei, potenzielle Anzeichen von Mediensucht frühzeitig zu erkennen.

2. **Grenzen setzen:** Es ist wichtig, gesunde Grenzen für die Nutzung digitaler Medien zu setzen. Dies kann durch Zeitlimits, geplante Pausen oder technische Hilfsmittel wie Apps zur Zeitbegrenzung erreicht werden.

3. **Alternative Aktivitäten:** Fördern Sie alternative Aktivitäten wie Sport, Hobbys, Lesen oder soziale Interaktionen außerhalb der digitalen Welt. Diese Aktivitäten helfen, eine ausgewogene Lebensweise zu fördern und den Fokus von digitalen Medien abzulenken.

4. **Familiäre und soziale Unterstützung:** Familienmitglieder und Freunde können unterstützen, indem sie gesunde Gewohnheiten fördern und unterstützende Gespräche führen, wenn Mediensucht ein Problem darstellt.

5. **Professionelle Hilfe:** Bei schweren Fällen von Mediensucht kann professionelle Hilfe von Therapeuten oder Beratern notwendig sein. Diese können Unterstützung, Beratung und Strategien zur Bewältigung und Vermeidung der Sucht bieten.

15.10 Informationssucht

Vor 30 Jahren schrieb ich in meiner Bewerbung für mein Studium als Designerin, dass wir von Informationen überflutet werden und ich deshalb Design studiere, um diese Überflutung zu vereinfachen. Aber welche Fluten an Infos, allein auf unseren Straßen, haben wir mittlerweile?

Und besonders hier tätige ich die Aussage, dass wir (fast) alle informationssüchtig sind. Wir wurden dazu erzogen, dass Wissen Macht wäre. Wissen verleiht uns ein Gefühl von Erhabenheit, besser zu sein, gelehrter zu sein, Kontrolle zu haben und beschäftigt unser Ego, mit dem wir uns identifizieren.

Ursachen und Auswirkungen von Informationssucht

→ **Ständige Suche nach neuen Informationen:** Wir verbringen unzählige Stunden damit, nach neuen Informationen zu suchen. Wir haben ein starkes Bedürfnis, über aktuelle Ereignisse, Trends und Wissen auf dem Laufenden zu bleiben. Krass sind die Newsticker, die Dir ständig das Gefühl geben, auf dem neuesten Stand sein zu müssen. Eine Urangst wird ständig getriggert. U. a. Tiktok oder Instagram suggerieren dies schon den Kindern und Jugendlichen, ständig up to date sein zu müssen.

→ **Unruhe und Unzufriedenheit:** Die Suche nach neuen Informationen führt zu einem Gefühl der Unruhe und Unzufriedenheit, da wir das Bedürfnis haben, immer mehr erfahren und konsumieren zu wollen und zu müssen, um dieses Verlangen zu befriedigen.

→ **Informationsüberlastung:** Eine übermäßige Menge an Informationen führt zu einer Überlastung, bei der es schwierig wird, relevante von unwichtigen Informationen zu unterscheiden. Dies führt zu innerer Verwirrung, Ablenkung von uns selbst und einer Verringerung der Aufmerksamkeitsspanne.

→ **Auswirkungen auf die Gesundheit:** Informationssucht hat fatale negative Auswirkungen auf Deine physische und psychische Gesundheit. Dazu gehören Schlafstörungen aufgrund von spätem Konsum, Augenbelastung durch längeres Bildschirmsehen und Stress durch ständige Informationsüberlastung. Weitere körperliche Symptome gehören ebenso dazu, was die wenigsten von uns wissen und in Zusammenhang bringen.

→ **Soziale und berufliche Beeinträchtigung:** Die intensive Suche nach Informationen wirkt sich negativ auf soziale Beziehungen aus, da weniger

Zeit in persönliche Interaktionen gesetzt wird. Im Berufs- oder Schulleben kann Informationssucht zu Ablenkung, ineffektiver Zeitnutzung und Schwierigkeiten bei der Konzentration auf wichtige Aufgaben führen.

Was kannst Du noch tun (zusätzlich zu den vorderen Tipps)

1. **Selbstregulierung:** Mache Dir bewusst, wie viel Zeit Du täglich mit der Suche nach Informationen verbringst und welche Auswirkungen dies auf Dein Leben hat. Entwickle Selbstregulierungsstrategien, um Dein Bedürfnis nach ständiger Informationsaufnahme zu kontrollieren.

2. **Festlegen von Grenzen:** Setze klare Grenzen für die Zeit, die Du täglich für die Informationsbeschaffung aufwenden darfst. Zeitlimits, geplante Pausen oder die Begrenzung der Nutzung bestimmter Plattformen sind einige Maßnahmen.

3. **Ausgewogene Informationsquellen:** Nutze viele Arten von Informationsquellen. Wichtig auch Bücher und persönlichen Erfahrungen nutzen.

4. **Alternative Aktivitäten:** Die beste Alternative: lebe und fühle! Treibe Sport, mach Hobbys, Kunst oder andere soziale Interaktionen wie u. a. tanzen, um Dich sinnvoll abzulenken und Dich voll zu fühlen.

Alles, was Du wissen musst, kommt zu Dir!

15.11 Handysucht

Dieses *Thema spreche ich kurz an, da es wie Alkohol zu sehen und uns bekannt ist. Hier sind ein paar Aspekte, die Du vielleicht noch nicht kennst.*

Auch hier: wir sind (fast) alle handysüchtig. Hier in Deutschland sind wir ständig am Handy, selbst die kleinen Kinder bekommen ständig Handys in die Hand, damit sie Ruhe geben und beschäftigt sind. Die Handynutzung in Costa Rica war noch viel höher, da musste selbst ich schlucken.

Ursachen für Handysucht sind u. a. Unterhaltung und soziale Interaktionen, die Angst vor dem Verpassen von Informationen (FOMO - Fear of Missing Out), Belohnungssysteme in Apps und die Flucht vor realen Problemen.

Einige fatale Auswirkungen von Handysucht

1. **Exzessive Nutzung und Zeitverlust:** Nicht nur, dass wir die Zeit mit der Nutzung des Handys verlieren, sondern die Wechsel zwischen der Nutzung und der Nicht-Nutzung ist schwer zu überbrücken, so dass wir noch länger am Handy bleiben, statt aufzustehen. Beobachte Dich einmal.

2. **Zwanghaftes Verhalten und Kontrollverlust:** Zwanghaftes Verhalten, bei dem die Betroffenen immer wieder zum Smartphone greifen, auch wenn sie sich vornehmen, weniger Zeit damit zu verbringen. Der Kontrollverlust über die Nutzung und das Unvermögen, das Verhalten zu stoppen, sind typische Anzeichen.

3. **Entzugssymptome:** Wie bei anderen Abhängigkeiten treten Entzugssymptome auf, wenn Du die Nutzung reduzierst oder stoppst. Diese Symptome können Reizbarkeit, Angst, Unruhe, Schlafstörungen und ein starkes Verlangen nach Deinem Smartphone umfassen.

4. **Psychische Gesundheit:** Die ständige Verfügbarkeit von Informationen und sozialen Interaktionen kann zu Angstzuständen, Depressionen, Selbstwertproblemen und einem Gefühl der Isolation führen. Unser Gehirn ist einer ständigen Belastung und Beschallung ausgesetzt und hat wenig Zeit, sich zu erholen oder zu entspannen.

5. **Physische Gesundheit:** Schlafstörungen durch das blaue Licht der Bildschirme, Augenbelastung, Kopfschmerzen und Haltungsschäden sind typisch. Förderung der Unfitness, zu wenig Sport oder Bewegung führen gerne noch zur Gewichtszunahme. Das Verstoffwechseln der Informationen setzt Deinen Körper massiv unter Druck, besonders, wenn er keine Pause bekommt.

6. **Soziale und berufliche Auswirkungen:** Die ständige Verfügbarkeit, die ständige innere Bereitschaft, das Warten auf das Ausschütten von Hormonen, das ständige Wechseln von den Informationen ist anstrengend für Dein Gehirn und Deinen Körper und führt zur Minderung Deiner Leistung in allen Bereichen.

7. **Verdummung:** Exzessive Handynutzung kann Deine intellektuellen Fähigkeiten beeinträchtigen und zu einer allgemeinen Verdummung führen.

8. **Verlernen von kognitiven Fähigkeiten:** Durch die ständige Ablenkung und mangelnde Konzentration verlernst Du wichtige kognitive Fähigkeiten.

9. **Verlernen der Sprache und Kommunikation:** Die normale Sprache wird durch die Abkürzungen behindert. Die Vielfalt der Wörter ist eingeschränkt und durch den Konsum verlernen wir auch das Schreiben, denn wir nehmen nur auf, statt es selbst zu tun.

10. **Soziale Fähigkeiten verkümmern:** Der soziale Kontext leidet, weil viele es von klein auf nicht mehr gewohnt sind, z. B. zu warten, Langeweile auszuhalten und sich selbst zu beschäftigen.

11. **Verwechslung von Gefühlen:** Durch das Konsumieren und scheinbare Erleben der vorgesetzten Gefühle fühlen wir die außen, aber nicht unsere eigenen Gefühle. Dadurch entfremden wir immer mehr und benötigen Zufuhr, das Heldentum z. B., aus den Filmen.

Spirituelle Sichtweise auf Handysucht

Du weißt, dass durch den Elektrosmog Gehirntumore gefördert werden. Betrachten wir dies anders:

Energetisch betrachtet entstehen Gehirntumore, weil Du es nicht mehr schaffst, die aufgenommenen negativen Energien (E-Smog-Störimpulse) über die Füße bzw. das Wurzelchakra abzuleiten. Das Negative bleibt in Deinem Kopf stecken und kann dort den Krebs auslösen. Hier zeigt sich bereits das Problem des Handysüchtigen – er lebt zu sehr in einer künstlichen Kopfwelt. Das echte Leben, der Kontakt zur materiellen, berührbaren Welt, leidet darunter. Der Kontakt zur Natur geht verloren.

Bedenke: Das Leben findet nicht im Handy statt, sondern genau dort, wo das Handy nicht ist.

Ursachen: Spannende und wichtige Punkte

Die Hormonausschüttung und die damit verbundenen Glücksgefühle bei Handysucht sind ein interessantes und komplexes Phänomen, das eng mit der Funktionsweise Deines Gehirns und der Psychologie der Belohnung verbunden ist. Hier sind einige Aspekte, die erklären, wie Handysucht zu Glücksgefühlen führen kann:

1. **Dopamin als Schlüsselhormon**: Dopamin ist ein Neurotransmitter, der eine zentrale Rolle im Belohnungssystem Deines Gehirns spielt. Es wird freigesetzt, wenn Du etwas Erfreuliches erlebst oder erwartest, wie z.B. das Abrufen einer Nachricht, das Erhalten von Likes auf sozialen Medien oder das Gewinnen eines Spiels.

2. **Verstärkung durch positive Rückmeldungen**: Digitale Geräte und Anwendungen sind so konzipiert, dass sie Dir positive Rückmeldungen in Form von Benachrichtigungen, Likes oder virtuellen Belohnungen geben. Diese Verstärkung führt dazu, dass Dein Gehirn Dopamin freisetzt, was ein Gefühl der Freude und des Wohlbefindens vermittelt.

3. **Instantane Befriedigung**: Smartphones bieten Dir sofortigen Zugang zu Unterhaltung, Informationen und sozialen Interaktionen. Diese sofortige Befriedigung kann zu einem positiven emotionalen Zustand führen, da Dein Gehirn schnell mit Dopamin belohnt wird.

4. **Verstärkung des Suchtverhaltens**: Übermäßige Nutzung von Smartphones kann zu einem Teufelskreis führen, bei dem Du immer mehr Zeit online verbringst, um das positive Gefühl zu wiederholen. Dies verstärkt die Abhängigkeit und kann zu einer erhöhten Toleranz gegenüber digitalen Medien führen.

5. **Langfristige Folgen**: Obwohl anfänglich Glücksgefühle auftreten, wenn Du Dein Handy nutzt, wird dies immer weniger der Fall sein und Du greifst immer mehr zum Handy, um Dich zu füllen. Dies liegt daran, dass das echte Leben nicht die gleiche sofortige Belohnung bietet wie digitale Medien.

Was kannst Du noch tun (zu den vorderen Tipps)

1. **Bewusstsein und Selbstreflexion:** Reflektiere über Deine Handynutzung und die damit verbundenen Emotionen.

2. **Grenzen setzen:** Lege feste Zeiten fest, in denen Du Dein Smartphone nutzen darfst, und begrenze Deine Bildschirmzeit insgesamt.

3. **Alternative Aktivitäten:** Engagiere Dich in Hobbys oder Aktivitäten, die keine Bildschirmzeit erfordern, um Dein Gehirn auf andere Weise zu stimulieren.

4. **Digitale Entgiftung:** Plane regelmäßige Zeiten ein, in denen Du komplett auf digitale Medien verzichtest, um Deinem Geist eine Pause zu gönnen.

5. **Soziale Unterstützung:** Tausche Dich mit Freunden und Familie über Deine Herausforderungen und Fortschritte aus. Ihre Unterstützung kann Dir helfen, motiviert zu bleiben und neue Strategien zu entwickeln.

6. **Mache Alternativen:** Lies ein Buch, gehe spazieren, treibe Sport, male oder zeichne, koche ein neues Rezept, meditiere oder verbringe Zeit in der Natur. All diese Aktivitäten können helfen, Dein Verlangen nach digitaler Ablenkung zu reduzieren und Dir neue, erfüllende Erfahrungen zu bieten.

7. **Super wichtig: Pausen einlegen,** damit das Gehirn entspannen kann.

Bedenke: Du unterliegst der Alete Mentalität: Deine Gefühle werden für Dich am Bildschirm gelebt. Jedoch findet Dein Leben außerhalb der Monitore statt.

15.12 Pornosucht

Dieses Thema spreche ich kurz an, da es wie Alkohol zu sehen und uns bekannt ist. Hier sind ein paar Aspekte, die Du vielleicht noch nicht kennst.

Pornosucht ist weiter verbreitet als wir denken und hat extreme Folgen auf Gesundheit, Partnerschaft, sexuelle Kraft/Lust und somit Lebenskraft.
Ich war beim Kongress „Schluss mit Pornosucht" als Speakerin dabei, anbei das Interview mit wertvollen Tipps.
https://www.youtube.com/watch?v=tHL88TRo83k&t=734s

Einige Gründe für Pornosucht

→ **Stress und Langeweile lindern:** Pornografie wird genutzt, um Stress abzubauen und Langeweile zu vertreiben sowie zur kurzfristigen Ablenkung und sofortigen Belohnung.

→ **Gewohnheiten entwickeln:** Regelmäßiger Konsum führt zu einer schwer zu durchbrechenden Gewohnheit, da er mit sofortiger Entspannung, Lust und Dopaminausssschüttung verbunden ist.

→ **Flucht vor Problemen:** Es ist eine Flucht vor realen Problemen, Konflikten und emotionalem Stress, denn hier hat man die Hoheit, eine Selbstbestimmung u. a. über die Stellungen, keine Versagensängste und zieht sich in eine Scheinwelt zurück.

→ **Neugier und Erkundung:** Der Wunsch, eigene sexuelle Vorlieben zu erkunden, treibt den Konsum an, besonders wenn persönliche sexuelle Erfahrungen begrenzt sind.

→ **Belohnungssystem im Gehirn:** Pornografie aktiviert das Belohnungssystem durch die Freisetzung von Dopamin, was kurzfristig ein angenehmes Gefühl vermittelt.

→ **Gesellschaftliche Normen:** Eine Kultur, die Sexualität sensationalisiert und pornografische Inhalte normalisiert, lässt Pornografie als akzeptable Unterhaltung erscheinen.

→ **Internetkultur:** Die Verbreitung pornografischer Inhalte im Internet und über soziale Medien fördert den Konsum.

→ **Suchtverstärkende Eigenschaften:** Pornografie hat suchterzeugende Eigenschaften, da man eine Toleranz entwickelt und intensiveren Konsum braucht, um die gleiche Befriedigung zu erreichen. Man braucht immer mehr krasse Stellungen, Machtsituationen, härtere Stöße, um zu kommen.

→ **Gefühl von Macht und Kontrolle:** Pornografie kann ein Gefühl von Macht, Kontrolle und Selbstbehauptung vermitteln.

→ **Kompensation:** Sie wird genutzt, um andere Bedürfnisse oder Mängel zu kompensieren.

Einige unbekannte Ursache von Pornosucht

→ **Suche nach Verbindung, Einheit (dem Göttlichen, der Quelle):** Viele Menschen, die an Pornosucht leiden, suchen unbewusst nach einer tiefen Verbindung und Einheit mit etwas Größerem. Diese Sehnsucht äußert sich in einem übermäßigen Konsum von pornografischen Inhalten, da dies eine unmittelbare, wenn auch flüchtige, Form der Befriedigung und Verbindung bietet.

→ **Einheit Körper, Geist und Seele:** Die Sucht drückt ein Ungleichgewicht zwischen Körper, Geist und Seele aus. Während der Körper nach Lust und Vergnügen strebt, suchen Geist und Seele nach tieferer Erfüllung und Sinn. Pornosucht zeigt daher einen misslungenen Versuch, dieses Ungleichgewicht auszugleichen.

→ **Zugehörigkeit:** Ein starkes Bedürfnis nach Zugehörigkeit spielt ebenfalls eine Rolle. Menschen mit Pornosucht fühlen sich oft isoliert und entfremdet und suchen durch pornografische Inhalte nach einem Gefühl der Verbindung und Akzeptanz.

→ **Suche nach sich selbst, dem Lebensfluss:** Die Sucht nach pornografischen Inhalten drückt die Suche nach sich selbst und dem natürlichen Lebensfluss aus. Sie symbolisiert den Wunsch, sich fallen zu lassen und eine tiefere, authentischere Erfahrung des Lebens zu machen.

→ **Nackt machen:** Im metaphorischen Sinne bedeutet die Sucht, sich nackt zu machen – sich selbst zu enthüllen und die eigenen Bedürfnisse und Sehnsüchte zu erkennen. Pornosucht stellt einen unbewussten Versuch dar, diese inneren Wahrheiten zu entdecken und auszudrücken.

→ **Bindungsstörung in der Kindheit:** Bindungsstörungen in der Kindheit, die durch Isolation, mangelndes Fühlen und fehlende Sicherheit entstanden sind, hinterlassen tiefe emotionale Wunden. Diese Wunden sollen durch die Sucht kompensiert werden, um die verlorene Sicherheit und das Gefühl von Geborgenheit auszugleichen.

→ **Traumatische Kindheit:** Kompensation, Ausgleich, keine wahren Gefühle möglich: Eine traumatische Kindheit führt ebenfalls zu Pornosucht. Menschen, die traumatische Erfahrungen gemacht haben, neigen dazu, ihre wahren Gefühle zu unterdrücken und durch suchtähnliche Verhaltensweisen zu kompensieren. Pornografie bietet eine vorübergehende Flucht vor diesen tief sitzenden emotionalen Schmerzen.

→ **Spirituelle Interpretation der Pornosucht:** Im übertragenen Sinne zeigt eine Sucht immer eine Suche nach Gott oder der Wiederverbindung mit dem Göttlichen. Bei der Sexsucht trifft dies in besonderer Weise zu, da es hierbei um eine fehlende Verbindung der unteren Chakren (sexuelle Energie) mit dem obersten Chakra, unserem göttlichen Kronenchakra, geht. Weil es den Betroffenen nicht gelingt, ihre sexuelle Energie nach oben hin zum Göttlichen zu transformieren, wird sie ihnen zu viel. Sie versuchen verzweifelt, ihrer durch die Sexsucht Herr zu werden.

Einige Auswirkungen von Pornosucht

1. **Psychische Gesundheit:** Pornosucht führt zu Angstzuständen, Depressionen, einem gestörten Selbstwertgefühl und einem verzerrten Körperbild führen. Besonders die Beziehung zum anderen Geschlecht wird massiv gestört.

2. **Beziehungsschwierigkeiten:** Langfristiger Konsum fördert massive Beziehungsprobleme (u. a. geringere Zufriedenheit in Partnerschaften, Intimitätsprobleme) und einem gestörten Verständnis von Sexualität. Ich erlebe immer mehr, dass selbst junge Mädchen sich in ihren Beziehungen verhalten wie die Pornodarstellerinnen.

3. **Physische Gesundheit:** Übermäßiger Konsum führt zu sexuellen Dysfunktionen, wie z. B. Erektionsstörungen oder einem verminderten sexuellen Verlangen in realen Situationen. Beide Partner isolieren sich von ihrem wahren wunderbaren menschlichen Wert und werden zu Pornodarstellern. Was sie nicht merken, dass die Darsteller dafür Geld bekommen und eine Rolle bedienen.

4. **Arbeits- und Schulprobleme:** Pornosucht beeinträchtigt die Produktivität im Berufs- oder Schulbereich, durch Ablenkung, Energiemangel und Konzentrationsprobleme. Auch durch die Fokussierung auf die Erleichterung des Konsums, auf die man wartet und so lange unruhig ist.

5. **Emotionale Instabilität**: Die Sucht führt zu emotionaler Instabilität, da es Schwierigkeiten bei der Regulierung von Emotionen und Stress gibt.

6. **Suchtverstärkung und Toleranzentwicklung**: Wie bei anderen Suchterkrankungen wird Pornosucht zu einer Toleranzentwicklung führen, wodurch man immer mehr und intensivere Inhalte benötigt, um die gleiche Befriedigung zu erreichen. Oft ist es so, dass viele stundenlang nicht mehr kommen können und somit extrem viel Zeit vor dem Porno zubringen müssen, bis sie erleichtert werden. Die Sucht, das Kommen wird auch immer weniger und der Konsum geht hoch.

7. **Selbstisolationsverhalten und soziale Probleme**: Die Sucht muss verborgen werden und nimmt immer mehr Zeit in Anspruch. Die Abstumpfung wirkt sich auch im sozialen Außen aus.

8. **Scham und Schuldgefühle**: Scham- und Schuldgefühle gehören hier genauso dazu und fördern meistens den weiteren Konsum. Auch das Gefühl der Ohnmacht, nicht aufhören zu können, wird mit Machtgefühlen des Konsums kompensiert.

9. **Verrohung und unnormale Praktiken:** Pornografie führt zu einer Verrohung und fördert unnormale Sexualpraktiken. Frauen sind Objekte, was dazu führt, dass sie sich selbst degradieren und diese Rolle in ihrer Sexualität einnehmen. Auch Männer werden in Pornos degradiert und sind Objekte, was ihnen nicht bewusst ist.

10. **Keine normale wunderschöne Sexualität:** Es findet eine Störung und Verzerrung statt, Tantra und andere Formen der achtsamen Sexualität werden dadurch verdrängt oder können nicht mehr gelebt werden.

11. **Konflikte und Distanz in Beziehungen**: Es gibt bewusste und unbewusste Belastungen in Deiner Beziehung, da Deine Partnerin auf die Sucht reagiert. Gerade Deine verheimlichte Pornosucht ist für sie spür- und lesbar (Anmerkung: alles ist Information und sichtbar, aus Deinem Feld/Deiner Aura lesbar). Dies führt zu einem Teufelskreis, in dem Ihr Euch beide immer weiter voneinander entfernt.

12. **Vertrauensbruch in Beziehungen**: Da Pornosucht meist heimlich erfolgt, Du lügst oder Verpflichtungen vernachlässigst, um Zeit für Pornografie zu finden, wird dies einen Vertrauensbruch verursachen. Dein Partner fühlt sich betrogen und zurückgewiesen.

13. **Auswirkungen auf die emotionale Bindung in Beziehungen**: Pornosucht wird die emotionale Bindung zwischen Dir und Deinem Partner

schwächen, da Du weniger emotional verfügbar bist oder Schwierigkeiten hast, die Bedürfnisse Deines Partners zu erkennen und zu erfüllen.

Pornosucht bei Jugendlichen

Da ich einige Klienten hatte, die mit 12 Jahren schon regelmäßigen Kontakt zu Pornos hatten und selbst sagten, dass dies ihre normale Sexualität verändert hat. Sie kamen zum Glück auf den tantrischen Weg, dennoch merkte ich, dass viele normale wunderschöne Dinge nicht gelebt werden konnten, weil sie nicht so werden wollten wie die Darsteller in den Pornos.

Einige unbekannte Gründe für Pornosucht bei Jugendlichen

→ **Biologische Faktoren:** Hormonelle Veränderungen während der Adoleszenz verstärken das sexuelle Interesse und Verlangen, fördern die Neugier auf sexuelle Inhalte und erhöhen die Erregbarkeit, was den Weg zur Pornografie öffnet.

→ **Normalität und Nachahmung:** Jugendliche ahmen Verhaltensweisen nach, die sie als normal oder weit verbreitet wahrnehmen. Der Druck von außen hat zugenommen, Pornos anzuschauen. Der intrinsische Wunsch, dazuzugehören oder als erwachsen wahrgenommen zu werden, spielt eine entscheidende Rolle. Fatal ist dabei, dass auch Mädchen denken, Pornos schauen zu müssen.

→ **Gesellschaftliche Tabuisierung und Überpräsenz von Sexualität:** Das promiske Ausleben von Sexualität wird in der Gesellschaft noch immer tabuisiert. Gleichzeitig ist Sexualität im Alltag von Jugendlichen, besonders im Internet und in der Werbung, überpräsent. Obwohl sich nicht immer feste Partnerschaften entwickeln, zeigt der persönliche Sexualtrieb eines Jugendlichen oft das Streben nach dem Empfinden von Liebe und Einheit. Jugendliche streben nach Selbstausdruck, positivem Feedback, Bestätigung sowie emotionaler und sexueller Erfüllung. Was viele nicht wissen: Dahinter steht die tiefe Sehnsucht nach Verbindung mit dem göttlichen Bewusstsein und der Quelle der Kreativität in ihnen selbst.

→ **Sexuelle Objektifizierung:** Jugendliche werden permanent mit sexueller Objektifizierung konfrontiert, sei es durch Medien, Werbung oder sogar im persönlichen Umfeld. Diese Objektifizierung führt zu einem verzerrten Bild von Sexualität und den Konsum von Pornografie als normalen oder akzeptablen Weg darstellen, um sexuelle Neugier und Wünsche zu befriedigen. Das Fatale ist, dass sowohl Jungs wie Mädchen sich auf das Niveau von Objekten begeben und sich ihrer wahren Subjektivität berauben.

→ **Ausgleich von Macht, Ohnmacht und anderen widersprüchlichen Gefühlen:** Pornografie wird als Mittel genutzt, um widersprüchliche Gefühle wie Macht und Ohnmacht auszugleichen. Jugendliche, die sich in einer Phase der Identitätsfindung befinden und mit vielen widersprüchlichen Emotionen konfrontiert sind, nutzen Pornografie als Ventil, um diese Gefühle zu bewältigen.

Was ist noch sinnvoll zu tun (zusätzlich zu den vorne genannten Tools)

1. **Outing:** Das Outing ist die entscheidende Rolle im Heilungsprozess. Es gibt das Gefühl von Freiheit zurück und ermöglicht, endlich gesehen und verstanden zu werden. Durch das Outing entsteht Raum für Toleranz und Verständnis, was den Druck verringert und Raum für Heilung darstellt.

2. **Gesprächstherapie:** Offene Gespräche mit einem verständnisvollen und liebevollen Menschen sind nötig und hilfreich. Ich konnte einem lieben Menschen nur durch eine Gesprächssitzung helfen, zu seiner normalen Sexualität zurückzufinden. Bedenke: Diese offenen Gespräche helfen Dir und schenken Dir Verständnis und Akzeptanz. Die Überwindung der Sucht muss auch im Kopf stattfinden.

3. **Traumata auflösen:** Die Auflösung von Traumata und Blockaden sind essentiell für die Heilung. Schattenarbeit, also die bewusste Auseinandersetzung mit den verdrängten und ungeliebten Aspekten der eigenen Persönlichkeit, heilt tiefsitzende emotionale Wunden. Achtsamkeit gegenüber den eigenen Bedürfnissen, ein erhöhtes Bewusstsein und Selbstakzeptanz sind weitere Schlüssel.

4. **Tantra als Gegenpol:** Tantra ist ein gesunder Gegenpol zur Pornosucht. Dabei geht es nicht um spezielle Techniken, sondern um die Philosophie des ursprünglichen und bewussten Liebesspiels. Durch das Lernen

von Slow Sex und das bewusste Fühlen wird die normale Sexualität zurückkommen und kann auf eine tiefere und erfüllendere Weise erlebt werden.

5. **Frauen- und Männerhass abbauen:** Alle Menschen tragen unbewusst Anteile von Frauen- und Männerhass in sich. Diese negativen Emotionen verstärken die Pornosucht. Wichtig ist daher, diese Anteile zu erkennen und bewusst abzubauen, um eine gesunde Beziehung zu sich selbst und zu anderen Geschlechtern zu fördern.

6. **Entzug und Abstinenz:** Ein gezielter Entzug und Abstinenz von pornografischen Inhalten ist Grundvoraussetzung, um die Sucht zu überwinden. Dieser Prozess erfordert Disziplin und Unterstützung.

Fazit

Die Überwindung von Pornosucht erfordert eine ganzheitliche Herangehensweise. Outing und Gesprächstherapie bieten emotionale Unterstützung und Entlastung. Die Auflösung von Traumata und Schattenarbeit fördern tiefgreifende Heilung. Achtsamkeit und Tantra helfen, eine gesunde und erfüllende Sexualität zu entwickeln. Der Abbau von Frauen- und Männerhass sowie ein gezielter Entzug von pornografischen Inhalten sind ebenfalls wichtige Schritte auf dem Weg zur Genesung.

15.13 Arbeitssucht

Arbeitssucht ist ein Zustand, bei dem jemand zwanghaft und übermäßig viel Zeit und Energie in seine Arbeit investiert, auf Kosten anderer Lebensbereiche wie Familie, Freundschaften, Freizeitaktivitäten und der eigenen Gesundheit. Diese Sucht ist leider wenigen bekannt und extrem gesellschaftsfähig. Und noch schlimmer: sie wird Dir in unserer Leistungsgesellschaft von klein an antrainiert und als normal erachtet. Nach dem Motto: „Nur wer leistet, ist etwas wert."

Arbeitssucht ist in vielen Lebensbereichen zu finden, nicht nur in Deinem Beruf. Was zeichnet es aus:

→ **Übermäßiges Engagement**: Arbeitssüchtige nehmen an vielen Meetings und Projekten teil, auch wenn diese nicht direkt mit ihren Hauptaufgaben verbunden sind. Sie engagieren sich freiwillig, um beschäftigt zu bleiben und Anerkennung zu erhalten, was ihre Zeit für Pausen und Erholung stark einschränkt. Das kann ihre Produktivität und Gesundheit beeinträchtigen.

   o Mütter, die sich extrem und ständig im sozialen Bereich der Kinder einbringen (Kuchen backen, Elternabende, Vereine)

   o Schüler, die nie aufhören zu lernen, wie z. B. auf Hochzeiten, Partys oder anderen Dingen der Freude

→ **Perfektionismus in scheinbar trivialen Aufgaben**: Ein Arbeitssüchtiger verliert sich in scheinbar unwichtigen Aufgaben wie dem ständigen Überarbeiten von Berichten, dem Backen von Kuchen oder Putzen, um alles perfekt zu machen. Dieser Perfektionismus dient dazu, sich unentbehrlich und immer beschäftigt zu fühlen. Dadurch entsteht eine ständige Überlastung, weil sie sich nie zufrieden oder abgeschlossen fühlen.

Perfektionismus betrifft uns alle – und ist eine Unterform von Arbeitssucht:

Du verlierst Dich oft in Details und strebst danach, in allen Bereichen Deines Lebens höchste Standards zu erreichen. Dies findest Du in allen Lebensbereichen wieder, sei als im Umsatzgenerieren, Kuchen backen oder Hausis besorgen für die Kinder, bis hin zu… schau nach, was es bei Dir ist.

Hier sind drei Beispiele, wie sich Perfektionismus zeigen kann:

1. **Persönliche Ziele:** Du setzt Dir hohe persönliche Standards und erlaubst Dir keine Fehler. Dies kann dazu führen, dass Du unangemessenen Druck auf Dich selbst ausübst, um in allen Lebensbereichen perfekt zu sein, sei es in der Arbeit, im Haushalt oder in persönlichen Beziehungen.

2. **Alltägliche Aufgaben:** Selbst bei scheinbar einfachen Aufgaben wie dem Putzen des Hauses oder dem Planen von Veranstaltungen strebst Du nach Perfektion. Du investierst viel Zeit und Mühe, um sicherzustellen, dass alles bis ins kleinste Detail perfekt ist, und fühlst Dich unruhig oder unvollständig, wenn nicht alles genau so ist, wie Du es dir vorgestellt hast.

3. **Hobby oder kreative Projekte:** Wenn du ein Hobby hast, wie zum Beispiel Malen oder Gartenarbeit, dann strebst du danach, jedes Detail perfekt zu gestalten. Du investierst viel Zeit und Mühe, um sicherzustellen, dass jedes Gemälde oder jede Gartenanordnung perfekt ist, und es fällt dir schwer, zufrieden zu sein, solange nicht alles deinen hohen Standards entspricht.

Perfektionismus ist eine wesentliche Quelle von Stress und Überlastung, da er dazu führt, Dich nie zufrieden zu fühlen und nicht gut genug zu sein. Es ist eklatant wichtig zu unterscheiden, wann Perfektionismus konstruktiv ist und wann er zu einem Hindernis für Dein Wohlbefinden und Deine Produktivität wird.

Einige Gründe für Arbeitssucht

➔ **Selbstwert und Identität:** Arbeit kann ein zentraler Aspekt der Selbstdefinition sein, durch den Menschen ihren Selbstwert aus beruflicher Leistung und Anerkennung ableiten.

➔ **Belohnung und Anerkennung:** Die Anerkennung durch Vorgesetzte, Kollegen oder die Gesellschaft für beruflichen Erfolg und Leistung führt dazu, dass Menschen weiterhin viel Zeit und Energie in die Arbeit investieren.

➔ **Flucht vor anderen Problemen:** Arbeit dient als Mittel, um persönliche Probleme, zwischenmenschliche Konflikte oder emotionale Belastungen zu vermeiden oder zu bewältigen.

➔ **Sucht nach Erfolg und Leistung:** Ein ständiges Streben nach Erfolg und das Setzen hoher Ziele führt dazu, dass Personen immer mehr arbeiten, um ihre eigenen Erwartungen oder die Erwartungen anderer zu erfüllen.

➔ **Angst vor Versagen oder Ablehnung:** Die Angst vor Misserfolg oder Ablehnung führt dazu, dass Menschen unermüdlich arbeiten, um sich selbst zu beweisen oder um Kritik zu vermeiden.

Unbekannte und fatale Auswirkungen von Arbeitssucht

1. **Fehlende Selbstwahrnehmung:** Viele erkennen nicht, dass sie unter Arbeitssucht leiden, da sie sich nicht als süchtig betrachten oder die negativen Auswirkungen auf ihre Gesundheit und Beziehungen nicht sehen.

2. **Fehlende äußere Anzeichen:** Anders als bei Drogensucht zeigen sich bei Arbeitssucht keine offensichtlichen physischen Symptome wie körperliche Abhängigkeit oder Entzugserscheinungen.

3. **Hohe Leistungsfähigkeit:** Arbeitssüchtige sind oft extrem produktiv und erfolgreich, was dazu führt, dass ihr übermäßiger Arbeitseinsatz als normales Streben nach beruflichem Erfolg angesehen wird, ohne die negativen Konsequenzen zu beachten.

4. **Persönliche Überzeugungen:** Arbeitssüchtige sind überzeugt, dass ihr Verhalten normal ist, dass es notwendig ist, um berufliche Ziele zu erreichen oder ihre Karriere voranzutreiben.

5. **Verlust der eigenen Identität:** Wir definieren uns zu sehr über unsere Arbeit oder Leistung, dass die Frage aufkommt: „Wer bin ich ohne meine Leistung?"

Was kannst Du noch alles tun (zu den vorne genannten Impulsen)

1. **Selbstreflexion und Einsicht:** Erkenne an, dass Du arbeitssüchtig bist, egal in welchem Bereich. Versuche in diesen Bereichen nicht mehr alles zu geben, sondern bei 90% zu stoppen – das ist immer noch genug.

2. **Grenzen setzen:** Setze klare Grenzen und mache Stopps. Baue Pausen ein und erfreue Dich an spaßbringenden Dingen, die Du immer mehr machen kannst, weil Du mehr Zeit hast.

3. **Atmen:** Immer, wenn Du perfekt sein willst, atme, bis das Gefühl weggeht.

4. **Pläne machen, Dinge neu zu sehen:** Schreibe auf, was Dir wichtig ist was nicht. Und wo Du unperfekt starten kannst, ohne dass Du gleich innerlich durchdrehst.

5. **Hinterfrage Dich:** Sei ehrlich zu Dir, wo Du durch deine Arbeitssucht Sicherheit und Anerkennung findest.

6. **Bester Tipp:** Egal wo – schmeiß Perfektionismus aus Deinem Leben. Du lebst auch mit 85% Leistung noch perfekt.

15.14 Rauchen

Dieses Thema spreche ich kurz an, da es wie Alkohol zu sehen und uns bekannt ist. Hier sind ein paar Aspekte, die Du vielleicht noch nicht kennst.

Rauchen hat nicht nur gesundheitliche Auswirkungen, sondern umfasst psychologische und soziale Aspekte, einschließlich des Gefühls der Erdung, der Entspannung und der Kontrolle über Stress. Rauchen legt sich negativ auf Deine wahre Ausdrucksstärke, Dein Kommunikationszentrum, d .h. Du betäubst Deine eigene Wahrheit.

Erdung und Kontrolle beim Rauchen

→ **Ritual und Struktur:** Rauchen ist gerne ein ritualisiertes Verhalten, das Struktur in den Alltag bringt. Das Anzünden einer Zigarette stellt eine Art Pause dar, um Dich zu entspannen oder über den Tag nachzudenken. Dieses Ritual gibt Dir ein Gefühl von Pause, Erdung und Stabilität.

→ **Kontrolle über Stress:** Viele Raucher berichten, dass ihnen das Rauchen hilft, mit Stress besser umzugehen oder diesen zu reduzieren. Nikotin hat kurzfristig eine beruhigende Wirkung und mildert Stresssymptome. Dies führt zu dem Gefühl, dass Rauchen Dir eine Kontrollfunktion über Stress gibt.

→ **Psychologische Abhängigkeit:** Raucher verlassen sich mental darauf, dass das Rauchen ihnen hilft, sich zu beruhigen oder zu konzentrieren, was sie als Form von Selbstkontrolle oder Selbstregulation betrachten.

Spirituelle Bedeutung des Rauchens

1. **Rituale und Zeremonien:** In vielen Kulturen und spirituellen Traditionen wird Rauch verwendet, um eine Verbindung zu höheren Mächten oder spirituellen Welten herzustellen. Räucherrituale, wie das Verbrennen von Kräutern oder Harzen, dienen dazu, Schutz zu bieten, Energien zu reinigen oder Gebete zu begleiten.

2. **Meditation und Kontemplation:** Das Rauchen kann als Mittel zur Meditation oder zur Vertiefung spiritueller Erfahrungen genutzt werden. Der Akt des Rauchens kann helfen, den Geist zu beruhigen, innere Ruhe zu finden und sich auf spirituelle Praktiken zu konzentrieren.

3. **Verbindung zur Natur:** In einigen Kulturen wird Rauch als Symbol der Verbindung zur Natur betrachtet. Das Verbrennen von natürlichen Substanzen ist der Kontakt der Elemente zur Erde, um spirituelle Harmonie zu fördern.

4. **Kommunikation mit dem Spirituellen:** Rauchen als rituelle Handlung, um mit spirituellen Führern, Ahnen oder Geistwesen zu kommunizieren. Weiterhin dient es als Mittel, um Segen zu empfangen, Fragen zu klären oder um Führung und Schutz zu bitten.

5. **Transformation und Reinigung:** Rauch ist ein reinigendes Element, das negative Energien oder Blockaden beseitigt, z. B. das Räuchern Deiner Wohnung mit weißem Salbei. Bei Fremdenergien hilft Räuchern mit Kampfer und Erdrauch.

   Das Verbrennen von Räucherwerk oder Kräutern kann helfen, spirituelle Reinheit zu fördern und einen klaren Geisteszustand zu unterstützen.

6. **Zuwendung innerer Frieden:** In indianischen Kulturen diente das Rauchen hauptsächlich dem Friedenschließen (Friedenspfeife). Heute ist es weltweit eine Sucht, aus der man sich u. a. dem Friedensthema zuwenden darf, also in sich Frieden findet mit seinen, weiter oben aufgezählten (meist unbewussten) Themen.

Eine unbekannte energetische Betrachtung des Rauchens

Rauchen raubt Deinem Körper viel Energie, da er ständig damit beschäftigt ist, Schadstoffe wie Teer zu entfernen. Wenn Du oft die nächste Zigarette rauchst, bevor die Rückstände der letzten abgebaut sind, kann dies zu Problemen wie der Raucherlunge führen. Diese Prozesse entziehen Deinem Körper Energie, die für andere Funktionen fehlt. Deine Lungenfunktion verschlechtert sich, was den Energiemangel verstärkt und bis zu Lungenkrebs führen kann. Äußerlich erkennt man Raucher oft an einem ausgemergelten Körper und entsprechenden Gesichtszügen. Energiemangel führt auch zu häufiger Unruhe und Zittern, was Dich zu weiteren Raucherpausen zwingt.

Wenn Du aufhörst zu rauchen, nimmst Du oft schnell zu, da Dein Körper Stress und negative Energien, die zuvor in der Lunge gespeichert waren, nun in Form von Fett speichert. Deshalb reicht das Aufhören alleine nicht aus. Es ist wichtig, die psychischen Ursachen Deines Rauchens zu erkennen und zu bearbeiten, wie Ängste, ungelöste Konflikte, unverarbeitete Erlebnisse und Unvergebenes. Nikotin wirkt als Fluchtmittel, das bestimmte Nervenzellen betäubt und die wahren psychischen Themen verdeckt, vor denen Du mit dem Rauchen flüchtest.

Was ist noch sinnvoll zu tun?
Ein energetischer Trick für Dich

Ein einfacher Trick, den Du sofort anwenden kannst, um den energetischen Teufelskreis des Rauchens zu durchbrechen: Segne jede Zigarette, bevor Du sie rauchst. Nicht die ganze Packung auf einmal, sondern jede einzelne Zigarette kurz vor dem Rauchen. Durch das Segnen entsteht so viel positive Energie, dass der Energiemangelkreis durchbrochen wird. So wird es Dir später leichter fallen, mit dem Rauchen aufzuhören.

Gehe an die psychischen Ursachen Deines Rauchens ran (wie in den vorderen Kapiteln beschrieben). Irgendwann wirst Du feststellen, dass Du ganz automatisch nicht mehr rauchst. Das Aufhören geschieht dann wie von alleine, weil die Ursachen verschwunden sind. Zusätzlich kannst Du Dein Nichtraucher-Werden durch subliminale hypnotische Musik unterstützen.

15.15 Drogen

Dieses Thema spreche ich kurz an, da es wie Alkohol zu sehen und uns bekannt ist. Hier sind ein paar Aspekte, die Du vielleicht noch nicht kennst.

Drogen sind Substanzen, die eine psychoaktive Wirkung auf das Gehirn haben und das Verhalten, die Stimmung und die Wahrnehmung einer Person verändern.

Arten von Drogen

1. **Legale Drogen:** wie Alkohol, Nikotin, verschreibungspflichtige Medikamente und in einigen Ländern Cannabis.

   Auch **legal highs** zähle ich dazu wie Spice, das Rauchen von Muskatnüssen, Mephedron (4-MMC) oder Kratom.

2. **Illegale Drogen:** wie Heroin, Kokain, Methamphetamin, Ecstasy, LSD und Ketamin. Oft werden diese Dinge bunt gemischt und verstärken die Schnelligkeit der Sucht.

3. **Medizinische Drogen:** Verschreibungspflichtige Medikamente wie Schmerzmittel, Beruhigungsmittel und Stimulanzien.

Einige Gründe für Drogenkonsum

1. **Such(t)e:** Neugierde oder Experimentierfreude sind oft die Anfänge, im Laufe der Zeit entsteht eine Abhängigkeit von der Substanz. Wie Du schon in meiner Schreibweise siehst, bedeutet Sucht = Suche, bitte schaue die ersten Kapitel des Buches an, da gehe ich vertiefend darauf ein.

2. **Stressbewältigung:** Drogen dienen als Bewältigungsmechanismus von jeglicher Art von Stress.

4. **Leistungserbringung:** Kokain ist dafür bekannt. Crystal Meth wird anscheinend bei den LKW-Fahrern verwendet, da sie sehr lange fahren müssen und es kostengünstig ist (Vorform zu Crystal Meth ist die „Panzerschokolade im 2. Weltkrieg). Weiter wird Ritalin gerne zur Leistungssteigerung von „normalen" Menschen genommen.

5. **Heimatgefühl:** Wir sehnen uns alle nach Zugehörigkeit, Ruhe, Frieden und Freiheit – das geben uns viele Drogen. Besonders das Gefühl von Heimat finden wird stark in den Drogen gesucht.

3. **Peer-Druck und Normalität:** Der Konsum bestimmter Drogen kann durch sozialen Druck, Einfluss von Gleichaltrigen oder das Streben nach

Zugehörigkeit in bestimmten Gruppen gefördert werden. Besonders das Vorleben in Deiner Familie oder die Normalität von Rauchen, Alkohol fördern Süchte, siehe dazu den Marlboro Man.

4. **Genuss:** Drogenkonsum produziert auf verschiedene Weisen Genuss und gibt ein euphorisches oder entspannendes Gefühl inklusive kurzfristiger angenehmer Erfahrung.

5. **Spirituelle Erfahrungen:** In einigen Kulturen werden psychedelische Drogen verwendet, um spirituelle Erleuchtung oder Einblicke in das Universum zu haben, z. b. Schamanen.

6. **Sucht nach spiritueller Erleuchtung:** Mein vierter Kongress geht genau darüber, dass viele Menschen mittlerweile süchtig nach Ayahuasca-Retreats sind, um erwachter oder erleuchteter zu werden. Sie denken, je mehr sie an den Zeremonien teilnehmen, desto schneller erwacht ihr Bewusstsein. Nein! Wichtig bei diesen Retreats sind die Integration und die Einbindung des Erlebten in den Alltag.

Eine unbekannte Auswirkung Deines Drogenkonsums

Der langfristige Drogenkonsum führt zur Veränderung Deiner Persönlichkeit, da Du Fremdenergien aufnimmst, Dich ins Suchtquantenfeld begibst, und nicht mehr Du selbst bist, der sich im Griff hat. Du merkst dies daran, dass Süchtige sich anders verhalten, denn beim Konsum des Mittels gehen wir ins Filterlose, d. h. unsere Gehirnschranke öffnet sich und in dieser Phase können wir nicht filtern, was in unser Gehirn, in unseren Körper kommt. So können andere Energien in unser System eindringen und verändern uns. Natürlich gehen sie bei Nüchternheit nicht aus Deinem Körper.

Dies führt zu Verlust der Selbstkontrolle, Impulskontrolle und Problemen bei der Entscheidungsfindung

Was ist noch sinnvoll zu tun?

Um gesund zu werden, musst Du folgendes tun: Entgiften, in die Abstinenz bis hin zur Suchtfreiheit gehen, jegliche Form von Therapie suchen und anwenden, psychologische Betreuung und langfristige Rehabilitation, Bewusstseinstraining, Schattenarbeit, mit Hilfe an den Fremdenergien arbeiten lassen, Verlassen des Umfeldes, bis Du stabil stehst.

15.16 Kaufsucht

Dieses Thema spreche ich kurz an, da es wie Alkohol zu sehen und uns bekannt ist. Hier sind ein paar Aspekte, die Du vielleicht noch nicht kennst.

Kaufsucht, auch bekannt als Oniomanie, ist ein zwanghaftes Verhalten, bei dem eine Person ein unkontrollierbares Verlangen verspürt, Dinge zu kaufen und dabei oft die finanziellen Mittel und persönlichen Bedürfnisse vernachlässigt. Es ist der innere Zwang, kaufen zu müssen, die ständige Wiederholung der Kaufhandlung.

Die Suchtkriterien sind Kontrollverlust, Zwang zur Wiederholung, Dosissteigerung, Entzugserscheinungen wie etwa Schweißausbrüche, Zittern, innere Unruhe, Depressionen.

Hier sind ein paar Gründe, wie es zur Kaufsucht kommen kann:

→ **Emotionale Bewältigung:** Kaufsucht kann als Bewältigungsmechanismus dienen, um negative Emotionen wie Stress, Langeweile, Einsamkeit oder Depressionen zu lindern. Das Einkaufen bietet vorübergehende Erleichterung oder Freude.

→ **Ausschüttung von Glückshormonen:** In dem Moment löst es das Gefühl von Macht und Kontrolle über das Leben aus sowie das Gefühl von Freude und Befriedigung. Positive Stoffe (Dopamin) im Körper werden ausgeschüttet, so dass das Belohnungssystem anspringt. Je stärker die Sucht vertreten ist, löst am Ende nur noch das Kaufen Glückshormone aus.

→ **Selbstwertgefühl und Anerkennung:** Der Kauf neuer Dinge steigert das Selbstwertgefühl und vermittelt ein Gefühl der Anerkennung. Manche Menschen suchen durch Konsum nach sozialem Status oder versuchen, sich besser zu fühlen.

→ **Sucht nach Neuheit und Aufregung:** Die Jagd nach neuen Produkten, Schnäppchen oder Modetrends kann zu einem Suchtverhalten führen, das durch die Freude an der Jagd und dem Besitz neuer Dinge verstärkt wird.

→ **Psychologische Faktoren:** Unterliegende psychische Probleme wie Zwangsstörungen, Angstzustände oder Impulskontrollstörungen können zur Entwicklung von Kaufsucht beitragen, da das Einkaufen kurzfristige Befriedigung oder Flucht bietet.

→ **Sozialer Druck und Einfluss:** Der Druck, mit anderen mitzuhalten oder sich sozial zu positionieren, kann Menschen dazu verleiten, mehr Geld auszugeben, um bestimmte Lebensstile oder soziale Erwartungen zu erfüllen.

→ **Zugehörigkeit und Heimatlosigkeit:** Durch Kleidung signalisieren wir eine Zugehörigkeit zu einer Gruppierung, wir zeigen im Außen, wer und was wir sind. Daher werden Dinge gekauft, die dorthin gehören und normal für diese Gruppe sind. Unser Gefühl der Heimatlosigkeit übertünchen wir mit Dingen im Außen.

→ **Suche nach Er-füllung:** Da wir oft nicht gefüllt sind, stopfen wir uns von außen zu, wir füllen unsere Leere mit äußerer Fülle, um nicht die Leere zu fühlen.

Unbekannter Grund von Kaufsucht

Das Motto lautet: Ich kaufe, also bin ich. Der Akt des Kaufens vermittelt Dir ein Gefühl des Wohlbefindens. Beim Kauf erfährst Du Aufmerksamkeit und wirst umworben, was Dein Selbstwertgefühl kurzfristig steigert. Deine Stimmung hebt sich vorübergehend, ähnlich wie bei einer Droge, oder der Kauf wirkt beruhigend auf Dich. Dein Selbstwertgefühl wird gestärkt und es entsteht der Eindruck, Kontrolle über Dein Leben zu haben. Du definierst Dich über das Außen und lenkst somit wieder von Deiner inneren Leere ab.

Was kannst Du noch alles tun (zu den vorderen Tipps)

1. **Selbsterkenntnis und Akzeptanz:** Der erste Schritt zur Bewältigung von Kaufsucht ist die Anerkennung des Problems und die Bereitschaft, Veränderungen vorzunehmen. Akzeptiere, dass Erfüllung in Deinem Leben fehlt – ich spreche nicht von der materiellen Erfüllung oder Fülle, sondern von Deiner inneren Leere.

2. **Budgetierung und Finanzplanung:** Erstelle einen Plan und lege klare finanzieller Ziele fest, um Dein Ausgabeverhalten zu kontrollieren und Schulden abzubauen.

3. **Therapie und Unterstützung:** Arbeite auf allen Ebenen und nimm jegliche Form von Hilfe an. Arbeite täglich an Dir, damit Du stabil wirst.

4. **Alternative Aktivitäten:** Finde gesunde, nicht-kaufbezogenen Aktivitäten, die Deine emotionale Bedürfnisse erfüllen, wie z. B. Sport, Kunst, Meditation oder ehrenamtliche Arbeit. Baue Freude in Dein Leben ein. Dazu habe ich Dir viele Übungen mitgegeben.

5. **Finde Freude, Spaß und Erfüllung in Deinem Leben:** Lerne Dich neu am Leben zu erfreuen, besonders an Dingen, die nichts mit Konsum oder Besitzen zu tun haben. Stopfe Deine innere Leere mit freudigen Dingen wie viel Lachen, Tanzen, in den Wald gehen, singen oder was Dir wahre Freude bereitet. Dazu frage Dich gerne, was Du als Kind gern getan hast.

6. **Soziale Unterstützung:** Aufbau eines unterstützenden sozialen Netzwerks aus Freunden, Familie und Gleichgesinnten, die bei der Bewältigung und Vermeidung von Rückfällen helfen können. Du wirst sehen, Du wirst mehr Unterstützung und Verständnis bekommen als Du dachtest.

15.17 Zuckersucht = Süße im Leben

"Zuckersucht" als Metapher für "die Süße im Leben" wird oft verwendet, um auf die angenehmen und befriedigenden Aspekte hinzuweisen, die Zucker vermitteln kann.

Zuckersucht ist ein Zustand, in dem Du ein starkes Verlangen nach Zucker oder zuckerhaltigen Lebensmitteln verspürst und Schwierigkeiten hast, den Konsum zu kontrollieren. Ähnlich wie bei anderen Suchterkrankungen nehmen Menschen mit Zuckersucht trotz negativer Konsequenzen weiterhin große Mengen Zucker zu sich.

> *Und ich behaupte, dass fast alle Menschen zuckersüchtig sind, ohne es zu wissen. Zucker ist fast überall enthalten. Es wird sogar in gesunde Lebensmittel zugesetzt. Mach einen einfachen Test: Lass Zucker mehrere Tage weg – und erlebe Deinen Körper, der Craving, Entzugserscheinungen bekommt.*

Zuckersucht entsteht, wenn Deine grundlegenden Bedürfnisse auf der Strecke bleiben. Emotionaler Schmerz führt zu körperlichen Schmerzen, besonders wenn Du den Zugang zu Deinem Körpergefühl verlierst. Wenn Du nicht bekommst, was Du brauchst, greifst Du zu Ersatzangeboten.

Fatal dabei ist, dass sich diese Erfahrung, wie z. B., dass Süßigkeiten Deine Stimmung anheben, als Lernerfahrung in Deinem Gehirn sozusagen „einbrennt" und sich mit jedem Mal tiefer verankert. Dadurch verändern sich die Netzwerke in Deinem Gehirn und Du landest tatsächlich in einer Art psychischer Abhängigkeit.

Deine Zuckersucht ist der Versuch, Dich von dem Schmerz abzulenken, der in Dir wohnt, seit Du erleben musstest, dass Deine grundlegendsten Bedürfnisse enttäuscht wurden, und gleichzeitig der Versuch, diese Bedürfnisse mithilfe einer Art Ersatzbefriedigung zu stillen.

Nur leider können kein Kuchen, keine Schokolade und keine andere Lieblingsspeise dieser Welt diese innere Leere, diesen inneren Schmerz in Dir jemals wirklich stillen. Essen kann zwar kurzfristig satt und zufrieden – vielleicht manchmal auch ein wenig glücklich – machen, aber es ist nur ein erbärmlicher Ersatz für die Erfüllung emotionaler Bedürfnisse und völlig untauglich, Deinem Leben einen tieferen Sinn zu verleihen.

Hier sind einige Gründe, warum Zuckersucht symbolisch für die "Süße im Leben" steht:

→ **Angenehmes Geschmackserlebnis**: Zucker verleiht Lebensmitteln einen süßen Geschmack, der von vielen als besonders angenehm empfunden wird. Diese sensorische Erfahrung führt zu Freude und Genuss beim Essen.

→ **Belohnung und Genuss:** Der Konsum von Zucker löst im Gehirn die Freisetzung von Dopamin aus, ein Neurotransmitter, der mit Belohnung und Vergnügen verbunden ist. Menschen empfinden das Essen von Süßigkeiten oder Desserts als belohnend und genussvoll.

→ **Tradition und Kultur:** Süße Speisen sind oft ein integraler Bestandteil von Feierlichkeiten, Festen und kulturellen Traditionen in vielen Gesellschaften. Zuckerhaltige Leckereien bereichern gesellige Zusammenkünfte und stärken emotionale Bindungen.

→ **Trost und Emotionsbewältigung:** In Zeiten von Stress, Traurigkeit oder Angst führt der Konsum von Süßigkeiten oder Desserts zu Trost und vorübergehender Erleichterung. Menschen verwenden Zucker als Mittel zur Emotionsbewältigung.

→ **Sinnbild für Luxus und Freude:** Historisch gesehen war Zucker eine kostbare Ressource und wurde oft mit Wohlstand, Luxus und Genuss in Verbindung gebracht. Heutzutage symbolisiert der Genuss von Zucker eine Form von Selbstverwöhnung und Lebensqualität.

Hier sind einige Gründe, warum wir unter Zuckersucht leiden:

1. **Belohnungssystem im Gehirn:** Zucker aktiviert das Belohnungszentrum im Gehirn und löst die Freisetzung von Dopamin aus, was ein angenehmes Gefühl vermittelt. Somit konsumieren wir süße Lebensmittel, um dieses positive Gefühl zu verstärken.

   Erinnerst Du Dich noch an Zuckerbrot in Deiner Kindheit? Oder an Situationen, wo Du vom Baum gefallen bist und als Trost gab Dir Mama etwas Süßes? Diese Erinnerungen haben sich in unser Unterbewusstsein eingeprägt. Nur damals aßen wir nicht so viel Süßes wie heute.

2. **Emotionale Bewältigung:** Zucker dient als Bewältigungsmechanismus für Stress, Angst, Langeweile oder negative Emotionen. Der Konsum von Zucker bringt vorübergehende Erleichterung und Trost.

3. **Gewohnheit und Ritual:** Dein regelmäßiger Zuckerkonsum kann zur Gewohnheit werden, die mit Ritualen oder sozialen Situationen verbunden ist. Dies führt dazu, dass Du automatisch und unbewusst süße Lebensmittel konsumierst.

4. **Physiologische Reaktionen:** Zucker löst körperliche Reaktionen, wie z. B. einen schnellen Anstieg des Blutzuckerspiegels, gefolgt von einem schnellen Abfall. Dies führt zu einem Zyklus von Heißhunger und erneutem Verlangen nach Zucker.

5. **Verfügbarkeit und Marketing:** Die weit verbreitete Verfügbarkeit von zuckerhaltigen Lebensmitteln in Supermärkten, Cafés und Restaurants sowie deren intensive Bewerbung in den Medien verstärkt Dein Verlangen nach Zucker und fördert den Konsum.

6. **Innere Leere füllen:** Du nutzt Zucker, um eine innere Leere zu füllen und emotionale Bedürfnisse zu befriedigen.

7. **Frustrationstoleranzgrenze:** Deine Zuckersucht senkt Deine Frustrationstoleranzgrenze, da Du Dich auf Zucker verlässt, um mit negativen Emotionen umzugehen. Du trainierst Dich dann wiederum, noch früher nach Zucker zu greifen statt den Frust auszuhalten. Der Kreislauf beginnt.

Einige bewusste und spirituelle Bedeutungen von Zuckersucht:

➔ **Suche nach Süße im Leben:** Zuckersucht steht für das Verlangen nach mehr Freude, Liebe und Erfüllung. Zucker dient als einfache, wenn auch kurzfristige Quelle der "Süße", besonders wenn andere Lebensbereiche als bitter oder unbefriedigend empfunden werden.

➔ **Ersatz für spirituelle Erfüllung:** Wenn Du unausgefüllt bist, versuchst Du, diese Leere durch äußere Mittel wie Zucker zu füllen, da tiefere spirituelle Bedürfnisse nicht erfüllt sind.

➔ **Flucht vor emotionalem Schmerz:** Wir haben alle nicht gelernt, mit unseren Emotionen oder Gefühlen umzugehen. Zucker betäubt vorübergehend emotionalen oder spirituellen Schmerz.

→ **Ungleichgewicht und Disharmonie:** Zuckersucht zeigt auf ein Ungleichgewicht in Deinem Leben hin, dass Körper, Geist und Seele nicht in Harmonie sind. Finde Wege, um dieses Gleichgewicht wiederherzustellen.

→ **Wunsch nach schneller Befriedigung:** Spirituell reflektiert Zuckersucht das menschliche Bedürfnis nach sofortiger Befriedigung und die Schwierigkeit, Geduld und Achtsamkeit zu praktizieren. Suche tiefere und nachhaltigere Formen Deiner Erfüllung.

→ **Selbstliebe und Selbstfürsorge:** Aus einer spirituellen Perspektive betont Zuckersucht die Bedeutung, sich selbst auf tiefere und gesündere Weise zu lieben und zu pflegen, indem Du Wege findest, Deine emotionalen und spirituellen Bedürfnisse nachhaltig zu erfüllen.

Was kannst Du sonst noch tun (zu den vorderen Tipps)

1. **Erkenne das Problem:** Sei ehrlich zu Dir selbst und erkenne an, dass Du ein Problem mit übermäßigem Zuckerkonsum hast. Reflektiere über die Auslöser und Gründe für Dein Verlangen nach Zucker.

2. **Ziele setzen:** Definiere klare und umsetzbare Ziele, wie z. Beispiel die Reduzierung des Zuckerkonsums oder die Verbesserung Deiner Gesundheit im Allgemeinen. Gehe langsam dabei vor.

3. **Schrittweise Reduktion:** Statt abrupt auf Zucker zu verzichten, reduziere den Konsum schrittweise. Beginne damit, offensichtliche Zuckerquellen wie Süßigkeiten, Limonaden und verarbeitete Lebensmittel zu eliminieren. Dazu musst Deine eine Zeitlang jedes Lebensmittel umdrehen und schauen, wieviel Zucker enthalten ist. Denn in den Säften ist von Natur aus Zucker enthalten und wird gerne Zucker zugesetzt.

4. **Gesunde Alternativen:** Ersetze zuckerhaltige Lebensmittel durch gesunde Alternativen wie frisches Obst, Gemüse, Nüsse, Vollkornprodukte und proteinreiche Snacks. Besonders Bitterstoffe sind zu empfehlen, die nachweislich Dein Verlangen nach Zucker reduzieren. Wenn Du Lust auf Zucker hast, nimm Bitterstoffe und spüre, wie es sich verändert. Je mehr Bitterstoffe Du zu Dir nimmst, desto weniger will Dein Körper Zucker. Du kannst Dir diese im Internet bestellen oder selbst pflücken wie Giersch, Löwenzahn oder Brennnessel.

5. **Etiketten lesen:** Achte auf versteckten Zucker in verarbeiteten Lebensmitteln. Vermeide Lebensmittel mit hohem Zuckergehalt und wähle stattdessen Produkte mit weniger Zucker oder ohne zugesetzten Zucker.

6. **Achtsames Essen:** Sei achtsam beim Essen und achte auf Hunger- und Sättigungssignale Deines Körpers. Vermeide es, aus emotionalen Gründen oder aus Gewohnheit zu essen.

7. **Selbstkontrolle stärken:** Übe Dich darin, Deine Impulse zu kontrollieren. Verzichte auf Situationen oder Orte, die Dich zum übermäßigen Konsum von Zucker verleiten könnten.

8. **Soziale Unterstützung:** Suche Unterstützung bei Freunden, Familie oder einer Selbsthilfegruppe. Macht gemeinsam eine Challenge, z. B. eine Woche Zuckerreduktion. Wichtig dabei: keine Strenge oder Härte, sondern Freude.

9. **Bewegung und Aktivität:** Integriere regelmäßige körperliche Aktivität in Deinen Alltag. Sport hilft, Stress abzubauen und steigert das Wohlbefinden, was wiederum das Verlangen nach Zucker reduziert. Sorge für Freude in Deinem Alltag, lache, tanze und spiele mehr.

10. **Ausreichend Schlaf:** Sorge für ausreichend Erholung und Schlaf, da Schlafmangel das Verlangen nach ungesunden Lebensmitteln, einschließlich Zucker, verstärken kann.

Das fatale an Zucker – das musst Du wissen!

Zucker ist in vielen Lebensmitteln enthalten, insbesondere in Fertigprodukten.

1. **Versteckter Zucker**: Viele verarbeitete Lebensmittel enthalten Zucker, selbst solche, die nicht offensichtlich süß schmecken. Dazu gehören Soßen, Salatdressings, Brot und sogar einige Wurstwaren. Sogar in Bioprodukten findest Du Zucker. Ganz schlimm sind die künstlichen veganen Produkte, wo mir beim Lesen der Etiketten schlecht wird.

2. **Hoher Zuckergehalt in Snacks und Getränken**: Fertigprodukte wie Softdrinks, Säfte, Müsliriegel, Joghurts und Fertiggebäck haben einen sehr hohen Zuckergehalt.

3. **Vielfältige Zuckerarten**: Zucker kann unter verschiedenen Namen auf den Zutatenlisten stehen, wie Saccharose, Glukose, Fruktose, Maissirup, Maltose, Dextrose und mehr. Dies macht es schwierig, den tatsächlichen Zuckergehalt eines Produkts zu erkennen.

4. **Geschmack und Haltbarkeit**: Zucker wird Lebensmitteln zugesetzt, um den Geschmack zu verbessern und die Haltbarkeit zu verlängern. Das macht sie attraktiver und den Verbraucher abhängig.

5. **Gesundheitsrisiken**: Ein hoher Zuckerkonsum ist mit verschiedenen gesundheitlichen Problemen verbunden, darunter Fettleibigkeit, Diabetes, Herzkrankheiten und Karies. Schau Dir die heutigen Menschen an, wie dick die meisten sind, besonders die Kinder.

6. **Bewusstsein und Etikettenlesen**: Um den Zuckerkonsum zu reduzieren, ist es wichtig, sich der versteckten Zuckerquellen bewusst zu sein und die Etiketten von Lebensmitteln sorgfältig zu lesen. Produkte mit geringem oder keinem zugesetzten Zucker sollten bevorzugt werden.

Ganz kurze Zusammenfassung:

➜ **Keine Fertigprodukte kaufen.**

➜ **Wenn es geht, Biogemüse und -obst kaufen. Lege sonst Dein Obst und Gemüse in Natronwasser ein, um die Giftstoffe zu entziehen. Dauer ca. 15min.**

➜ **Vermeide Kantinen, Restaurants oder Schnellimbisse, die grundsätzlich Zucker oder Zusatzstoffe zufügen.**

➜ **Koche selbst, auch wenn Du etwas mehr Zeit brauchst, es lohnt sich.**

➜ **Greife zu gesunden Alternativen wie Agavendicksaft, anderen Mehlsorten wie u. a. Buchweizen. Trinke süße Säfte oder erstelle Dir aus Säften Eis.**

➜ **Die Welt ist voll von gesunden süßen Dingen!**

15.18 Spielsucht

Spielsucht = pathologisches Spielen ist eine ernsthafte psychische Erkrankung, die durch ein zwanghaftes Verlangen gekennzeichnet ist, Glücksspiele zu spielen, unabhängig von den negativen Konsequenzen.

Einige Ursachen von Spielsucht

→ **Belohnungssystem im Gehirn:** Glücksspiele aktivieren das Belohnungssystem im Gehirn ähnlich wie Drogen oder Alkohol. Der Nervenbotenstoff Dopamin wird freigesetzt, was ein angenehmes Gefühl vermittelt und das Verlangen verstärkt.

→ **Stressbewältigung:** Glücksspiele dienen als Bewältigungsmechanismus für Stress, Langeweile oder negative Emotionen. Das Spielen bietet vorübergehende Ablenkung und Befriedigung und fördert ein Gefühl von Kontrolle und Macht. Die Hoffnung auf Erfolg ist auch daran beteiligt, wie schon in der Kindheit durch das Traumabonding gelernt.

→ **Soziale Faktoren:** Einflüsse aus dem sozialen Umfeld, wie z. B. Druck, Stress, Beziehungsprobleme, können dazu führen, dass jemand mit dem Spielen beginnt und süchtig wird.

→ **Persönlichkeitsmerkmale:** Bestimmte Persönlichkeitsmerkmale wie Impulsivität, Sensationssuche oder das Streben nach Anerkennung können das Risiko für Spielsucht erhöhen.

→ **Gelerntes Verhalten von Aussicht auf Erfolg:** Auch wenn wir genau wissen, dass die Wahrscheinlichkeit gering ist zu gewinnen, tun die Spielsüchtigen es dennoch, da sie es in ihrer Kindheit durch unsere Erziehung mit Zuckerbrot und Peitsche gelernt haben. Sie haben – wie wir alle – erlebt, dass wenn sie genug hoffen, eine Belohnung (ein Gewinn) kommen wird. Und so spielen und hoffen sie weiter.

Einige Auswirkungen der Spielsucht

→ **Psychische Gesundheit:** Spielsucht kann zu Angstzuständen, Depressionen, Schlafstörungen und anderen psychischen Belastungen Problemen führen. Besonders in Partnerschaften.

→ **Soziale Auswirkungen:** Beziehungen werden belastet, wenn der Betroffene aufgrund seiner Sucht soziale Verpflichtungen vernachlässigt oder Lügen erzählt, um sein Spielverhalten zu verbergen.

Was kannst Du noch alles tun (zu den vorderen Tipps)

1. **Selbsterkenntnis und Akzeptanz:** Der erste Schritt ist, das Problem anzuerkennen und Hilfe zu suchen. Dies erfordert oft eine ehrliche Selbstreflexion über das Ausmaß der Sucht.

2. **Finanzielles Management:** Es kann hilfreich sein, Unterstützung bei der Verwaltung von Finanzen zu suchen, um Schulden abzubauen und ein gesundes finanzielles Gleichgewicht wiederherzustellen.

3. **Unterstützung durch Familie und Freunde:** Der Rückhalt aus dem sozialen Umfeld kann bei der Genesung und der Bewältigung von Rückfällen helfen. Gehe nicht an Orte, wo Du spielen könntest. Sonst habe Freunde dabei, die Dich vom Automaten wegziehen können. Ich saß selbst neben Spielsüchtigen, die körperlichen Reaktionen auf die Geräusche der einarmigen Banditen sagten alles aus.

4. **Vermeidung von Glücksspielen:** Geh in den Entzug. Radikal. Vermeide und sperre Deinen Zugang. Damit haben meine Klienten wunderbare Erfolge erzielt.

15.19 Adrenalinsucht = die Grundlage aller Süchte

Es hat lange gedauert, bis ich diese wunderbare, magische Erklärung für Süchte gefunden habe: Unter jeder Sucht steckt die Adrenalin-Sucht, diese Ausschüttung von Hormonen. Als ich das hörte, jubelte ich innerlich, denn endlich verstand ich die Sucht vollständig. Ich arbeite immer ganzheitlich, denn unser Körper wird von Hormonen gesteuert.

Wenn wir das verstehen, können wir unserer Sucht leichter begegnen und entgegenwirken, auf allen Ebenen. Dadurch fühlen wir uns stärker und mächtiger, weil wir nun alle Werkzeuge haben, um suchtfrei zu werden.

Adrenalin (auch als Epinephrin bekannt) spielt eine zentrale Rolle im Körper, besonders in Stresssituationen, und kann eine Grundlage für viele Suchterkrankungen sein. Hier sind fünf Punkte, was Adrenalin im Körper bewirkt, sowie einige Auswirkungen dieser Effekte:

Gründe, warum wir adrenalinsüchtig sind:

1. **Natürlicher Belohnungsmechanismus:** Adrenalin erzeugt ein intensives Hochgefühl, das als Belohnung dient. Dieses Gefühl steigert das Verlangen nach wiederholten Erlebnissen.

2. **Flucht vor Langeweile:** Du suchst Aufregung und Abwechslung, um der Monotonie des Alltags zu entfliehen. Adrenalinreiche Aktivitäten bieten Dir eine Flucht aus der Routine.

3. **Flucht aus dem Alltag:** Dein Alltag ist langweilig, monoton und bietet Dir wenig Abwechslung, gerade das Fühlen von positiven Gefühlen. Da sind adrenalinhaltige Erlebnisse besonders reizvoll und beleben Dich.

4. **Steigerung des Selbstwertgefühls:** Adrenalinreiche Erfahrungen (nicht nur Extremsportarten) steigern Dein Selbstbewusstsein und Deinen Stolz, was das Bedürfnis nach solchen Erlebnissen verstärkt.

5. **Gesellschaftliche Anerkennung:** Mutige oder riskante Handlungen werden gesellschaftlich anerkannt und bewundert, was Dich motivieren kann, immer wieder nach adrenalinfördernden Situationen zu suchen. Schauen wir in den Beruf oder schon Schule: Dort werden wir für gute Vertragsabschlüsse oder gute Noten belohnt, was Glückshormone auslöst.

6. **Biochemische Veränderungen:** Wiederholte Adrenalinausschüttungen bewirken biochemische Veränderungen im Gehirn, die das Verlangen

nach weiteren Erlebnissen verstärken und zu einem physiologischen Bedürfnis führen.

7. **Zugehörigkeit und soziale Bindung:** Wir wollen zu Gruppen dazugehören, wir identifizieren uns mit diesen Werten und fühlen uns somit besser als die anderen. Gerade bei rauchenden Jugendlichen ist dieses Verhalten stark sichtbar: wie sie sich cool, besser und erhabener als die anderen fühlen. Dies bindet uns an die Gruppe und wiederum an die Grundlage der Adrenalinsucht.

Auswirkungen von Adrenalin in anderen Süchten:

1. **Verstärkung der Abhängigkeit:** Adrenalin verstärkt die Wirkung anderer Suchtstoffe wie Drogen oder Alkohol, was die Abhängigkeit erhöht und den Suchtdruck intensiviert.

2. **Erhöhte Risikobereitschaft:** Adrenalin führt zu einer erhöhten Risikobereitschaft, was dazu führt, dass Menschen eher bereit sind, gefährliche Mengen von Suchtmitteln zu konsumieren oder riskante Verhaltensweisen einzugehen.

3. **Verstärkte emotionale Reaktionen:** Adrenalin verstärkt die emotionalen Reaktionen, was bei Menschen mit Süchten zu extremen Stimmungsschwankungen und instabilen emotionalen Zuständen führt, was wiederum den Griff zum Suchtmittel verstärkt.

4. **Kreislaufbelastung:** Die Kombination von Suchtmitteln und erhöhtem Adrenalinspiegel belastet das Herz-Kreislauf-System zusätzlich und erhöht das Risiko schwerer gesundheitlicher Probleme.

5. **Beeinträchtigung der Entscheidungsfindung:** Adrenalin beeinflusst die Gehirnfunktion und kann die Entscheidungsfindung beeinträchtigen, was zu impulsivem und selbstzerstörerischem Verhalten führt, das die Suchtproblematik verschlimmert.

Die zwei wichtigsten Gründe überhaupt:
Warum wir abhängig von Adrenalin sind, dies findet in unserem Körper statt

→ Der Kick Deines Belohnungssystem im Gehirn:

Adrenalin aktiviert das Belohnungssystem im Gehirn, indem es die Freisetzung von Dopamin stimuliert. Dopamin ist ein Neurotransmitter, der für das Empfinden von Freude und Belohnung verantwortlich ist. Wenn wir adrenalinreiche Aktivitäten ausüben, erleben wir ein intensives Hochgefühl, welches unser Gehirn als äußerst positiv und belohnend wahrnimmt. Dieses Gefühl macht süchtig und abhängig, da unser Gehirn immer wieder nach dieser Belohnung sucht. Fatal daran ist, dass unser Gehirn diesen Zustand mit positiver Verstärkung assoziiert und immer wieder nach Wegen sucht, um dieses Gefühl zu reproduzieren.

→ Biochemische Anpassungen Deines Körpers:

Bei häufigen adrenalinreichen Aktivitäten passt sich Dein Körper biochemisch an die regelmäßige Ausschüttung von Adrenalin an. Diese Anpassung führt dazu, dass Dein Körper und Dein Gehirn eine höhere Schwelle für das Empfinden von Stress oder Erregung entwickeln, was zur Folge hat, dass immer intensivere Reize erforderlich sind, um das gleiche Gefühl von Hochgefühl zu erreichen.

Was kannst Du sonst noch verändern (zu den vorderen Tipps)

1. **Erlebnis von Intensität und Aufregung:** Durch das Adrenalin fühlen wir uns lebendiger, erleben alles intensiver, spüren die Spannung und Aufregung. Du denkst, dass Dein Leben positiver ist. Suche andere Wege, die genau diese Gefühle in Dir auslösen. Das ist anfangs hart, da es sich langweilig anfühlt, aber genau da liegt der Schlüssel.

2. **Lerne Dich aktiv zu langweilen:** Gerade in unserer extrem schnellen Zeit von TikTok, den schnellen Schnitten in den Filmen, und Wichtigkeit, schnell reagieren zu müssen, müssen wir besonders jetzt die Langeweile wieder lernen, besonders diese auszuhalten. So lange Du diese Meisterschaft nicht schaffst, bleibst Du im Kreislauf aller Süchte und Abhängigkeiten.

3. **Stärkung des Selbstbewusstseins:** Durch das Überwinden von Risiken und die Teilnahme an adrenalinreichen Aktivitäten wird das Selbstvertrauen gestärkt, da wir unsere Fähigkeiten und Grenzen ausloten. Such Dir hier andere Möglichkeiten: Erweitere Dein Feld an Möglichkeiten durch Achtsamkeit, Bewusstsein, Veränderungen. Es macht Spaß, das Leben vielfältiger und bunter zu gestalten – und das ist der Gegenspieler zur einseitigen Kick-Erfüllung, die (je länger Du sie machst) schal wird.

4. **Gefühl der Leistung und Belohnung:** Die Bewältigung extrem herausfordernder Situationen oder das Meistern gefährlicher Aktivitäten gibt Dir ein starkes Gefühl der Leistung und vermittelt Belohnung, was Du als positiv empfindest. Lerne, dass Leistung auch Nichtstun bedeutet, dass Du nichts leisten musst, um sein zu dürfen. Belohne Dich über andere Dinge wie Ernährung (z. B. Zimt wirkt positiv), tanzen, lachen, meditieren, singen und all den Übungen und Anregungen, die ich Dir in diesem Buch zusammengetragen habe.

| Werde frei von jeder Sucht! Denn Du
| bist es Dir Wert!

Deine Liv

16. Ratgeber Kurzzusammenfassung:

a. **Schaffe Klarheit:** Das Wichtigste überhaupt, was uns Menschen fehlt, ist radikale Klarheit. Klarheit, was wir wollen. Klarheit, wie wir es wollen und Klarheit in unserer Umsetzung.

Die meisten kreisen in emotionalen Abhängigkeiten, Verstrickungen und sind sich dessen nicht wirklich bewusst, weil es wehtun würde, wenn wir ehrlich zu uns wären.

→ Fange heute damit an. Immer einen kleinen Schritt mehr.

→ Anregungen hast Du genügend bekommen.

b. **Erkenne Deine eigenen Bedürfnisse, fordere diese ein und beschütze sie**

   a. **Erkennen**
   - **Selbstreflexion**: Nimm Dir regelmäßig Zeit, um in Dich zu gehen und darüber nachzudenken, was Dich glücklich macht und was Dir fehlt. Schreib Deine Gedanken und Gefühle in ein Tagebuch.
   - **Gefühle beobachten**: Achte darauf, wie Du Dich in verschiedenen Situationen fühlst. Positive Gefühle können auf erfüllte Bedürfnisse hinweisen, während negative Gefühle oft darauf hinweisen, dass ein Bedürfnis nicht erfüllt ist.
   - **Prioritäten setzen**: Überlege Dir, welche Dinge in Deinem Leben am wichtigsten sind. Mach eine Liste Deiner Prioritäten und ordne sie nach Wichtigkeit. Dies hilft Dir, Deine grundlegenden Bedürfnisse zu identifizieren.
   - **Rückmeldung einholen**: Sprich mit Freunden oder Familie und frage nach ihrer Meinung zu Deinen Stärken und Schwächen. Manchmal können andere Menschen Bedürfnisse erkennen, die Dir selbst nicht bewusst sind.

   b. **Einfordern**
   - **Selbstbewusst und klar auftreten**: Stelle sicher, dass Du Deine Bedürfnisse deutlich und selbstbewusst kommunizierst. Verwende klare "Ich"-Botschaften, wie: "Ich brauche mehr Raum für mich selbst."
   - **Auf manipulative Taktiken achten**: Sei wachsam gegenüber manipulativen Taktiken, die toxische Personen häufig verwen-

den, wie Schuldzuweisungen oder emotionale Erpressung. Reagiere darauf, indem Du ruhig bleibst und Deine Bedürfnisse erneut klar ausdrückst.

- **Unterstützung suchen**: Hol Dir Unterstützung von vertrauenswürdigen Freunden, Familienmitgliedern oder einem Therapeuten. Sie können Dir helfen, Deine Bedürfnisse zu formulieren und Dich bei der Durchsetzung Deiner Grenzen zu unterstützen.

c. **Beschützen**

- **Klare Grenzen setzen**: Definiere, was Du tolerierst und was nicht, und kommuniziere diese Grenzen klar und fest. Lass die toxische Person wissen, dass Du bestimmte Verhaltensweisen nicht akzeptierst und halte Dich konsequent daran.
- **Emotional distanzieren**: Vermeide es, Dich emotional auf Manipulationen einzulassen. Bleibe ruhig und sachlich, auch wenn die toxische Person versucht, Dich zu provozieren oder Schuldgefühle zu erzeugen.
- **Selbstpflege priorisieren**: Achte darauf, Deine eigenen Bedürfnisse und Dein Wohlbefinden an erste Stelle zu setzen. Nimm Dir regelmäßig Zeit für Aktivitäten, die Dich stärken und entspannen, wie Hobbys, Sport oder Meditation.
- **Konsequenzen durchsetzen**: Sei bereit, konsequent zu handeln, wenn Deine Grenzen überschritten werden. Das kann bedeuten, dass Du den Kontakt reduzierst oder ganz abbrichst, wenn die toxische Person Deine Bedürfnisse und Grenzen wiederholt ignoriert. Klare Konsequenzen zeigen, dass Du es ernst meinst und Dich nicht manipulieren lässt.

c. **Keine Rechtfertigungen oder Erklärungen**
TIPP 1: „Wer sich rechtfertigt, hat schon verloren" bzw.: NIE rechtfertigen!
Du musst Dich für nichts, aber auch für gar nichts auf dieser Welt rechtfertigen! Ein Missverständnis aus der Welt zu räumen, ist etwas anderes.
Falls Du Dir nicht sicher sein solltest, ob Du Dich gerade rechtfertigst oder ein Missverständnis aus dem Weg räumst, wende die unten genannten Sätze vor Deinen eigenlichen Sätzen an:

a. Ich muss mich nicht rechtfertigen, aber ich erkläre es dennoch...

b. Auch wenn ich mich nicht rechtfertigen muss, ich erkläre es Dir dennoch/noch einmal...

c. Du weißt, ich muss mich nicht rechtfertigen, nochmals für Dich....

d. Um es nochmals darzustellen, ...

Erklärungen sind bei normalen Menschen ok, nicht jedoch bei Toxen! Die Frage ist, warum musst Du etwas erklären, weil der andere es will? Oder er es besser versteht - ist er denn ein Kleinkind oder blöd?

→ Lass ihn mit seinen Fragen stehen, wende Schallplatte mit Sprung an

TIPP 2: Schallplatte mit Sprung: Ganz einfacher Trick: Wende die Schallplatte mit Sprung an.

a. Du sagst einen prägnanten Satz, der Deine Aussage ist, mehrmals.

b. Wiederhole nur diesen Satz – egal, wie Dein Gegenüber reagiert.

c. Falls er einlenkt, ok.

d. Sonst wiederhole den Satz. Maximal 3 x wiederholen.

e. Wenn es dann immer noch keine Einigung gibt, sag Deinen Satz und gleichzeitig, dass Du die Diskussion beenden wirst.

f. Wenn nötig, beende die Diskussion und wiederhole diesen Satz nochmals.

g. Gib dann die Aufforderung mit, dass er sich diesbezüglich bei Dir melden kann.

h. Verlasse den Raum, mach Whatsapp zu und reagiere auf nichts mehr, außer, er geht darauf sinnvoll ein.

TIPP 3: Wende diesen Satz an, um schnell und leicht klar zu machen, dass Du anderer Meinung bist:

„Das ist Deine Wahrnehmung, meine ist eine andere. Deine belasse ich bei Dir"

Danach verlasse die Diskussion, gehe raus, mache auch hier WhatsApp etc. zu und lass es auf sich beruhen.

Du kannst auch nur sagen: **„Das belasse ich bei Dir."**

→ Du wirst sehen, wie sie diesen Satz hassen werden.

TIPP 4: Nicht reden – handeln

Lass Dich auf keine sinnlosen Diskussionen ein, die sich von rechts nach links, oben und unten drehen und am Ende Du die Hoffnung haben magst, dass es beim Gegenüber eine Veränderung geben wird, jedoch nur Deine Realität verbogen und Deine Energie gekostet hat. Setze um! Durch Taten!

d. **Grenzen setzen: „Es gibt auf Gottes Erden keinen Grund, die Grenzen eines anderen zu missachten oder zu überschreiten."**

Dies mag für Dich eine harte Aussage sein, die ich bewusst so schreibe.

a. **Nicht mehr warum fragen:** Frage Dich ab heute nicht mehr, warum der andere etwas Negatives tut. Es kommt nur noch darauf an, was er tut! Das warum ist seine Frage oder die seines Therapeuten.

b. **Du bist nicht sein Therapeut!** Nein, Du bist nicht für seine Handlungen oder Taten verantwortlich, auch wenn er dies Dir gerne zuschiebt. Jeder Mensch kann angemessen reagieren und das ist Dein Grundwert, anständig, respektvoll und höflich behandelt zu werden.

c. **Grundwerte festsetzen:** Mache Dir eine Liste, was Deine Grundwerte sind, nicht Deine Erwartungen. Schreibe Dir diese auf und nun schreibe dazu, welche der andere immer überschreitet. Das Warum ist egal.

d. **Direkte Kommunikation:** Sage klar und unmissverständlich, was Deine Grenzen sind. Verwende präzise "Ich"-Aussagen, wie zum Beispiel: "Ich akzeptiere nicht, wenn Du mich anschreist. Wenn dies nochmals vorkommt, beende ich die Diskussion."

e. **Konsequenzen ankündigen und einhalten:** Teile der toxischen Person mit, welche Konsequenzen es hat, wenn sie Deine Grenzen überschreitet, und setze diese konsequent um. Zum Beispiel: "Wenn Du weiterhin meine Grenzen überschreitest, werde ich den Kontakt einschränken oder abbrechen."

f. **Taten folgen lassen:** Auch wenn es schwer fällt, die Umsetzung macht die authentisch, frei und selbstbewusst. Und erst Taten zeigen der anderen Person, dass Du es ernst meinst.

e. **Nein sagen lernen:** Nein heißt Nein. Ja genau, Du liest richtig. Und danach gibt es keine Erklärungen oder Rechtfertigungen.

   a. Nein ist ein vollständiger Satz.

   b. Lerne, wenn DU nein sagst, die Pause zu ertragen.

   c. Wiederhole Dein Nein.

   d. Keine Rechtfertigung, keine Erklärung und kein Einlassen auf Kompromisse.

f. **Kommunikation verändern:** Stell es Dir wie bei einem kleinen Kind vor: Je länger die Sätze, desto weniger versteht Dich das Kind. Oder würdest Du einem 3järhigen hoch komplexe Gefühle und Zusammenhänge erklären oder einfach nur „Stopp" oder „Aus" sagen?

   a. Klare, eindeutige und kurze Sätze.

   b. Ich-Sätze ohne Gefühle, ohne Wertung.

   c. Gewaltfreie Kommunikation sehe ich bei Toxen kritisch, probiere es aus und lerne, was bei Deinem Gegenüber funktioniert.

   d. Probiere Dich in der Vielfalt der Methoden aus.

   e. Ich mach es mir lieber einfach und verwende nur ein paar wenige Dinge, die dafür greifen.

g. **Verantwortung:** Raus aus dem Quark. Jeder ist für sich und seine Reaktion, seine Gefühle verantwortlich. Du bist nicht mehr für das Verstehen des anderen verantwortlich – besonders nicht für seine Reaktionen und Gefühle.
   Er wirft Dir eh alles vor, egal was du tust – also bleibe bei dir. Bzw. anders ausgedrückt: „Wenn es eh egal ist, wie Du handelst oder reagierst, dann reagiere so, wie Du es für richtig erachtest. Und sag ihm das auch."

h. **Selbstschutz:** Nach Selbstliebe ist Selbstschutz eines der wichtigsten Themen überhaupt. Ohne Selbstschutz gibt es keine Identität, auch keine spirituelle Identität.

   a. **Emotionale Distanzierung:** Schütze Deine Gefühle, indem Du Dich emotional von der toxischen Person distanzierst.

   b. **Keine Emotionen zeigen:** Vermeide es, auf Provokationen einzugehen oder Dich in emotionale Konflikte verwickeln zu lassen. Bleibe ruhig und sachlich. Die toxische Person von Deinen

Emotionen, denke dran. Liebe tobe Dich später am Boxsack oder einer Freundin aus.

c. **Wissen aneignen:** Informiere Dich über toxische Verhaltensweisen und psychologische Manipulationstechniken. Je besser Du verstehst, wie toxische Personen agieren, desto leichter kannst Du deren Taktiken erkennen und Dich davor schützen.

d. **Notfallplan erstellen:** Entwickle einen Plan für den Fall, dass die Situation eskaliert. Das kann beinhalten, einen sicheren Ort zum Rückzug zu haben, Kontakte zu Freunden oder Familie, die im Notfall Unterstützung leisten können, oder in schweren Fällen spezielle Notfallkontakte wie die Polizei oder Beratungsstellen.

e. **Liebe Dich und Deine Grundwerte. Verteidige diese wie eine Löwin –** das ist der beste Selbstschutz ever!

i. **Authentizität:** Erwecke die schönste und gesündeste Sucht: die Sucht nach Dir

a. Sie ist der Kleister gegen jegliche Formen aller Süchte, auch Adrenalinsucht.

b. Du darfst lernen, Dich wieder in Dich selbst zu verlieben, alles, an Dir zu lieben, so schüttest Du ständig positive Hormone aus und brauchst keine Zufuhr mehr von außen.

j. **Wahrhaftigkeit:** Je mehr Du dies alles anwendest, je mehr Du dein Jenga wieder mit Liebe, Selbstliebe, Freude, Dankbarkeit füllst, desto nachhaltig wahrhaftiger wirst Du.
Bedenke: Du bist nicht hier unten, um geliebt zu werden – sondern Dich selbst zu finden und zu verteidigen. Für das Wohl aller!

Wie geht es weiter?

Wie schon erwähnt, gibt es auch einen vertiefenden Onlinekurs, der mit vielen weiteren Übungen versehen ist. Er ist unter folgendem Link zu finden

https://aufge-wacht.de/suchtakademie-online/

oder mit Begleitung meine Sucht Akademie

https://aufge-wacht.de/suchtakademie/

Wertvoll für Dich ist auch das Wissen, dass Du nicht allein mit Deinen Themen und Deiner Sucht bist. Daher ist es sinnvoll, sich in einem geschützten und geführten Rahmen austauschen zu können.

Für Aufarbeitung und transformieren von Traumen, Blockaden, Sabotageprogrammen etc., die im Unterbewusstsein verankert sind, habe ich die Methode THEKI© gelernt.

https://www.aufge-wacht.de/theki

Heute habe ich meine 3 Akademien gegründet und darf viele Menschen in unterschiedlichen Bereichen begleiten und mein vielfältiges Wissen weiter geben.

Anmerkungen

„Jenga" – Geschicklichkeitsspiel, 60 Holzteile werden zu einem Turm gestapelt

https://de.wikipedia.org/wiki/Jenga

Zu meiner Person

Praxis: www.aufge-wacht.de
Facebook: https://www.facebook.com/livs.wach
https://www.facebook.com/liv.wach/
YouTube: https://www.youtube.com/channel/UCy9wW3BDck-IDAur4Ewx1q6g)

Website suchtfrei glücklich werden

https://suchtfrei-gluecklich.de/

Vegane und nachhaltige Nahrungsergänzungsmittel
https://www.regenbogenkreis.de/?sPartner=f905328b

Telegramm Gruppe
https://t.me/+JSOm9WrTQ3s2MjQy

Facebook-Gruppe „Die Liebe in der Sucht"
https://www.facebook.com/groups/496628150981662/

Übungen
Übung Video Gefühle wandeln
https://youtu.be/wYRtpLN1sl0

Übung „Was tun mit meinen Zweifeln"
https://www.youtube.com/watch?v=ICiIkKUScXA&t=258s

Übung „Was tun mit meinen Ängsten"
https://www.youtube.com/watch?v=cUA4FZP0IZg

Vielfältige Infos in meiner Videoreihe „Sucht, Abhängigkeiten, Alkohol"
https://www.youtube.com/watch?v=b4D1d_2MQrA&list=PLSIE3PHucmVKcBdWHLo6KDiWlRs6O08O6

Weiterführende Informationen
Leberreinigung
https://aufge-wacht.de/leberreinigung/

Dr. David Sinclair
https://www.the-sinclair-method.com/

Robert Betz
www.robert-betz.com

THEKI©, Sandra Weber

www.aufge-wacht.de
www.theki.eu

Gestaltung & Bilder

www.aufgeweckt.de, Liv Wach

Textunterstützung Struktur
Claudius Reber
https://www.facebook.com/Die-Texterei-
Texterstellung-Textkorrektur-Textbearbeitung-
113499330033645/

Lektorat   Jasmin Jantzen
http://maedesuess.net/

Sunny Charum
https://www.natuerlichmiteinandersprechen.de/

WICHTIG:
Ich gebe keine Heilversprechen ab und meine Anregungen ersetzen nicht die Dienste von Ärzten und Heilpraktikern, aber so vielfältig wir Menschen sind, so viele Wege gibt es, gesund zu werden. Für mich schließen sich Schulmedizin und energetisches Heilen nicht aus, sondern ergänzen sich optimal.